Umweltfreundliche Haushaltstips
von A bis Z

Emmanuela Düsseldorfer (Hrsg.)

Umweltfreundliche Haushaltstips
von A bis Z

In gleicher Ausstattung sind erschienen:
„Länderlexikon von A bis Z" (Nr. 0093)
„Lexikon der Synonyme" (Nr. 0095)
„Computerlexikon" (Nr. 0094)
„Zitate und Sprichwörter von A bis Z" (Nr. 0098)
„Die schönsten Glückwünsche" (Nr. 0074)
„Geflügelte Worte" (Nr. 0127)
„Erfolgreich Briefe schreiben" (Nr. 0054)
„Bewerben, Vorstellen, Tests bestehen" (Nr. 0107)
„Gute Umgangsformen" (Nr. 0113)
„Rhetorik" (Nr. 0114)
„Träume" (Nr. 0076)

ISBN 3 8094 0097 1

© 1993/4 by Bassermann'sche Verlagsbuchhandlung,
65527 Niedernhausen/Ts.
Die Verwertung der Texte und Bilder, auch auszugsweise, ist ohne Zustimmung des Verlags urheberrechtswidrig und strafbar. Dies gilt auch für Vervielfältigungen, Übersetzungen, Mikroverfilmung und für die Verarbeitung mit elektronischen Systemen.
Titelgestaltung: Zembsch' Werkstatt, München
Titelillustration: Christine Fellner
Grafische Gestaltung: Julia Walch, Bad Soden
Die Ratschläge in diesem Buch sind von der Herausgeberin und vom Verlag sorgfältig erwogen und geprüft, dennoch kann eine Garantie nicht übernommen werden. Eine Haftung der Herausgeberin bzw. des Verlags und seiner Beauftragten für Personen-, Sach- und Vermögensschäden ist ausgeschlossen.
Gesamtkonzeption: Bassermann'sche Verlagsbuchhandlung,
D-65527 Niedernhausen/Ts.

Inhalt

Pflegen und Reinigen im umweltfreundlichen Haushalt — 7

Hausputz und Haushaltspflege — 9

Textilien waschen und pflegen — 79

Essen und Trinken — 117

Gesundheit und Körperpflege — 193

Auto, Handwerk, Freizeit — 229

Pflanzen in Haus und Garten — 273

Pflegen und Reinigen im umweltfreundlichen Haushalt

Wem ist das noch nie passiert: Wochenlang glänzte der neue Glastisch wie am ersten Tag. Doch plötzlich – ein Kratzer. Keiner war's, niemand hat etwas gesehen. Der Kratzer stört, und deshalb muß er weg, nur wie?

Reiben Sie ein wenig Zahnpasta über den Kratzer, und polieren Sie mit einem weichen Tuch nach. Und? Nichts mehr zu sehen.

Wie viele Heimwerker haben sich schon über den tropfenden Farbpinsel beim Deckestreichen geärgert. Nehmen Sie ein rundes Stück Pappe, und schneiden Sie in die Mitte ein Loch für den Pinsel – Haupt und Haar sind geschützt.

Diese und viele andere, insgesamt über 2000 Tips und Tricks in diesem Buch machen Ihnen die Arbeit beim Waschen und Pflegen in Haus und Hof leichter.

Kein Mensch liebt es, zu putzen, den Schmutz zu entfernen, der doch immer wieder kommt und uns zu Wasser, Seife und Bürste greifen läßt. Und das nicht nur, damit es innen und außen blinkt und blitzt, sondern auch der Hygiene zuliebe. Schmutz enthält Keime, Bakterien usw., die Mensch, Tier und Pflanze krank machen können.

Sie können mit unseren Tips und Tricks aber auch die Umwelt schützen und obendrein Geld und Kraft sparen. Damit Sie sich schneller zurecht finden, haben wir dieses Buch nach Sachgruppen gegliedert und unsere Tips alphabetisch aufgeführt. Wenn Sie etwas nicht gleich finden, schlagen Sie im Register nach.

Im ersten Kapitel finden Sie über 555 geld-, zeit-, wasser-, strom- und abfallsparende Tips rund um den Haushaltsputz und die Haushaltspflege. Das Kapitel 2 widmen wir dem Waschen und Pflegen von Textilen. Mit über 280 praktischen Tips und sauberen Tricks sparen Sie Geld und Zeit. Im dritten Kapitel entdecken Sie über 555 sinnvolle und nahrhafte Tips zum Thema Essen und Trinken. Kapitel 4 enthält über 222 wertvolle Hinweise für Ihre Gesundheit und zur Körperpflege. Über 333 tolle Tips finden Sie im Kapitel 5: Auto, Handwerk und Freizeit. Für das sechste Kapitel haben wir über 200 nützliche Garten- und Pflanzentips für Sie aufgeschrieben.

Besonderes Augenmerk haben wir auf den Schutz der Umwelt gelegt. Beachten Sie unsere Öko-Tips zu den Themen Heizen, Renovieren, Wassersparen, Müllreduzierung, Kinderernährung usw. Auch wenn die Industrie für jedes Gerät, für jeden Stoff, für jede Reinigungstätigkeit ein Spezialmittel anbietet, lassen Sie sich nicht Ihr Geld aus der Tasche ziehen. Wasser, Seife und eine Bürste sind billiger und ebenso wirkungsvoll.

Beherzigen Sie unsere Öko-Tips – der Umwelt und Ihrem Portemonnaie zuliebe. Es sind immer nur kleine Schritte, mit denen aber im Laufe der Zeit eine große Wirkung erzielt wird.

Hausputz und Haushaltspflege

Machen Sie mit beim umweltfreundlichen Hausputz und der umweltschonenden Haushaltspflege: Zwischen A wie Abflußpflege und Z wie Zeitungen, alte (als Brennmaterial), finden Sie in diesem Kapitel über 555 geld-, zeit-, strom-, wasser- und abfallsparende Tips und Tricks, die mit so wenig Chemie und Materialeinsatz wie möglich auskommen. Schmutzige Fenster können Sie des klaren Blicks wegen natürlich öffnen. Wir schlagen Ihnen statt dessen einen Eimer Wasser mit etwas Spiritus, einen weichen Lappen und eine Gummilippe vor. Im Handumdrehen ist die schöne Aussicht wieder hergestellt.

Wir verraten Ihnen weiterhin, wie Sie Alabaster- und Aluminiumtöpfe reinigen, wie Sie unangenehme Gerüche und quietschende Bettfedern verhindern. Wir empfehlen Ihnen zur schonenden Reinigung von Goldrahmen eine Zwiebel und zum Putzen des angelaufenen Silbers Kloßbrühe. Einfach glänzend!

Sie erfahren darüber hinaus in diesem Kapitel, wie Sie Müll vermeiden können, wie Sie durch die richtige Wahl der Lampen und Hausgeräte Strom sparen können, wie Sie gründlich und schonend Geschirr spülen, Ölgemälde reinigen, Wasserrohre schützen usw.

HAUSPUTZ UND HAUSHALTSPFLEGE

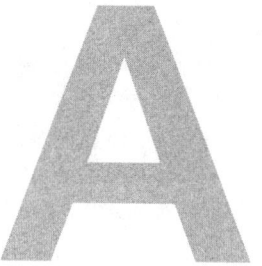

Abflußpflege

■ Um Verstopfungen zu vermeiden, stellen Sie im Bad einen kleinen Abfalleimer mit Deckel auf. Dort kommen alle Abfälle hinein, die nicht ins WC gehören (Wattestäbchen, Zigarettenkippen, Tampons, Binden, Windeln, Haare etc. Auch Speisereste gehören nicht ins WC!).

■ Ab und zu können Sie auch eine heiße Sodalösung in die Toilette oder in den Ausguß gießen. Lassen Sie die Lösung gut einwirken und bürsten Sie dann kräftig durch. Gegen Urinstein hilft am besten Essig oder Zitronensäure.

■ Achtung! Kippen Sie nie WC- und hypochlorithaltige Sanitärreiniger nacheinander in die Toilette, es entwickelt sich giftiges Chlorgas.

Der Öko-Tip:
Abflußreinigung

■ Verzichten Sie auf aggressive Abflußreiniger, denn diese Chemikalien sind besonders umweltbelastend und überflüssig.

■ Verwenden Sie bei verstopftem Abfluß Saugglocke, Spirale oder Pumpe. Damit löst sich der Pfropf, und der Abfluß wird wieder gängig.

■ Bauen Sie notfalls den Siphon ab und leeren Sie ihn. Das geht zumeist ganz einfach: Eimer drunterstellen, im Ausguß die Halteschraube lösen, Siphon nach unten drehen und leer laufen lassen, eventuell mit einer Spirale oder einem anderen Werkzeug nachhelfen.

■ Setzen Sie niemals Abflußreiniger und Saugglocke gemeinsam ein. Durch die mechanischen Hilfen saugen Sie nicht nur die Verstopfung nach oben, sondern auch den aggressiven Reiniger. Dieser kann Ihnen dann unter Umständen ins Gesicht spritzen und dort zu Verätzungen führen.

■ Beugen Sie Verstopfungen vor! Werfen Sie die Essensreste, die sich nach dem Spülen im Ausguß angesammelt haben, in den Kompost- oder Mülleimer. Setzen Sie ein herausnehmbares Sieb ein.

■ Setzen Sie ein herausnehmbares Haarsieb in den Ablauf der Dusche/Badewanne. So können Sie problemlos einer möglichen Verstopfung vorbeugen.

Alabaster

Alabaster wird am besten mit warmem Sodawasser abgewaschen. Nach dem Trocknen mit einem weichen Lederlappen abreiben.

ALTSTOFFE

Der Öko-Tip:
Alternativen zu schadstoffhaltigen Produkten

- Abflußreiniger: Saugglocke, Saugpumpe, Spirale; Vorsorge mittels Haarsieb.
- Batterien und Akkus: mechanische oder solarbetriebene Produkte; Geräte mit Netzanschluß bevorzugen; falls kein Verzicht auf Batterien möglich: wiederaufladbare Batterien und Akkus bevorzugen (die später einmal als Sondermüll entsorgt werden), oder aber schadstoffarme Batterien, z. B. Zink-Luft-Batterien oder quecksilber- und cadmiumfreie Lithiumbatterien.
- Flaschenkapseln aus Stanniol: Kunststoff- oder Aluminiumkapseln; bei Wein genügt ein einfacher Naturkorken.
- Fleckentferner: Gallseife, Percarbonat (Fleckensalz).
- Fotochemikalien: keine bislang.
- Handfeuerlöscher: halonfreie Handfeuerlöscher.
- Holzschutzmittel: konstruktiver Holzschutz, im Bedarfsfall: Borsalze zur Vorbeugung; Heißluftbehandlung bei Befall.
- Klebstoffe: wasserlösliche Klebstoffe.
- Kleinkondensatoren: sind heute PCB-frei; Vorsicht bei Importen.
- Lackfarben: schadstoffreduzierte wasserverdünnbare oder Pulverlacke.
- Lametta: Schmuck aus Holz, Stroh, Papier.
- Leuchtstoffröhren: Halogenlampen.
- Mottenschutzmittel: lüften, ausklopfen, Kleidung sauber weghängen.
- Pflanzenschutzmittel: sind im Privatbereich überflüssig.
- Pinselreiniger: entfällt bei wasserverdünnbaren Lacken und Farben.
- Reinigungsbenzin (Terpentinölersatz): Wasser und Seife, Bürste, eventuell Spiritus.
- Rohrreiniger: Saugglocke, Saugpumpe, Spirale; Vorsorge mittels Haarsieb.
- Rostschutzmittel: blei- und chromatarme Produkte.
- Schädlingsbekämpfungsmittel: sind im Privatbereich überflüssig.
- Spraydosen: flüssige Produkte in Pumpzerstäuber füllen.
- Terpentin(öl): Wasser und Seife, Bürste, eventuell Spiritus.
- Thermometer: es gibt heute quecksilberfreie Thermometer.
- Trafos: sind heute PCB-frei; Vorsicht bei ausländischen Produkten.
- Verdünner: entfällt bei wasserverdünnbaren Lacken und Farben.

Der Öko-Tip:
Altstoffe, wohin damit?

- Aluminium: getrennt sammeln, an kommunaler, gemeinnütziger oder privatwirtschaftlicher Sammelstelle abgeben.
- Batterien: zurück zum Handel; falls sie dort nicht angenommen

HAUSPUTZ UND HAUSHALTSPFLEGE

werden: kommunale Sondermüllsammlung.
- Glas: Mehrwegbehälter bevorzugen, Glasabfälle in den Altglascontainer.
- Kühlgeräte: in manchen Kommunen werden Kühlgeräte separat abgeholt; sonst: in die Sperrmüllsammlung, aber darauf achten, ob die Kommune bereits Maßnahmen ergreift, um wenigstens das Kältemittel separat zu entsorgen.
- Kunststoffe: bislang noch in den Hausmüll.
- Medikamente: zurück in die Apotheke.
- Öl: zurück zum Handel oder zur Tankstelle (in der Bundesrepublik ist jeder, der Öl verkauft, per Gesetz zur Rücknahme verpflichtet).
- Papier und Pappe: Altpapiersammlung oder Container.
- PVC: Produkte wie Fußbodenbeläge, Fensterrahmen etc. in die getrennte Kunststoffsammlung, wenn vorhanden; sonst: Sperrmüll (Achtung: Bauabfälle sind vielerorts von der Sperrmüllannahme ausgeschlossen!).
- Reifen: beim Reifenhändler oder bei Tankstellen abgeben; die Altreifen werden als runderneuerte Reifen wieder in den Handel gebracht.
- Textilien: Secondhandladen, Flohmarkt, Kleidersammlung.

Alufolie
Alufolien sollten Sie nicht zum Abdecken von Servierplatten aus Metall verwenden, denn dabei entstehen chemische Verbindungen, die den Speisen auf der Platte einen metallischen Geschmack verleihen.

Der Öko-Tip:
Aluminium
Obgleich Aluminium als Verpackungsmaterial vielseitig einsetzbar ist, sollte man doch auf Produkte in Aluminiumverpackungen verzichten, besonders auf Aluminiumdosen. Die Herstellung solcher Verpackungen ist mit einem hohen Energieverbrauch und großer Umweltbelastung verbunden. Aluminium ist nur bedingt zur Wiederverwendung geeignet, aus Altaluminium können nur feste Aluminiumprodukte hergestellt werden. Da es sich aber kaum vermeiden läßt, daß Aluminium im Haushalt anfällt – etwa in Form von Deckeln von Plastikbechern für Joghurt, Sahne, Buttermilch usw. –, sollte man die Aluminiumabfälle reinigen und sammeln. Die meisten Altwarenhändler nehmen das Aluminium an, doch sollte man nicht mit weniger als einem Kilogramm erscheinen. Das Aluminium darf nicht mit Plastik oder anderen Stoffen verbunden sein, d. h. plastikbeschichtetes Aluminium, das sich nicht richtig zusammenknäueln

läßt, wie etwa die Halskapseln mancher Spirituosenflaschen, ist nicht zum Recycling geeignet! Oft ist es nicht leicht, gerade bei Dosen, Weißblech von Aluminium zu unterscheiden. Aluminium ist nicht magnetisch. Das läßt sich leicht an einem Magneten einer Schranktür prüfen.

Aluminiumtöpfe reinigen
Mit der Zeit werden Aluminiumtöpfe matt und unansehnlich. Erneuter Glanz stellt sich ein, wenn Sie darin Apfelschalen, Rhabarberschalen oder Spinatabfälle einige Minuten kochen. Danach den Topf gut auswischen. Von außen können Sie ihn mit einer Mischung aus Seifenpulver und Zigarettenasche (Mischung 1:1) abreiben.
Ist Ihnen in einem Aluminiumtopf etwas angebrannt, so füllen Sie den Topf mit Wasser und geben reichlich Natriumhydrogencarbonat (»Bullrich-Salz«) dazu. Lassen Sie das Angebrannte über Nacht einweichen, der Topf ist danach gut zu säubern. Bleibt dennoch ein Rest, so müssen Sie dieses Verfahren noch einmal wiederholen.

Armaturen und Wasserhähne
Sie werden wieder glänzend, wenn Sie sie mit einem mit Spiritus befeuchteten Lappen abreiben und mit einem weichen Tuch nachpolieren. Hartnäckige, schon ältere Kalkablagerungen löst man mit Essig (nicht bei defekten Armaturen verwenden). Etwas Watte oder ein Tuch mit Essig tränken, auf oder um die Kalkablagerung legen und mindestens eine halbe Stunde lang einwirken lassen. Dann die Watte abnehmen und die Armatur mit einer alten Zahnbürste von den verbliebenen Kalkresten befreien. Anschließend gründlich nachspülen und mit einem Tuch trockenreiben.

Aschenbecher aus Metall
Aschenbecher aus Metall reibt man innen mit etwas Möbelpolitur ein. Die Asche klebt dann nicht mehr fest, und die Reinigung ist dann viel einfacher.

Aschenbechergeruch
Aschenbecher, die auch nach dem Reinigen noch nach kaltem Rauch riechen, waschen Sie am besten mit Essigwasser (Mischung 1:1) aus.

Aufkleber entfernen
■ Reiben Sie den Aufkleber mit Salatöl ein, und lassen Sie das Öl einwirken. Bei Bedarf mehrmals wiederholen, die Folie dann abrubbeln und Klebstoffreste mit Lösungsmittel (z. B. Benzin) entfernen.

■ Den Aufkleber mit einem Feuerzeug Stück für Stück erhitzen und ablösen. Klebstoffreste wie oben beschrieben behandeln.

■ Alte Aufkleber lassen sich abziehen, wenn man sie mit einem Fön erwärmt. Den Fön jedoch nicht zu nahe daranhalten und ihn ständig bewegen (da sich die Folie andernfalls auflösen kann). Klebereste mit Feuerzeugbenzin oder Spiritus abwaschen.

Ausgußgeruch

Ausgüsse nehmen leicht einen unangenehmen Geruch an. Er läßt sich problemlos beseitigen, wenn Sie Soda in kochendes Wasser geben und damit den Ausguß durchspülen.

Babyflaschen

■ Normalerweise reicht es, wenn Sie Babyflaschen mit einer Kochsalzlösung auswaschen und gründlich mit klarem Wasser nachspülen. Wollen Sie die Flaschen keimfrei machen, so kochen Sie sie in klarem Wasser aus und geben ein bis zwei Eßlöffel Natron in das Spülwasser.

■ Der dumpfe, säuerliche Geruch in Babyflaschen verschwindet nach Ausspülen mit heißem Wasser und einem Teelöffel Natriumhydrogencarbonat (»Bullrich-Salz«).

Backbleche reinigen

■ Wischen Sie das noch warme Backblech mit etwas Salz und Papier ab, und reiben Sie es dann mit einigen Tropfen Öl ein.

■ Kuchenkrusten können Sie entfernen, indem Sie das Blech (oder die Form) in klarem, warmem Wasser einweichen oder ein nasses Tuch darüberbreiten. Nach einigen Stunden läßt sich die Kruste leicht entfernen.

Backofen reinigen
■ Verzichten Sie auf chemische Backofenreiniger!
■ Am besten lassen sich Backöfen gleich nach der Benutzung, ehe sie also völlig ausgekühlt sind, mit einem seifenhaltigen Drahtschwämmchen (Stahlwollkissen) oder mit Seifenlauge reinigen, der man zusätzlich einen Schuß Spiritus beigeben kann. Mit kaltem Wasser gründlich nachwischen.
■ Ist im Backofen etwas übergelaufen, streuen Sie Salz darauf. Wenn der Backofen ausgekühlt ist, können Sie die Reste zusammenbürsten und auswischen.

Badewannen, farbige
Farbige Badewannen, besonders solche aus Kunststoff, sind empfindlich gegen Kratzer. Sie werden vermieden, wenn man die Wanne mit einem feuchten Tuch mit Natriumhydrogencarbonat (»Bullrich-Salz«) reinigt.

Badewanne, rutschsicher
Das Ausrutschen in der Bade- oder Duschwanne wird verhindert, wenn man eine Gummimatte hineinlegt, die an der Unterseite mit sich festsaugenden Noppen versehen ist.

Bad und Reinigung
Verwenden Sie getrennte Reinigungsgeräte für Spiegel, Zahnputzglas und Waschbecken auf der einen und WC und Dusche auf der anderen Seite! Damit verhindern Sie die Übertragung von Schmutz und Bakterien. Der Verschmutzungsgrad dieser Bereiche ist nämlich in der Regel sehr unterschiedlich.

Badewannenreiniger
Badewannenreiniger sind bedenklich bis schädlich und in jedem Fall überflüssig. Kalkränder in der Wanne, der Dusche und im Waschbecken entfernt man mit einem Schuß Essig oder einer Mischung aus Wasser und Essigessenz.

Bastlampen reinigen
Hin und wieder müssen auch Lampen und Papierkörbe aus Bast gereinigt werden, besonders, wenn in ihrer Umgebung stark geraucht wird. Stellen Sie die Gegenstände in die Badewanne, geben Sie einige Spritzer Geschirrspülmittel darauf und brausen Sie kräftig handwarm nach. Auch wenn es so scheint, daß die Gegenstände ihre Form für immer verloren haben, nehmen sie beim Trocknen im Schatten ihre alte Form und Schönheit wieder an.

HAUSPUTZ UND HAUSHALTSPFLEGE

Batterien

■ Verbrauchte Batterien gehören in den Sondermüll.

■ Achten Sie beim Kauf darauf, daß Sie eine frische Batterie erwerben.

■ Alkali-Mangan-Batterien sind hauptsächlich als Rundzeller auf dem Markt. Sie enthalten Mangandioxid, Graphit, Zink und Quecksilber.

■ Auch Zink-Kohle-Batterien sind nicht unschädlich; wenn sie kein Quecksilber enthalten, haben sie einen hohen Gehalt an Cadmium. In jedem Fall also sind Batterien als Wegwerfprodukt problematisch. Werfen Sie verbrauchte Batterien in die bei den Umweltämtern oder Händlern aufgestellten Behälter.

■ Prüfen Sie, ob Kleingeräte ohne Batterien nicht die gleichen Dienste tun. Kaufen Sie nach Möglichkeit mechanisch oder solarbetriebene Geräte oder solche, die die Möglichkeit zu einem zusätzlichen Netzbetrieb bieten. Nutzen Sie diese Möglichkeit dann auch.

Der Öko-Tip:
Batterien, ausgediente

Ausgediente Batterien aus dem Radio erfüllen in einer normalen Taschenlampe noch eine geraume Zeit ihren Zweck. Sind die Batterien dann aufgebraucht, denken Sie daran, daß sie im normalen Hausmüll nichts zu suchen haben. Es gibt spezielle Batteriesammelstellen. Umweltfreundlicher sind wiederaufladbare Batterien (Akkus).

Der Öko-Tip:
Beleuchtung

■ Gehen Sie sparsam mit der Beleuchtung um! Nicht nur der Energieverbrauch, sondern auch die Beseitigung der Abfälle (Glühlampen, Leuchtstoffröhren usw.) kann problematisch werden.

■ Glühlampen sind zwar billig, haben aber nur eine geringe Lichtausbeute (d. h. der größte Teil der Energie wird in Wärme, nicht in Licht umgewandelt). Außerdem sind sie relativ kurzlebig und verursachen daher einen hohen Materialverbrauch, insbesondere des knappen Wolframs. Sie sind zudem typische Verbundprodukte und praktisch nicht recycelbar.

■ Energiesparlampen sind langlebig, aber teuer. Bei richtiger Verwendung – lange Brennzeiten, relativ seltenes An- und Ausschalten – zeigen sie eine gute Lichtausbeute. Wegen ihres Quecksilberanteils sind ausrangierte Energiesparlampen allerdings als Sondermüll zu beseitigen.

■ Neonbeleuchtung ist ähnlich zu bewerten wie Energiesparlampen. Vor 1982 produzierte Neonleuchten können neben Quecksilber auch noch PCB in den Kondensatoren enthalten! Diese sind von Spezialfirmen zu entsorgen.

■ Halogenniederspannungslampen sind stark im Kommen, obwohl nicht gerade billig. Sie zeigen eine gute Lichtausbeute und sind, trotz Wärmeverlusten am Trafo, energiesparend. Der Nachteil der Wärmeverluste kann bei gleichzeitiger Nutzung des Trafos durch mehrere Lampen kompensiert werden. Achten Sie jedoch auf die mechanische und elektrische Sicherheit der Geräte.

■ Kerzenlicht ist zwar für schöne Stunden eine Alternative, doch auch damit gibt es Probleme. Wie bei allen Verbrennungsvorgängen werden Schadstoffe frei, die für die Gesundheit und/oder die Umwelt problematisch sein können. Vorsicht bei rußenden Kerzen! Aufgepaßt auch wegen der Brandgefahr!

Besen

■ Neue Besen kehren gut, wenn man die Borsten vor dem ersten Gebrauch für kurze Zeit in Salzwasser stellt.

■ Haben sich nach einigem Gebrauch oder durch falsche Aufbewahrung – Besen sollten hängen, niemals auf den Borsten stehen – die Borsten umgelegt, so zwingen Sie sie einfach dazu, sich wieder aufzurichten, indem Sie den Besen für einige Zeit in Wasserdampf halten.

■ Waschen können Sie Ihren Besen in Seifenlauge, wenn er hinterher gut ausgespült und zum Trocknen an die frische Luft gehängt wird.

Bettfedern

Quietschende Bettfedern können erheblich den Schlaf stören. Mit Möbelpolitur eingerieben, schweigen die Störenfriede.

Bienenwachs für Weichholzmöbel

Bienenwachs eignet sich hervorragend für das Pflegen von Weichholzmöbeln. Man sollte sie vor Wasserspritzern schützen, denn sonst entstehen weiße Flecken. Aber gerade bei Tischplatten läßt sich das nicht immer vermeiden. Sie können diese Flecken leicht mit einem Fön beseitigen. Die Heißluft läßt das Wachs wieder flüssig werden, und die Oberfläche bekommt wieder einen gleichmäßigen Farbton. Die Wasserränder sind weg.

Bilder an feuchten Wänden

Um Schimmel und Stockflecken zu verhindern, auf die Rückseite kleine Korkplättchen kleben. Die Luftzirkulation verhindert die Schimmelbildung.

HAUSPUTZ UND HAUSHALTSPFLEGE

Bilderrahmen
Nicht nur Ihr Ölgemälde selbst verlangt sorgfältige Pflege, auch sein Rahmen will versorgt sein. Frischen Sie seinen Goldton von Zeit zu Zeit dadurch auf, daß Sie ihn mit einer rohen Kartoffel abreiben.

Blasen im Furnier
Durch Feuchtigkeit oder starke Hitze kann sich Furnier lösen und Blasen werfen. Die Blase mit einer Rasierklinge in Faserrichtung öffnen und vorsichtig etwas Leim einführen. Fest zudrücken. Nach dem Trocknen mit feinem Sandpapier Leimreste an der Schnittfläche abschleifen.

Bläuepilz
Dieser Pilz läßt an Fensterrahmen oder an Türen aus frischem Holz bläulichschwarze Flecke zurück. Er kommt auch dann wieder durch, wenn man ihn mit Ölfarbe überstreicht. Besser ist es, gleich den Anstrich zu entfernen und das Holz mit Antiblau-Firnis zu behandeln.

Der Öko-Tip:
Blechbüchsen
■ Die meisten Blechabfälle, die im Haushalt anfallen, stammen von Konservendosen. Sofern es in Ihrer Gemeinde einen Sammelcontainer für Blechabfälle gibt, gehören sie hier her. Lösen Sie das Etikett von den Dosen, schneiden Sie mit dem Büchsenöffner Deckel und Boden vollständig aus, spülen Sie die Teile aus und drücken Sie den Dosenkörper platt. Vorsicht, die Blechkanten sind scharf!
■ Gibt es keinen Sammelcontainer, sollten die Blech- wie die Aluminiumabfälle beim Altwarenhändler abgegeben werden.
■ Noch besser: keine Dosenwaren kaufen, sondern lieber Konserven in Gläsern wählen und diese gut ausgespült zum Glascontainer bringen, aber bitte ohne Deckel.

Blechgeschirr
Blechgeschirr wird wieder wie neu, wenn Sie es mit Sodalösung waschen und mit trockener Kreide nachbehandeln.

Bohnerlappen
Lappen, die man zum Bohnern von Parkett- und Linoleumfußböden benutzt, werden nach kurzer Zeit knochenhart. Wenn Sie die Lappen in einer festverschließbaren großen Büchse aufbewahren, bleiben sie weich.

Brandlöcher im Teppich
Mit einem scharfen Messer rund um den Fleck den Teppich aus-

schneiden und ein gleich großes Stück eines Reststücks wieder einsetzen und ankleben.

Brandlöcher in Holz
Brandstellen in Holz kann man leicht mit einem Siegellackstift ausbessern. Die Stifte erhält man in Bastel- und Schreibwarengeschäften. Mit einem Küchenmesser die verkohlte Holzschicht abnehmen, eine Messerspitze erhitzen und daran etwas Siegellack schmelzen. Diesen in das Loch füllen und mit dem Messer glattstreichen.

Brauseköpfe, verkalkte
Verkalkte Brauseköpfe können Sie zum Entkalken für einige Stunden in warmes Essigwasser legen, das zu zwei Dritteln aus Essig und einem Drittel aus Wasser besteht. Danach die Brauseköpfe kräftig ausspülen.

Briefmarken, zusammengeklebte
■ Zusammengeklebte Briefmarken lassen sich leicht voneinander lösen, wenn man sie einige Zeit in den Kühlschrank gelegt hat.
■ Briefmarken, die aneinander haften, kann man auch unter Transparentpapier legen und mit einem heißen Eisen bügeln. Sie sind danach leicht voneinander zu lösen.

Bronze
Gegenstände aus Bronze werden zur Reinigung mit Spiritus eingerieben, abgespült und dann nachpoliert.

Bücher
Bücher, die offen im Regal stehen, verstauben und verschmutzen leicht. Von Zeit zu Zeit sollte man sie mit einem Pinsel abstauben und die Schnittflächen mit einem in Spiritus getauchten Lappen abwischen.

Bücher, fleckige
Trockene, fettfreie Flecke auf Buchseiten bekommen Sie wieder weg, wenn Sie vorsichtig mit feinem Sandpapier darüberreiben.

Bücher, Goldschnitt auffrischen
Den Goldschnitt von Büchern kann man auffrischen, wenn man einen nicht fasernden Lappen leicht mit Spiritus befeuchtet und damit den Schnitt vorsichtig abreibt. Das Tuch vorher fest ausdrücken, damit die Feuchtigkeit nicht in das Papier eindringen kann.

Bücherregale
Die Regale nach dem Reinigen erst vollkommen trocknen lassen, be-

HAUSPUTZ UND HAUSHALTSPFLEGE

vor die Bücher wieder eingestellt werden. Die Restfeuchte würde den Büchern schaden.

Bücherstützen
Praktische Bücherstützen erhalten Sie, wenn Sie Ziegelsteine mit dickem Stoff überziehen, der farblich zur Einrichtung paßt.

Bücher trocknen
Zwischen die feuchten Buchseiten Papiertücher legen. Das Buch zuklappen und mit anderen, schweren Büchern beschweren.

Bügeleisen
Die Gleitfläche des Bügeleisens wird wieder blank und glatt, wenn Sie es kalt auf einen essiggetränkten Lappen stellen und darauf abreiben.

Bürsten säubern
Im Nu sauber werden schmutzige Bürsten und Kämme, wenn man sie mit Rasierschaum einsprüht. Den Schaum läßt man einige Minuten einwirken und spült ihn dann aus.

Der Öko-Tip:
Chemie im Haushalt
Viele Putzmittel, die Chemikalien enthalten, können durch umweltfreundliche Produkte problemlos ersetzt werden:
- Essig und Zitronensäure: zum Entkalken, Klarspülen, zum Reinigen für Küche, Bad und WC. Entfernt Seifenreste und auch hartnäckige Fettverschmutzungen.
- Schlämmkreide: zum Reinigen und Polieren.
- Schmierseife: zum Putzen von naturbelassenen Fliesen wie zum Beispiel unversiegelten Terrakottafliesen. Der Kalkseifenfilm gibt den Platten einen matten Glanz und schützt sie.
- Soda: zum Putzen und Abwaschen, zum Reinigen von Abflüssen, gegen Gerüche.
- Seifenflocken und einfache Scheuermittel ohne Bleich- und Desinfektionsmittel: zum Putzen von Badewanne, Waschbecken, WC, Fliesen, Böden, für Wäsche im Handwaschbecken. Bei hartem Wasser mit klarem Wasser nachwischen.

DAMPFBÜGELEISEN

- Vorsicht vor allem bei flüssigen Produkten! Hier kommt es schneller zu Haut- und Augenspritzern. Kinder können davon auch leicht größere Mengen verschlucken.
- Dosieren Sie immer sparsam! Ein weniger umweltbelastendes Mittel in überdosierter Menge ist genauso schädlich für die Umwelt wie ein sparsam eingesetztes belastendes Mittel.

Chrom

Chrom ist keineswegs immun gegen Feuchtigkeit. Es kann unansehnlich werden und sogar Rost ansetzen.
- Reiben Sie verchromte Gegenstände von Zeit zu Zeit mit Vaseline ein, waschen dann mit warmem Wasser nach und polieren Sie sie trocken.
- Verchromte Teile lassen sich mit einem Lappen, der mit etwas Mehl bestreut ist, blank polieren.

Dampfbügeleisen entkalken

- Vermeiden Sie die Verkalkung des Bügeleisens von vornherein, indem Sie es mit destilliertem Wasser füllen, das Sie in der Apotheke bekommen (Flasche mitnehmen!). Im Fachhandel erhalten Sie ein Gel und einen Behälter, mit denen Sie destilliertes Wasser zu Hause herstellen können.

Ist das Bügeleisen aber verkalkt, weil es mit normalem Wasser gefüllt wurde, so geben Sie eine Mischung aus Essig und Wasser (1:1) hinein, heizen es auf und lassen das Eisen ein paar Minuten lang dampfen. Dann schalten Sie es ab und lassen es ein bis zwei Stunden stehen. Danach ausleeren und mit klarem Wasser mehrmals gründlich nachspülen.
- Nach dem Bügeln muß das Eisen vollständig geleert werden; vor dem Wegstellen mehrmals die Dampftaste drücken, bis kein Dampf mehr austritt.

HAUSPUTZ UND HAUSHALTSPFLEGE

Der Öko-Tip:
Desinfektion

▪ Verzichten Sie auf eine Desinfektion in Bad und WC! Sie ist dort schlicht überflüssig.

▪ Verzichten Sie vor allem auf eine Desinfektion der WC-Schüssel und -Brille! Es liegt in der Natur der Sache, daß die WC-Schüssel schneller wieder verkeimt, als Sie sie erneut desinfizieren könnten. WC-Beckensteine und Wasserkastenautomaten desinfizieren übrigens nicht!

Dokumente aufbewahren

In jedem Haushalt gibt es eine Vielzahl wichtiger Dokumente. Um langwieriges Suchen einzelner Papiere zu vermeiden, kaufen Sie einen Ordner, in dem Sie in Sichthüllen alle wichtigen Dokumente ablegen. Den Ordner stellen Sie an einen festen Platz, so daß er jederzeit schnell greifbar ist. Da einige Dokumente nur schwer oder gar nicht wiederzubeschaffen sind, müssen sie vor Verlust geschützt werden. Vielleicht ist ein Schließfach bei der Bank angebracht. Sicherheit bieten auch beglaubigte Fotokopien, die Sie bei nahen Verwandten deponieren.

Dunstabzug ohne Fett

Fettiger Schmutz haftet nach kurzer Zeit an jeder Dunstabzugshaube. Mit herkömmlichen Mitteln ist meist nichts zu machen. Eine Mischung aus flüssigem Geschirrspülmittel und Spülmaschinenpulver entfernt mühelos jeglichen Schmutz.

Duschtüren und -vorhänge reinigen

▪ Glastüren von Duschen sind oft milchig. Sie werden wieder glänzend, wenn man sie mit einem in Essig getränkten Tuch abreibt.

▪ Duschvorhänge schimmeln nicht, wenn man sie vor dem Aufhängen in Salzwasser legt. Mit einem Feinwaschmittel kann man Duschvorhänge waschen.

▪ Stockflecken danach mit etwas Natron, bei hellen Vorhängen auch mit Essig, abreiben.

Duschköpfe reinigen

Verstopfte Duschköpfe aus Metall kann man in Essigwasser, das aus gleichen Teilen gemischt wurde, etwa 15 Minuten kochen. Kunststoffduschköpfe dagegen kann man in der gleichen Essig-Wasser-Lösung über Nacht einweichen.

EINKAUFEN

Edelstahl-Spülbecken
Blinde Spülbecken werden wie neu, wenn man sie mit einer Paste aus Schlämmkreide und Essig einreibt. Feucht nachwischen und mit einem trockenen Tuch polieren.

Edelstahltöpfe
Die Töpfe werden wieder strahlend blank, wenn sie während des Spülens mit einem Schuß Essig abgerieben werden. Dadurch werden auch die häßlichen Wasserflecke vermieden.

Eichenmöbel
Eichenmöbel kann man mit lauwarmem Bier abwaschen, dann werden sie sauber, und das Holz leidet nicht darunter.

Eierkocher
Nach mehrmaligem Gebrauch setzt sich auf dem Boden teflonbeschichteter Eierkocher leicht ein grauer Belag ab. Dies kann man verhindern, indem man von Zeit zu Zeit mit etwas Wasser vermischten Essig auf den Topfboden gibt und die Mischung 1 bis 2 Stunden einwirken läßt. Der Belag löst sich auf.

Einkaufen
Einkaufen ist nicht nur Vergnügen, sondern auch Mühe. Eine gute Planung erspart Ihnen Mühe und Zeit. Einige allgemeine Einkaufsregeln sollen Ihnen dabei helfen:
- Informieren Sie sich vor dem Einkauf über Angebot und Preise.
- Nutzen Sie bei Obst und Gemüse die Angebote der Saison.
- Nutzen Sie Sonderangebote, wenn sie wirklich gebraucht werden. Preiswerte Großpackungen werden sehr teuer, wenn ein Teil davon verdirbt.
- Tätigen Sie größere Einkäufe – wenn Sie es einrichten können – an ruhigen Einkaufstagen am Wochenanfang und nicht erst kurz vor Ladenschluß.
- Einkaufsplanung:

Ein überlegter Einkaufszettel, eventuell anhand eines Speiseplanes für die Woche aufgestellt, erspart viel Arbeit.
Schreiben Sie sich vor dem Einkaufen einen Einkaufszettel: Schreiben Sie auf, was Sie einkaufen wollen, und zwar in der Reihenfolge, in der Sie in die Geschäfte gehen. Wollen Sie zum Beispiel zuerst zum Fleischer, stehen an

oberster Stelle alle Waren, die Sie dort einkaufen wollen. Kaufen Sie im Supermarkt ein, so stellen Sie Ihren Einkaufszettel in der Reihenfolge auf, in der die Waren dort angeboten werden; das erspart unnötige Wege.

■ Umweltfreundlich Einkaufen: Gerade beim Einkaufen können Sie viel für die Umwelt tun und helfen, daß die Müllberge nicht in den Himmel wachsen, wenn Sie folgende Punkte beachten:

■ Nehmen Sie Körbe, Taschen oder Netze mit, damit Sie keine Plastiktüten brauchen. Haben Sie einmal nichts dabei, schauen Sie, ob Sie Papiertüten bekommen; in vielen Geschäften werden sie als Alternative angeboten.

■ Kaufen Sie Getränke (auch Milch) nur noch in Mehrwegflaschen.

■ Kaufen Sie Lebensmittel – vor allem Obst, Gemüse, Fleisch und Wurstwaren –, die es auch offen gibt, nicht abgepackt.

■ Nehmen Sie bei Lebensmittel, die Sie nicht lose kaufen können, nicht die in Kunststoff, sondern die in Papier, Pappe oder Glas verpackten.

■ Vermeiden Sie die sogenannten »Wegwerfartikel«, wie zum Beispiel Einweggeschirr aus Kunststoff, auch wenn es Ihnen etwas mehr Arbeit macht.

■ Kaufen Sie nichts, was unnötig verpackt ist. Nehmen Sie möglichst Großpackungen statt kleiner Einzelportionen.

■ Kaufen Sie Produkte, für die es Nachfüllpackungen gibt.

■ Vermeiden Sie Spraydosen, auch wenn daraufsteht, daß sie kein FCKW enthalten, denn sie bestehen meist aus umweltbelastendem Weißblech oder Aluminium.

■ Beim Kauf von Elektrogeräten und Haushaltswaren sollten Sie darauf achten, daß Sie langlebige Produkte wählen, die auch gut zu reparieren sind.

■ Viele Produkte sind mit dem blauen Umweltengel gekennzeichnet. Dieses Zeichen wird von einer unabhängigen Jury (Jury Umweltzeichen) nach einer intensiven Prüfung des Produktes auf Umweltfreundlichkeit vergeben.

Der Öko-Tip:
Einwegprodukte
Es gibt keinerlei Notwendigkeit für Einwegkugelschreiber und -filzstifte, für Einwegfeuerzeuge und -kameras. Für alle Bereiche gibt es weniger abfallträchtige Alternativen.

Eisenpfannen
Nicht emaillierte Eisenpfannen sollten Sie wegen der Rostgefahr nicht mit Wasser spülen. Reiben Sie sie mit Salz und Papier aus, und ölen Sie sie danach mit ein paar Tropfen Speiseöl.

Eiswürfelbehälter, festgefrorene
Das lästige Festfrieren der Eiswürfelbehälter im Kühlfach wird durch vorheriges Einreiben der Unterseite mit Salatöl vermieden.

Eiswürfel herausnehmen
Eiswürfel lassen sich leichter herausnehmen, wenn man die Schale mit der Rückseite unter fließendes Wasser hält.

Eiswürfel, klare
Um klare Eiswürfel zu bekommen, muß man abgekochtes Wasser in die Würfelbehälter füllen, da die Fremdstoffe im Leitungswasser die Würfel trüben.

Der Öko-Tip:
Elektrische Hausgeräte
Bevorzugen Sie mechanische Geräte! Der elektrische Dosenöffner, der elektrische Wecker oder das elektrische Tranchiermesser sind vielleicht bequem und spielen in der Energiebilanz im einzelnen vielleicht keine große Rolle; zusammengerechnet verursachen sie aber trotzdem einen unnötigen Stromverbrauch.

Emaillierte Töpfe
Emaillierte Töpfe werden wieder sauber, wenn Sie sie mit heißer Soda- oder Seifenlösung waschen und mit klarem Wasser nachspülen. Sind die Töpfe innen schwarz geworden, kochen Sie Rhabarberblätter darin aus. Danach ebenfalls mit klarem Wasser nachspülen.

Entkalker
Alle handelsüblichen Entkalker enthalten chemische Kalklöser; flüssige Entkalker können ganz besonders aggressiv sein und sogar Salz- oder Phosphorsäure enthalten! Zur Entkalkung von Haushaltsgeräten, sei es die Kaffeemaschine oder das Dampfbügeleisen, die Waschmaschine oder der Kalkrand an den Badezimmerarmaturen, braucht man nichts weiter als Essig und eventuell etwas Geduld.

Eselsohren
Die unschönen Eselsohren in Büchern und Heften bekommt man wieder heraus, wenn man ein angefeuchtetes Löschblatt auf diese Stellen legt und sie mit einem nicht zu heißen Bügeleisen so lange beschwert, bis das Löschblatt trocken ist.

HAUSPUTZ UND HAUSHALTSPFLEGE

Feilen reinigen
Nagelfeilen werden wieder sauber und feilen besser, wenn man die Reibfläche mit Heftpflaster zuklebt, fest andrückt und dann das Heftpflaster wieder abzieht. Dabei bleiben alle Verunreinigungen an der Klebefläche hängen.

Fensterleder
Fensterleder wird nicht hart, wenn man es nach Gebrauch in leichtem Salzwasser auswäscht und an der Luft trocknen läßt.

Fensterputzen
■ Auf handelsübliche Fensterputzmittel kann man getrost verzichten.
■ Normal verschmutzte Scheiben reinigt man mit klarem, warmem Wasser und einem Fensterleder. Bei stärker verschmutzten Scheiben gibt man dem Putzwasser ein paar Eßlöffel Spiritus zu.
■ Putzen Sie die Außenseite von oben nach unten, die Innenseite von rechts nach links (oder umgekehrt), so können Sie rasch erkennen, auf welcher Seite der Scheibe noch Streifen sind. Putzen Sie die Fenster nicht bei direkter Sonnenbestrahlung, da gibt es meistens Streifen.
■ Fensterbänke und Rahmen wischen Sie mit einer milden Seifenlauge und danach mit klarem Wasser ab.

Fensterscheiben, blinde
Blindgewordene Scheiben werden wieder klar, wenn Sie sie mit Speiseöl bestreichen, das Öl eine Stunde einwirken lassen und dann mit weichem Papier entfernen. Danach die Scheiben putzen.

Der Öko-Tip:
Fenster- und Glasreinigung
■ Prüfen Sie, ob die Fenster wirklich schon wieder geputzt werden »müssen«! Fenster verschmutzen bei der heutigen Belastung der Luft sowieso wieder sehr schnell, werden nach anfänglichem Anschmutzen aber nur viel langsamer »richtig« schmutzig.
■ Verwenden Sie heißes Wasser mit Spülmittel und einem Schuß Spiritus sowie einen Schwamm und eine Gummilippe zum Abziehen! Damit bekommen Sie die Fenster relativ einfach wieder sauber. Übrigens sollten Sie die Unfallgefahren

im Haushalt nicht unterschätzen: Überzeugen Sie sich davon, daß Ihre Leiter absolut trittsicher ist und nicht wackelt oder gar umkippen kann, bevor Sie sie besteigen.

Fernsehbildschirm
Den Bildschirm reinigt man am besten mit einem spiritusgetränkten Tuch.

Fettflecken auf der Tapete
Fleckenpaste auf die Tapete auftragen, über Nacht trocknen lassen und mit einer weichen Bürste abbürsten.

Flaschen trocknen
Flaschen können Sie von innen leicht trocknen indem Sie ein langes, zusammengerolltes Löschpapier einführen.

Flaschen und Dosen beschriften
Leere Flaschen und Dosen werden zur Aufbewahrung von mancherlei Dingen weiterverwendet. Auf jeder Flasche oder Dose sollte leicht erkennbar aufgeschrieben werden, was sich darin befindet. Einmal vermeidet man langes Suchen, es hilft aber auch, Unfälle zu vermeiden. Giftige Substanzen niemals in gewöhnlichen Flaschen und nur gut gesichert aufbewahren.

Fleischwolf reinigen
Fett- und Fleischreste sind nur schwer aus dem Fleischwolf zu entfernen. Wenn Sie zum Schluß eine trockene Brotscheibe oder ein trockenes Brötchen durchdrehen, werden die Fleischreste herausgedrückt. Danach können Sie den Fleischwolf wie üblich spülen.

Fliegenplage
■ Fliegen meiden Essig. Lassen Sie von Zeit zu Zeit einen Tropfen Essig auf der Herdplatte verdampfen. Für Wohn- und Schlafräume hilft ein Strauß Lorbeerzweige oder Lavendelblüten.
■ Wußten Sie, daß Fliegen auch blaue Farben meiden? Es ist also durchaus vernünftig, die Küche blau zu fliesen.

Frischhaltefolie
Frischhaltefolie klebt nicht zusammen, wenn Sie die Folie im Kühlschrank aufbewahren oder vor Gebrauch für einige Minuten in den Gefrierschrank legen.

Fugen reinigen
Oft sehen Fugen zwischen den Kacheln im Badezimmer grau und schmutzig aus. Geben Sie zum Reinigen Essigessenz auf eine alte Zahnbürste, und bürsten Sie die Fugen damit ab. Mit diesem Ver-

HAUSPUTZ UND HAUSHALTSPFLEGE

fahren können Sie auch Kalkflecken auf Fliesen entfernen.

Fußbodenleisten
Beim Aufnageln von Fußbodenleisten kann es passieren, daß sie sich spalten. Abhilfe kann man dadurch schaffen, daß man den Nagel mit einem leichten Hammer an der Spitze staucht.

Der Öko-Tip
Fußbodenreinigung
▪ Fegen Sie den Fußboden häufiger! Die meisten Verschmutzungen liegen lose auf.
▪ Trennen Sie Reinigungs- und Pflegegang (Ausnahme: Seifenreiniger!). Die Kombiprodukte reinigen zwar ganz gut, die Pflegekomponenten bleiben jedoch nur zu einem geringen Anteil auf dem Fußboden, der Rest gelangt ins Abwasser.
▪ Überlegen Sie, ob Sie den Fußboden nicht lieber versiegeln lassen (vom Fachbetrieb!). Er wird dadurch pflegeleichter, und Sie sparen Reinigungs- und Pflegemittel. Das Versiegeln sollten Sie aber wegen der dabei auftretenden Belastungen mit Lösemitteln und anderen Chemikalien nicht selbst vornehmen.
▪ Achten Sie darauf, daß Sie einen Reiniger verwenden, der für das Fußbodenmaterial geeignet ist!
▪ Achten Sie bei den reinen Pflegemitteln auf den Lösemittelgehalt!
Bohnerwachse beispielsweise enthalten meist recht viel Lösemittel, die außerdem brennbar sind.
▪ Bedenken Sie, daß aufgetragene Pflegemittel von Zeit zu Zeit entfernt und erneuert werden müssen. Hierbei kommt man um lösemittelhaltige Reiniger zumeist nicht herum! Die Lösemittel belasten Umwelt und Gesundheit jedoch stark.

Fußkalte Böden
Die aufsteigende Kälte von unten wird gedämmt, wenn Sie einige Lagen Zeitungspapier unter den Teppich legen.

Fußmatten, Fußroste
Legen Sie Schmutzfallen in den Eingangsbereich! Fußmatten, Fußroste usw. verhindern, daß lose anhaftender Schmutz mit in die Wohnung getragen wird.

Fußmatten sichern
Fußmatten rutschen nicht, wenn man auf die Unterseite an den Ecken kleine Schaumstoffplättchen unterklebt.

GERÜCHE

Gardinenstangen aus Metall
Metallene Gardinenstangen, die leicht rosten, reiben Sie mit Bohnerwachs ein. Außer, daß sie vor Rost geschützt sind, gleiten die Ringe auch besser.

Gasflammen
Gasflammen müssen blau sein und einen leicht grünen Kern haben. Ist das nicht der Fall, dann ist Ihr Gasherd nicht mehr in Ordnung und muß repariert werden.

Gerüche
Unangenehmen Gerüchen im Haushalt braucht man nicht mit dem Duftspray aus der Dose zu begegnen.
■ Das erste, grundsätzlich immer anzuwendende Mittel ist Lüften.
■ Fisch- und andere Kochgerüche: Während Sie gleichzeitig für guten Durchzug sorgen, bringen Sie etwas Essig zum Kochen. Oder geben Sie einen Teelöffel Essigessenz auf die schon leicht ausgekühlte Herdplatte – mit dieser Methode können Sie auch Fliegen vertreiben. Auch ein paar Gewürznelken auf die auskühlende Herdplatte gelegt, vertreiben unangenehme Küchengerüche. Vom Geschirr verschwindet Fischgeruch, wenn man es vor dem Spülen mit Essig, Zitronensaft oder Kaffeesatz abreibt.
■ Gerüche aus dem Abfluß lassen sich mit kochendem Sodawasser beheben. Einfach den Ausguß damit gut durchspülen. Vorsicht bei Abflußrohren aus Plastik – das Sodawasser erst auf etwa 60°C abkühlen lassen! Auch das Spülbecken mit Essigwasser auswischen hilft.
■ Kühlschrankgerüche lassen sich dadurch vermeiden, daß man keine unabgedeckten Speisen im Kühlschrank aufbewahrt. Riecht es doch, legen Sie etwas Aktivkohle in das Gerät, oder stellen Sie eine Untertasse mit Natriumhydrogencarbonat (»Bullrich-Salz«) oder Backpulver hinein (etwa alle vier Wochen erneuern).
■ Wischen Sie den Kühlschrank nach dem Reinigen mit einem in Essig getränkten Tuch nach.
■ Geben Sie ein Stück Vanillestange oder einen halben Apfel in den Kühlschrank. Den Apfel etwa alle acht Tage auswechseln.
■ Kalter Zigarettenrauch ist nicht nur unangenehm, er hält sich auch lange. Nach einer Party, bei der viel

HAUSPUTZ UND HAUSHALTSPFLEGE

geraucht wurde, sollten Sie sofort gründlich lüften und dann über Nacht eine Schüssel mit Essigwasser in den Raum stellen. Hat sich der Qualmgeruch in Teppich und Polstermöbel festgesetzt, so bürsten Sie auch diese mit Essigwasser ab.
■ Gegen Toilettengerüche hilft eine brennende Kerze.

Geschirr, schmutziges
Schmutziges Geschirr, das Sie nicht am gleichen Tag spülen können, sollten Sie kurz mit Wasser absprühen. Die Essensreste verkrusten sich dann nicht, und das spätere Spülen fällt leichter.

Der Öko-Tip:
Geschirrspülen
■ Essensreste sollten Sie in den Kompost oder ersatzweise in den Müll, nicht in den Ausguß oder ins WC geben! Diese Abfälle müssen sonst unter Sauerstoffzehrung in der Kläranlage abgebaut werden. Das ist eine unnötige Belastung.
■ Die handelsüblichen Handspülmittel enthalten heute zwar kaum noch Phosphate, durch die in ihnen enthaltenen Tenside belasten sie aber dennoch die Umwelt.
■ Dosieren Sie Spülmittel also in jedem Fall äußerst sparsam, noch besser: strecken Sie es im Verhältnis 50:50 mit Essig. Füllen Sie die Hälfte der vollen neuen Flasche in die leere alte ein, und füllen Sie beide Flaschen mit Essig auf. Verwenden Sie das gestreckte Mittel in der gleichen Dosierung wie das ungestreckte.
■ In Bioläden gibt es Geschirrspülmittel auf Soda- oder Seifenbasis.
■ Man kann sich sein Spülmitttel aber auch selber mixen: 100 g Schmierseife, 100 ml destilliertes Wasser und 50 ml Tween 80 (aus der Apotheke) gut miteinander verrühren und den Saft einer halben Zitrone zugeben. Dieses Spülmittel hält sich etwa acht bis zehn Wochen und sollte nur in Bereichen mit Wasserhärtegrad 1 oder 2 angewendet werden.
■ Für Maschinenspülmittel bieten auch hier Bioläden vergleichsweise geringer belastende Mittel an, die allerdings – weil weniger aggressiv – weniger gut spülen.
■ Klarspüler sind grundsätzlich unnötig. Es genügt, wenn man nach Beendigung des Spülvorgangs die Klappe der Maschine öffnet und das Geschirr lufttrocknen läßt. Wer auf ein entsprechendes Mittel nicht verzichten will, der sollte statt zu Klarspüler zu Essig oder Zitronensäure greifen.
■ Spülen Sie Küchengeräte, in denen Sie Sahne schlagen, Mayonnaise oder ähnliches rühren, gründlich mit heißem Wasser aus. Spülmittelreste verhindern sonst das Gelingen solcher Speisen. Auch Biergläser gründlich nachspülen, wenn Sie Wert auf eine schöne Blume legen.

GLASKERAMIK-KOCHFELDER

■ Gläser am besten immer mit der Hand spülen, da sie in der Maschine leicht trüb werden.
■ Lassen Sie das Geschirr lieber an der Luft trocknen, anstatt es abzutrocknen! Trockentücher sind schnell verkeimt und sollten eigentlich jeden Tag gewechselt werden. Ihre Reinigung kostet wiederum Energie, Wasser und Chemie.

Geschenkpapier, gebrauchtes
Gebrauchtes Geschenkpapier kann wieder verwendet werden, wenn man es auf der linken Seite bei mittlerer Temperatur bügelt. Klebestreifen lassen sich leicht lösen, und die Knitterfalten verschwinden ebenfalls.

Geweihe reinigen
Geweihe, die als Wandschmuck dienen, hält man ganz einfach sauber, indem man sie nur trocken abreibt und abpinselt.

Der Öko-Tip:
Glas
■ Glas von Einwegflaschen, Konserven usw. läßt sich recyceln, sollte also zu den entsprechenden Sammelcontainern gebracht werden. Wenn getrennte Container für Bunt- und Weißglas aufgestellt sind, das Glas auch wirklich getrennt einfüllen. Korken, Verschlüsse, Deckel, Kapseln etc. vorher entfernen!
■ Besser als Einwegflaschen zu recyceln ist es, Mehrwegflaschen einzusetzen. Wo Sie also beim Kauf die Wahl haben, greifen Sie zur Mehrwegflasche!
■ Fensterglas gehört nicht in den Container und schon gar nicht Glas von alten Spiegeln. Es enthält in seiner Beschichtung Quecksilber und gehört in den Sondermüll.

Gläser, ineinandergestellte
Wenn sich ineinandergestellte Gläser nicht lösen lassen, vermeiden Sie Gewalt – sie führt in der Regel nur zu Scherben und Verletzungen. Das untere Glas in warmes Wasser stellen, in das obere kaltes Wasser gießen, und die Gläser lassen sich ganz leicht trennen.

Gläser, zerspringende
Das Zerspringen der Gläser beim Einfüllen heißer Getränke wird vermieden, wenn sie auf einem feuchten Tuch stehen oder vorher ein Löffel hineingegeben wird.

Glaskeramik-Kochfelder
■ Sie sollten nach jedem Gebrauch gereinigt werden, damit Fett und Schmutz sich nicht festsetzen oder gar einbrennen. Das kalte oder noch handwarme Kochfeld

HAUSPUTZ UND HAUSHALTSPFLEGE

mit klarem Wasser, dem eventuell ein Tropfen Spülmittel beigegeben ist, reinigen, dann mit klarem Wasser gründlich nachwischen und mit einem Tuch abtrocknen.

■ Es dürfen keine kratzenden Reinigungsmittel wie Scheuerpulver, Backofensprays oder Schwämme mit rauher Oberfläche verwendet werden.

■ Der Einsatz eines Schabers mit scharfer, breiter Klinge ist allerdings sinnvoll. Mit ihm kann man alle Verschmutzungen – besonders sofort, wenn etwas übergelaufen ist – entfernen.

■ Spezialreiniger und Pflegemittel sind unnötig.

Glaspflege

■ Gläser sollten in der Spülmaschine bei höchstens 60°C und nur im Schongang gespült werden, außerdem sollte man das mildeste Spülmittel dazu verwenden. Gläser, die durch häufiges Spülen in der Maschine blind geworden sind, bekommt man kaum wieder klar. Abhilfe bringt unter Umständen Zitronensäurepulver, das statt des Spülmittels im Normalprogramm zugesetzt wird.

■ Geben Sie nur solche Gläser in die Spülmaschine, die das Label »garantiert spülmaschinenfest« haben – »spülmaschinengeeignet« bedeutet nicht, daß Sie nicht doch unangenehme Überraschungen erleben können und das Glas nach einiger Zeit trüb wird.

■ In jedem Fall ist es besser, Gläser von Hand zu spülen. Lassen Sie sie dann nicht an der Luft trocknen, sondern spülen Sie mit warmem, klarem Wasser nach, und trocken Sie die Gläser sofort mit einem weichen, fusselfreien Geschirrhandtuch ab.

■ Bleikristall sollte auf keinen Fall in die Spülmaschine, man spült es am besten mit handwarmem Wasser. Damit Kristall wieder schön strahlt, reiben Sie es mit einem weichen Lappen und etwas feuchtem Salz ab.

Glasränder

Wischen Sie »Glasränder« weg, solange sie noch feucht sind, und lassen Sie sie nicht antrocknen! Dadurch reduziert sich der Aufwand an Arbeit, und der Einsatz von Putzmitteln wird eventuell erst gar nicht notwendig.

Glastische und -platten

Kleine Kratzer auf Glastischen kann man vorsichtig mit etwas Zahnpasta wegpolieren.

Glasvasen

Enghalsige Glasvasen werden ganz klar, wenn man kleine Zeitungsschnitzel oder einige Reiskörner mit warmem Wasser in die Vase gibt und sie kräftig schüttelt. Mit kaltem Wasser anschließend ausspülen.

Glühbirnen
Glühbirnen darf man niemals feucht reinigen, sondern nur mit einem Tuch abstauben.

Goldrahmen
Goldrahmen erscheinen oft blind. Hier wirkt eine angeschnittene Zwiebel, mit der Sie die Rahmen abreiben, Wunder. Nur müssen Sie die Zwiebel, sobald sie schmutzig ist, erneuern. Auch Buttermilch eignet sich zum Säubern und Auffrischen. Nachher wird mit einem weichen Tuch nachpoliert.

Grünspan
Grünspanflecken auf Kupfer und Messing können Sie mit verdünntem Salmiakgeist entfernen, dann mit Kreide blankputzen.

Gummidichtungen
Die Dichtungen von Gefrierschränken, Kühltruhen und Kühlschränken sollten von Zeit zu Zeit mit etwas Talkumpuder eingerieben werden. Sie bleiben dann elastisch, werden nicht spröde und dichten besser.

Gummihandschuhe für Hausarbeit
Die Handschuhe dürfen nicht zu klein sein und sollen eine griffige Handfläche aufweisen. Nach jeder Arbeit gut abspülen. Kühl und trocken aufbewahren. Hin und wieder mit Talkum einreiben.

HAUSPUTZ UND HAUSHALTSPFLEGE

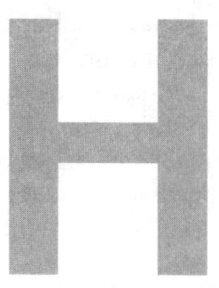

Der Öko-Tip:
Hausgeräte entsorgen

■ Es ist nicht sinnvoll, ein funktionierendes und mit durchschnittlichen Verbrauchszahlen arbeitendes Gerät auszurangieren und durch ein neues, sparsameres Modell zu ersetzen. Schließlich müssen auch die Neugeräte unter viel Einsatz von Energie und Rohstoffen und unter Freisetzung von Abwasser, Abfall, Abluft und Lärm hergestellt und transportiert werden. Ihr Altgerät, das eigentlich noch gar nicht alt ist, verbraucht bei der Beseitigung oder Verwertung auch wieder Energie und verursacht Abfall, Abwasser und Abluft.

■ Ein Neugerät sollte erst dann angeschafft werden, wenn das alte unwiderruflich kaputt ist oder überdurchschnittlich viel Strom verbraucht.

■ Beim Kauf eines neuen Gerätes sollten Sie dann aber unbedingt ein wasser- und/oder stromsparendes Gerät wählen (Testergebnisse der Stiftung Warentest beachten).

Hausmüll

Bei der Beseitigung des Hausmülls können Sie einiges für die Umwelt tun. Werfen Sie nicht alles in die Mülltonne, sondern sortieren Sie.

■ Glas: Überall finden Sie heutzutage Glascontainer für Flaschen und Gläser (keine Fenstergläser). Stellen Sie im Keller oder an einem anderen geeigneten Platz einen Korb oder Karton auf, in dem Sie Altglas sammeln können. Metallteile wie Deckel und Schraubverschlüsse vorher entfernen. Bei Getränken sollten Sie allerdings Mehrweg-Verpackungen bevorzugen.

■ Papier, Pappe: Sie bilden einen relativ hohen Anteil am Müll, es lohnt sich also, beides gesondert vom übrigen Hausmüll zu sammeln und zu einem der Container zu bringen, die überall aufgestellt sind. Hierfür eignet sich ein Wäschekorb oder ein großer Karton.

■ Küchen- und Gartenabfälle: Wer einen Garten besitzt, sollte sich auf jeden Fall einen Komposthaufen anlegen. Zu diesem Zweck können Sie fertige, platzsparende Kompostsilos im Fachhandel kaufen; Sie können den Komposthaufen aber auch auf herkömmliche Art und Weise aufsetzen. Zur Kompostierung eignen sich: Gemüsereste, Eier- und Obstschalen (keine Apfelsinen-, Grapefruit- und Zitronenschalen), Kaffeefilter, Teeblätter, Papier und Pappe, so-

weit sie nicht bedruckt sind und alle gesunden Gartenabfälle (Pflanzenteile mit Pilzerkrankungen nicht auf den Kompost werfen). Je vielseitiger die Mischung ist, desto besser der Kompost.
■ Alte Textilien: Für Altkleider und Textilien werden oft Sondersammlungen von karitativen Einrichtungen durchgeführt.
■ Sperrmüll: In vielen Städten und Gemeinden gibt es Sperrmülltage, an denen Sie sperrigen Hausmüll auf die Straße stellen können. Machen Sie davon Gebrauch; es ist einfacher, als das Sofa in der freien Natur abzuladen.
■ Kühl- und Gefrierschränke dürfen nicht mehr zum Sperrmüll gestellt werden, sie gehören zum Sonderabfall und werden in vielen Orten gesondert abgeholt.
■ Sonderabfall: Für Sonderabfall gibt es besondere Sammelstellen, die Sie bei der Stadt- oder Gemeindeverwaltung erfragen können. Zum Sonderabfall gehören: Batterien, Chemikalien/Säuren aus dem Hobbybereich, chemische Schädlings-, Unkraut- und Pilzbekämpfungsmittel, Reinigungs- und Desinfektionsmittel, Farben, Lacke, Lösungsmittelreste, Klebstoffe, Rostschutzmittel, alte Medikamente (sie können auch bei den meisten Apotheken abgegeben werden), Neonröhren, Altöl, Autopflegemittel, Fleckputzmittel, Silberbesteckreiniger, Metallputzmittel.

Hausputz bei empfindlichen Händen
Wenn Sie empfindliche Haut haben: Tragen Sie bei längeren Reinigungsarbeiten Gummihandschuhe, darunter solche aus Baumwolle oder Seide. Oder cremen Sie sich die Hände nach dem Reinigen ein! Die meisten Haushaltsmittel wirken entfettend und schädigen damit die Haut.

Hausschwamm hemmen
Die befallenen Stellen werden regelmäßig mit Petroleum eingestrichen.

Der Öko-Tip:
Heizen
■ Informieren Sie sich über Möglichkeiten zur Heizkostensenkung, beispielsweise in den kostenlosen Broschüren des Bundesministeriums für Umwelt oder Wirtschaft! Viele staatliche Stellen bieten kostenlose Informationen, die Sie nutzen sollten.
■ Wenn Sie die Wahl haben: Lassen Sie sich ans Wärmenetz eines Kraftwerks mit Kraft-Wärme-Kopplung (Nahwärmenetz) anschließen. Dies ist die am wenigsten umweltbelastende Heizungsart.
■ Verzichten Sie auf strombetriebene Heizsysteme. Bedenken Sie, daß Stromheizungen im Verhältnis die meiste Energie benötigen und

HAUSPUTZ UND HAUSHALTSPFLEGE

für den relativ größten Ausstoß an Schwefeldioxid verantwortlich sind!
■ Wenn Sie die Anschaffung einer neuen Heizanlage planen, lassen Sie sich fachlich beraten. Die unterschiedlichen Systeme machen Verbrauchern die Entscheidung nicht leicht, und eine objektive Beratung ist vom Verkaufspersonal nicht immer gewährleistet. Viele Städte und Gemeinden bieten mittlerweile eine Umwelt-, Energie- oder Wohnberatung an, ebenso Verbraucherzentralen und private Umweltinitiativen. Die meisten Beratungen sind kostenlos.
■ Fragen Sie bei der Beratungsstelle nach Steuervorteilen und Fördermöglichkeiten. Es gibt eine Reihe von Bund-, Länder- oder Kommunalprogrammen, nach denen Sie einen Zuschuß zu den Kosten erhalten können, die bei der Modernisierung einer Heizanlage entstehen.
■ Wenn Sie selbst heizen: Achten Sie auf das Umweltzeichen für abgasarme und energiesparende Heizsysteme. Das Umweltzeichen wird nur an Produkte verliehen, die bei gleicher Leistungsfähigkeit die Umwelt weniger belasten als Konkurrenzprodukte. Eine Liste der ausgezeichneten Produkte und der Anbieterfirmen erhalten Sie kostenlos beim Umweltbundesamt (Berlin).
■ Lassen Sie Ihre Heizanlage von einem Fachbetrieb installieren und regelmäßig warten. So lassen sich Wirkungsgrad und Abgaswerte aufeinander abstimmen und damit Umweltbelastung, Energieverbrauch und Kosten auf das notwendige Minimum senken sowie die Lebensdauer des Heizsystems insgesamt verlängern.
■ Hängen Sie ein Thermometer in den Heizraum und kontrollieren öfter selbst die Temperatur. Wenn die Heizraumtemperatur über 20°C liegt, verliert die Heizung zuviel Wärme. Lassen Sie einen Fachmann kommen.
■ Vergleichen Sie bei der jährlichen Abrechnung der Stadtwerke Ihren Verbrauch an Öl bzw. Gas mit der beheizten Fläche. Wenn der Verbrauch 25 l Öl bzw. 25 m³ Gas pro beheiztem Quadratmeter Wohnfläche übersteigt, sollten Sie die Anlage überprüfen lassen.
■ Rüsten Sie Ihre Heizkörper mit Thermostatventilen aus; sie gestatten eine individuelle Anpassung der Raumtemperatur an das Nutzungsinteresse. Folgende Temperaturen halten Fachleute für ausreichend: Wohnzimmer 20–21°C, Kinder- und Arbeitszimmer 20°C, Schlafzimmer und Diele 18°C, Flur und WC 15°C. Vergessen Sie nicht, die Türen zwischen den unterschiedlich warmen Räumen geschlossen zu halten! Als Faustregel gilt: Jeder Grad Raumtemperatur weniger spart 6 % Heizkosten.
■ Installieren Sie einen Außenluftthermostaten oder eine witterungsgeführte automatische Vorlauftem-

peraturregelung mit Nachtabsenkung. Damit können Sie den Beginn der Heizperiode und der Warmwasserbereitung individuell und nach den klimatischen Erfordernissen regeln.

■ Drehen Sie den Regler oder das Ventil für die Raumtemperatur zurück, wenn Sie außer Haus oder für länger aus den warmen Räumen gehen. Sie heizen sonst leere Räume. Zeitpunkte zum Zurückdrehen sind: eine Stunde vorm Schlafengehen, vor dem Weg zur Arbeit oder einer längeren Einkaufstour.

■ Plazieren Sie die Heizkörper richtig. Heizkörper sollten nicht verkleidet oder zugestellt oder in Raumnischen untergebracht sein, weil dort ein Großteil der Wärmeenergie ungenutzt verpufft.

■ Falls die Heizkörper (wie in den meisten Mietwohnungen) unter der Fensterbank stehen: Hinterkleben Sie diese Nische mit Heizkörperreflexionsplatten (z. B. alukaschiertes Styropor). Die nach außen strahlende Wärme wird so in den Wohnraum reflektiert.

■ Lüften Sie richtig! Lüften ist wichtig, um eine ausreichende Frischluftzufuhr zu gewährleisten. Als sehr energiezehrend ist Dauerlüften bei aufgedrehter Heizung anzusehen (gekippte Fenster). Den gleichen Effekt eines vollständigen Luftaustausches bringt auch regelmäßiges Stoßlüften (1 x pro Stunde). Dabei sollten die Thermostatventile zugedreht sein, um den Energieverlust weiter zu senken.

■ Vergessen Sie nicht, nach der Durchführung von Wärmedämmmaßnahmen die Heizung dem reduzierten Wärmebedarf anzupassen. Durch die Wärmedämmung wird der Wärmebedarf des Gebäudes oder der Wohnung deutlich verringert.

Der Öko-Tip:
Herdkauf

■ Wenn Sie einen neuen Herd kaufen, bevorzugen Sie einen Backofen, der sich leicht reinigen läßt.

■ Backöfen mit Umluftsystem verschmutzen (fast) nicht, da sie niedrigere Back- und Brattemperaturen erlauben.

■ Backöfen mit pyrolytischer Selbstreinigung können nach der Benutzung auf 500°C aufgeheizt werden. Dabei verbrennen die Verschmutzungen zu Asche, die leicht herausgewischt werden kann.

■ Backöfen mit katalytischer Selbstreinigung sind mit einer keramikartigen und sehr porösen Emailschicht bedeckt, die katalytisch wirkende Metalloxide enthält. Diese Katalysatoren bewirken eine Verbrennung der Fettspritzer und ähnlichen Verschmutzungen sogar schon während des Backens bzw. Bratens, also bei wesentlich niedrigeren Temperaturen. Auch hier braucht die Asche nur noch herausgewischt zu werden.

HAUSPUTZ UND HAUSHALTSPFLEGE

Herdplatten putzen
■ Handelsübliche Herdreiniger enthalten umweltbelastende und gesundheitsschädliche Lösemittel. Man sollte deshalb auf sie verzichten. Ein einfaches Scheuermittel, ein Tuch und eine Bürste sind genauso erfolgreich im Einsatz.
■ Sind die Herdplatten schmutzig oder verkrustet, bekommt man sie durch kreisendes Reiben mit einer zerknüllten Alufolie wieder blank. Besonders schonend ist auch die Reinigung mit einem Brei aus Natriumhydrogencarbonat (»Bullrich-Salz«) und Wasser.

Herdreinigung
■ Entfernen Sie Verschmutzungen sofort! Angebrannte oder auf der Platte eingebrannte Essensreste lassen sich nur viel schwerer oder gar nicht mehr entfernen.
■ Verwenden Sie Spülmittel und Scheuermilch oder einfach Schlämmkreide. Diese Mittel reichen in der Regel zur Reinigung von Herdplatten und -fläche aus.

Holzbrettchen
■ Holzbrettchen, die sich durch die Hitze verzogen haben, kommen zwischen zwei feuchten Tüchern schnell wieder in Form. Legen Sie über das obere Tuch eine Plastiktüte und darauf ein großes Buch zum Beschweren.
■ Holzbrettchen, die schon etwas unansehnlich sind, werden schnell wie neu, wenn Sie sie mit Essigwasser behandeln.

Holz, fettiges
■ Fettige Holzfronten in der Einbauküche mit stark verdünnter Essigessenz und einem Fensterleder abwaschen.
■ Das Fett läßt sich mit einem feuchten Ledertuch und einigen Tropfen Spülmittel entfernen. Mit klarem Wasser nachwischen.
■ Fettflecken und Belag an Holzgriffen können mit Spiritus beseitigt werden.

Holzmöbel pflegen
■ Gewachste und mattierte Möbel können Sie mit einem feuchten Lappen abwischen; Sie müssen aber sofort trocken nachwischen. Danach mit einer Politur aus Bienenwachs und Sojaöl (5 g Wachs auf 5 Eßlöffel Öl) abreiben und nachpolieren. Die Zutaten für diese selbstgemachte Möbelpolitur müssen Sie so lange im Wasserbad unter Rühren erhitzen, bis sie sich aufgelöst haben, dann müssen sie kaltgerührt werden. In einer Flasche abgefüllt, ist das Mittel etwa ein halbes Jahr haltbar.
■ Eichenholzmöbel können mit warmem Bier abgerieben werden; danach sofort trockenreiben.

JALOUSIENGURTE

■ Schleiflackmöbel reiben Sie mit Kernseifenwasser in einer Richtung ein und polieren mit einem Wildlederlappen nach. Man kann Schleiflackmöbel auch mit einer Mischung aus Schlämmkreide und wenig Wasser reinigen, dann mit klarem Wasser nachwischen.

■ Spezielle Möbelreinigungs- und pflegemittel sind unnötig, man kann ohne weiteres darauf verzichten.

Hornbestecke
Hornbestecke sollten nicht in heißem Wasser gespült werden, weil sonst das Horn quillt und beim schnellen Trocknen platzt. Spülen Sie Ihr Hornbesteck deshalb in lauwarmem Wasser und polieren es gut nach.

Hornkämme reinigen
Trocken entstauben, in Feinwaschmittel mit weicher Bürste reinigen, klar nachspülen und nicht zu warm trocknen. Hornkämme schnell reinigen und auf keinen Fall im Wasser liegen lassen, weil sich sonst das Material verändert.

Jalousiengurte
Wenn man einmal im Jahr die Gurte der Jalousien mit einer weißen Kerze abreibt, werden sie gleitfähiger und weisen den Staub ab.

HAUSPUTZ UND HAUSHALTSPFLEGE

K

Kacheln

■ Kacheln und Fliesen werden schnell sauber, wenn Sie sie mit einer Mischung aus Schlämmkreide und etwas Wasser abwaschen.

■ Hartnäckige Kalkflecken können Sie mit Essig entfernen, den Sie eventuell ein wenig einwirken lassen.

■ Um zu verhindern, daß sich auf den Kacheln in der Dusche Kalkränder bilden, die Dusche – auch die Duschwanne – nach der Benutzung mit einem Tuch trockenwischen.

■ Fettige Kacheln hinter dem Herd reinigen Sie mit einer Mischung aus Essig und Schlämmkreide. Mit heißem Wasser nachwischen.

■ Matte Kacheln glänzen wieder, wenn Sie sie mit einer Salmiaklösung abreiben.

Kaffeegeschirr spülen

Kaffeegeschirr immer zuerst spülen, bevor das Spülwasser mit fettigem Geschirr in Berührung gekommen ist. Mit heißem Wasser zuletzt gut abspülen.

Kaffeemaschinen entkalken

Füllen Sie die Kaffeemaschine ganz mit Wasser, und geben Sie ein bis zwei Teelöffel Zitronensäure dazu. Diese Mischung lassen Sie durch die Maschine laufen und spülen zweimal mit klarem Wasser nach.

Kaffee- und Teeflecken in Teppichen

Bereiten Sie einen Brei aus Fleckensalz und möglichst heißem Wasser. Auf den Fleck auftragen, trocknen lassen und absaugen. Bei farbempfindlichen Teppichen sollten Sie zuerst eine Probe an verdeckter Stelle machen.

Kaffee- und Teekannen reinigen

Was von manchen Teegenießern in der Teekanne erwünscht ist, ist vielen Hausfrauen ein Greuel – dunkle Beläge in Tee- und Kaffeekannen. Diesen Belägen kann man aber leicht und ohne schädliche Mittel zu Leibe rücken.

■ Geben Sie etwas Natron in die Kanne, gießen Sie mit heißem Wasser auf, und lassen Sie das Ganze einige Stunden stehen. Schrubben Sie die Kanne dann mit einer Spülbürste aus, und spülen Sie kalt nach.

■ Kaffee- und Teeränder auf Porzellan, besonders an den Tassenrändern, entfernt man ganz leicht mit etwas Salz, das man auf ein Schwammtuch streut. Die Ränder damit abreiben.

Der Öko-Tip:
Kalkablagerungen
■ Entfernen Sie die Kalkablagerungen an defekten Armaturen nicht mit Essig! Bei defekten Armaturen kommt Essig mit Kupferteilen in Berührung. Diese bilden bei Kontakt mit Essig giftigen Grünspan (Essigacetat).
■ Verwenden Sie einen sauren Allzweckreiniger! Dieser reinigt und hilft gleichzeitig gegen Kalkablagerungen.
■ Verwenden Sie Scheuermilch oder Schlämmkreide zur Reinigung von Ablagerungen in der Wanne oder Dusche! Diese Mittel entfernen auf mechanische Weise schonend eventuelle Ablagerungen wie Fettränder usw.
■ Setzen Sie niemals gleichzeitig Schmierseife und Essig bei der Reinigung von WC und anderen Objekten ein! Spülen Sie dazwischen mit klarem Wasser! Die Essigsäure verdrängt sonst die Fettsäure aus dem Seifenmolekül, die Fettsäure wird als klebriger, schmieriger Belag freigesetzt.

Kalkflecken
■ Kalkflecken lassen sich relativ mühelos mit Essig oder auch mit Buttermilch entfernen.
■ Kalkrückstände in Vasen oder an Blumentöpfen verschwinden, wenn man sie mit einer Wasser-Essig-Lösung oder heißem Wasser mit 2 Teelöffeln Fleckensalz über Nacht stehen läßt.
■ Kalkflecken und -Belag von Badezimmer-Armaturen lassen sich mit »Bullrich-Salz«, auf einen feuchten Schwamm oder Lappen gestreut, mühelos und besonders schonend entfernen.
■ Von Kalkrückständen getrübte Gläser werden wieder glänzend, wenn Sie sie längere Zeit mit Wasser und einer kleingeschnittenen Kartoffel gefüllt stehen lassen.
■ Glas funkelt wieder, wenn man es mit einer halben Zitrone säubert.

Kartonverpackung
Die Frage, ob die Herstellung von Verpackungen aus wachs- oder plastikbeschichtetem Karton für Milch und Fruchtsaft umweltschonender und nicht so energieaufwendig ist wie die von Mehrweg-Pfandflaschen, läßt sich bis heute noch nicht eindeutig beantworten. Denn Mehrweg-Pfandflaschen und Kartonverpackungen haben beide Vor- und Nachteile. Die beschichteten Kartonpapiere dürfen nicht in den Papiercontainer, sondern

HAUSPUTZ UND HAUSHALTSPFLEGE

gehören in den normalen Hausmüll.

Kehrspäne
Mit Kehrspänen können Sie Garagen, Keller und Dachböden ausfegen, ohne daß es staubt.

Kerzen befestigen
■ Wenn dünne Kerzen nicht stehen wollen, kann man ein Gummiband um das untere Ende wickeln, bevor man sie in den Leuchter stellt.
■ Damit die Kerze einen festen Stand im Leuchter hat, erwärmt man das Wachs am unteren Ende mit einem Streichholz und drückt die Kerze schnell fest in den Leuchter. Der Fachhandel bietet auch spezielle Klebepunkte für Kerzen an.
■ Damit Kerzen, die auf eine Spitze im Leuchter gesteckt werden müssen, nicht so leicht bröckeln, bohrt man vorher mit einem angewärmten Nagel ein Loch unten in die Kerze. Der Nagel darf natürlich nicht dicker als die Spitze im Leuchter sein.

Kerzen, Haltbarkeit von
Kerzen brennen länger und tropfen nicht so leicht, wenn man sie vor Gebrauch eine Stunde in Salzwasser legt und dann an der Luft trocknen läßt, oder wenn man sie vor Gebrauch für einige Stunden in den Gefrierschrank oder in das Gefrierfach des Kühlschranks legt.

Kerzenwachs entfernen
■ Halten Sie den Leuchter unter heißes Wasser. Das Wachs wird weich, und Sie können es mit einem Papiertuch abreiben.
■ Lassen Sie niemals flüssiges Wachs in den Ausguß kommen. Es wird sofort hart und verstopft das Abflußrohr.
■ Sie können den Kerzenhalter auch ins Gefrierfach legen, danach läßt sich das Wachs leicht abbröckeln.
■ Oft lassen sich Kerzenreste aus Leuchtern nur schwer entfernen. Mit einem ganz normalen Korkenzieher kann man den Kerzenrest leicht herausdrehen.

Kesselstein
■ Kesselstein in Metallkesseln können Sie ohne umweltschädliche Chemie entfernen: Füllen Sie den Boden des Kessels etwa 5 cm hoch mit Essig und lassen Sie ihn über Nacht einwirken. Am nächsten Morgen den Essig aufkochen, dabei unbedingt lüften, weil Dämpfe entstehen. Den Kessel danach mit klarem Wasser gründlich ausspülen.

KRISTALL

■ Kesselstein bildet sich erst gar nicht, wenn man eine sauber geputzte, leere Austernschale in den Wasserkessel legt.

Klaviertasten
Gelbgewordene Klaviertasten wischt man mit einem Wattebausch ab, den man in verdünnten Spiritus (Mischung 1:1) getaucht hat.

Kleingeld
Legen Sie sich neben der Haustür einen kleinen Vorrat an Münzgeld an. Für Trinkgelder, Zeitungsgeld, Zustellgebühren usw. müssen Sie dann nicht immer erst Ihr Portemonnaie holen.

Knoten
Nicht immer ist jemand zur Stelle, um beim Verschnüren eines Pakets den Daumen auf den Knoten zu drücken. Wenn man den Bindfaden vorher anfeuchtet, halten die Knoten auch ohne Druck fest.

Kohlgeruch
■ Den lästigen Geruch, der meist noch stundenlang nach dem Kochen von Blumen- oder Weißkohl in der Wohnung hängt, vermindert man durch das Mitkochen einiger Walnußkernhälften.

■ Kohlgeruch läßt sich von vornherein verringern, wenn man während des Kochens eine Brotscheibe auf das Gemüse legt.

■ Kochgeruch, der trotz Lüftens nicht verschwindet, beseitigt man, indem man eine Messerspitze Kaffeepulver auf die heiße Herdplatte gibt.

Kokosläufer und -teppiche
Kokosläufer werden am besten mit warmem Sodawasser gereinigt. An einem luftigen Ort so trocknen lassen, daß von oben und unten Luft an den Teppich kommt.

Kontaktlinse verloren
Haben Sie Ihre Kontaktlinse verloren, dann löschen Sie alles Licht im Raum und leuchten mit einer Taschenlampe über den Boden. Trifft der Lichtstrahl der Taschenlampe auf die Linse, blinkt sie auf.

Korbmöbel
Korbmöbel reinigen Sie am besten mit warmem Salzwasser, danach reiben Sie sie trocken und bestreichen sie mit Zitronenöl.

Kristall
■ Kristall darf nicht in der Spülmaschine und nicht mit heißem, sondern nur mit lauwarmem Was-

HAUSPUTZ UND HAUSHALTSPFLEGE

ser gereinigt werden, da es sonst blind wird. Es bekommt seinen alten Glanz zurück, wenn man es mit einem weichen Lappen und feuchtem Salz abreibt.

■ Je dicker Kristall ist, um so wärmeempfindlicher ist es.

Küchenabfälle

Um die Bioabfälle, also organische Substanzen wie Obst- und Gemüsereste, Schalen, verwelkte Blumen, Kaffeefilter etc., von den übrigen Hausabfällen leicht trennen zu können, gibt es Abfalleimer mit zwei oder drei Abteilungen. Küchenabfälle sollte man, wenn irgend möglich, vom übrigen Hausmüll trennen und kompostieren.

Kugelschreiberflecken auf Tapeten

Kugelschreiberflecken auf Tapeten entfernt man leicht dadurch, indem man die bemalte Stelle mit Wasser befeuchtet, etwas Haarspray darübersprüht und nach kurzem Einwirken mit einem trockenen Tuch nachwischt.

Der Öko-Tip:
Kühlen und Gefrieren

■ Kaufen Sie nur Kältegeräte, die einen geringen Stromverbrauch aufweisen! Spargeräte können bis zu viermal weniger Strom verbrauchen als Stromfresser. Als Durchschnittswert für Kühlschränke gelten 0,40 kWh/Tag, für Gefrierschränke 0,35 kWh/Tag; gute Geräte kommen auf Werte weit darunter (0,12 bzw. 0,10 kWh/Tag).

■ Achten Sie auf eine besonders dicke Dämmschicht bei Kühlgeräten! Je dicker diese Dämmschicht, desto weniger Energieverluste.

■ Beschränken Sie das Gefrieren auf ein Gerät! Kühlschränke ohne eingebautes Gefrierfach verbrauchen vergleichsweise weniger Energie als solche mit. Wenn Sie also sowieso Tiefkühlgeräte benutzen, dann verzichten Sie auf ein Extraeisfach im Kühlschrank.

■ Bevorzugen Sie Kühltruhen gegenüber Kühlschränken! Sie sind zum einen besser isoliert, zum anderen bleibt beim Öffnen die kalte Luft im Gerät, so daß geringere Energieverluste auftreten.

■ Stellen Sie Kühlgeräte an möglichst kühlen Orten auf! So müssen die Kühlgeräte nicht gegen die Außenwärme anarbeiten. Je größer die Temperaturdifferenz zwischen drinnen (Kühlschrank: 5–7°C, Gefrierschrank -18°C) und draußen, desto höher der Energiebedarf zur Aufrechterhaltung dieser Differenz!

■ Stellen Sie Kühlschränke so ein, daß sie eine Innentemperatur von 7°C haben (Thermometer!). Diese Temperatur reicht zum Kühlen vollkommen aus. Als Faustregel gilt: Ein Grad Temperatur weniger erhöht den Stromverbrauch um bis zu 10 %.

KÜHL- UND GEFRIERSCHRÄNKE

■ Stellen Sie niemals warme Lebensmittel in den Kühl- oder Gefrierschrank! Tun Sie es doch, muß das Gerät die Abkühlarbeit leisten, die sonst die Raum- oder Außenluft übernimmt. Außerdem bildet sich leichter Kondenswasser, was zur Vereisung der Stäbe, Rippen oder Platten des Kühlkreislaufs führen kann.

■ Tauen Sie Ihre Kühlgeräte regelmäßig ab! Eisschichten auf den Kühlstäben und Kühlrippen sind kein Zeichen für gute Kühlleistung, sondern das Gegenteil! Die Eisschichten isolieren praktisch den Kältekreislauf. Dieser arbeitet auf Hochtouren, während gleichzeitig die Temperatur im Gerät steigt.

■ Sorgen Sie für eine ausreichende Belüftung der Wärmetauscher, die sich zumeist an der Rückseite der Geräte befinden! Wenn sich ein Hitzestau bildet, muß der Kompressor zusätzlich arbeiten.

■ Alte Kühlschränke und Gefriergeräte sind Sondermüll! Diese Geräte enthalten als Kältemittel F12 und in der Schaumstoffisolierung F 11, beides Vertreter der problematischen Familie der FCKW. Sie müssen vor der Beseitigung aus dem Gerät entfernt werden. In den meisten bundesdeutschen Kommunen wird daher bereits das Kältemittel abgesaugt und separat entsorgt, die Schaumstoffisolierung, in der sich aber rund drei- bis viermal soviel FCKW befindet, gelangt heute zumeist noch in die normale Abfallbeseitigung.

Kühlschrank abtauen

Nach dem Abtauen und der gründlichen Reinigung den Kühlschrank mit Glycerin ausreiben. Auf diese Art vereist er nicht so schnell wieder, und das hilft Strom sparen.

Kühlschrankgerüche

Der beste Schutz gegen schlechte Kühlschrankgerüche ist regelmäßiges Reinigen. Achten Sie darauf, daß keine verdorbenen Lebensmittel im Kühlschrank stehen. Sollten sich dennoch unangenehme Gerüche bilden (etwa durch stark riechende Lebensmittel wie manche Käse), können Sie es mit den folgenden Tips versuchen:

■ Unangenehme Gerüche im Kühlschrank verschwinden, wenn man einen halben Apfel hineinlegt. Den Apfel wöchentlich erneuern.

■ Alter, trockener Kaffeesatz vertilgt unangenehme Gerüche im Kühlschrank.

■ Ein kleines Stückchen Vanillestange verzehrt Gerüche im Kühlschrank.

Kühl- und Gefrierschränke reinigen

Nach dem Abtauen wischen Sie das Gerät mit mildem Seifenwasser aus, dem Sie einen Löffel Soda zugegeben haben. Danach mit klarem Wasser, dem ein Schuß Essig zugesetzt ist, nachwischen und das geöffnete Gerät austrocknen lassen.

Kunststoffe
Eigenschaften und Umweltverträglichkeit hängen von der Art der Kunststoffe ab. Fast alle werden aus dem knappen Rohstoff Erdöl hergestellt, ihre Herstellung selbst verschlingt viel Energie.

■ Auf der Mülldeponie bleiben sie unter Licht- und Luftabschluß weitestgehend erhalten. D. h., Kunststoffe werden nicht abgebaut, auch wenn sie grundsätzlich abbaubar sind – der Sauerstoff und das Licht, die dafür nötig wären, kommen einfach nicht an sie heran.

■ Kommen Kunststoffe in die Müllverbrennungsanlagen, so entstehen Schadstoffe und Gifte, die nicht vollständig ausgefiltert werden können und deshalb die Luft belasten. Ein Recycling würde sich anbieten. Viele Hersteller machen von dieser Möglichkeit auch schon Gebrauch, sie recyceln ihre Produktionsabfälle.

■ Mit dem Kunststoffmüll aus den privaten Haushalten ist es kaum möglich, denn die verschiedenen Kunststoffarten lassen sich nicht zusammen wiederverarbeiten, der Verbraucher aber kann die verschiedenen Kunststoffsorten nicht ohne weiteres unterscheiden. Es fehlt an einer Kennzeichnung der verschiedenen Kunststoffe. Für das sehr häufig verwendete Polyvinylchlorid (PVC) fordert die Bundesregierung derzeit eine freiwillige Kennzeichnung.

■ Kunststoffolien, und -becher für Lebensmittel, aber auch Bodenbeläge, sind häufig aus PVC. Wenn es diese Kennzeichnung gäbe, könnten die PVC-haltigen Kunststoffe gesammelt werden.

■ Als Mittel zur Dichtung und Wärmedämmung war und ist Polystyrol (PS) ebenso beliebt wie als stoßsicheres Verpackungsmaterial und als Einweggeschirr. PS-Kügelchen werden auch zur Bodenauflockerung im Gartenbau eingesetzt. Einweggeschirre, Trinkbecher und Fast-food-Verpackungen geben Styrol direkt auf die Speisen und Getränke ab. Es sind allenthalben Bemühungen im Gange, PS, das für Einwegverpackungen benutzt wurde, wiederzuverwerten. In einigen Städten sind bereits Sammelstellen errichtet; erkundigen Sie sich bei Ihrer Stadtreinigung.

■ Inzwischen ist die Begeisterung für die meisten Kunststoffe deutlich zurückgegangen. Besonders bei der Verbrennung entstehen extrem giftige Gase. Außer den Möglichkeiten des Recyclings von Kunststoffen arbeitet die Forschung an der Entwicklung neuer, umweltfreundlicher Verpackungen, wie etwa biologisch vollständig abbaubare Kunststoffe. Bis es soweit ist, sollte der Verbraucher Kunststoffverpackungen soweit wie möglich aus dem Wege gehen.

Kupfer
■ Gegenstände aus Kupfer mit Schlämmkreide und einem feuchten Lappen einreiben. Abschließend mit einem weichen Tuch polieren.
■ Das Kupfer mit Sauerkraut- oder Zitronensaft gründlich einreiben. Den Saft anschließend mit heißem Wasser abspülen und die Gegenstände trockenreiben und polieren.

Kupferstiche reinigen
Kupferstiche darf man nicht mit scharfen oder groben Mitteln reinigen. Am besten staubt man sie immer nur ab und läßt sie alle paar Jahre von einem Fachmann auffrischen.

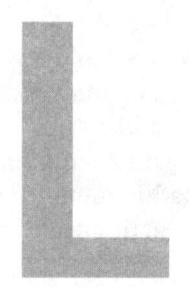

Lampenschirme aus Pergament
Alte Lampenschirme aus Pergament werden wieder wie neu, wenn man sie mit farblosem Lack überpinselt.

Lampenschirme aus Seide
Seidenlampenschirme reinigt man mit einer in Benzin getauchten weichen Bürste, mit der man strichweise über den Lampenschirm fährt. Am besten führt man diese Arbeit im Freien aus.

Ledermöbel pflegen
■ Glatte Leder vertragen Wasser und können regelmäßig mit einem feuchten Tuch abgewischt werden.
■ Hartes Wasser sollten Sie vorher abkochen, damit keine Kalkflecken auf dem Leder zurückbleiben.
■ Stark verschmutztes Leder kann mit einer Lauge aus Neutralseife oder mit Feinwaschmittel abgerieben und mit klarem Wasser nachbehandelt werden.

HAUSPUTZ UND HAUSHALTSPFLEGE

■ Rauhe Leder vertragen kein Wasser, sie werden nur regelmäßig abgesaugt. Schmutz, Flecke und glattgeriebene Stellen können Sie mit einer Rauhlederbürste oder einem Radiergummi abputzen, aufrauhen und anschließend absaugen.

Lichtschalter
Lichtschalter, die sich warm anfühlen, sind nicht ganz in Ordnung. Ein Teil des Stroms wird beim Einschalten in Wärme umgewandelt. Sie sollten den Schalter reparieren lassen.

Luftbefeuchter
Wenn im Winter die Raumluft durch die Heizung zu trocken wird, stellen Sie mit Wasser gefüllte Gefäße aus unglasiertem Ton auf die Heizung oder in die Nähe. Sie sind porös und geben die Feuchtigkeit besser ab als glasierte Gefäße oder Plastikgefäße. Damit diese nicht verkalken, füllen Sie sie mit abgekochtem Wasser. Auch Grünpflanzen tragen zu einem gesunden Raumklima bei.

Lüften
Lüften Sie Ihre Wohnung im Winter lieber häufiger kurz und kräftig, als ständig das Fenster gekippt zu haben. Das ist besser für Ihre Gesundheit und kostengünstiger. Frische Luft erwärmt sich übrigens schneller als abgestandene.

Luftverbesserer
Verzichten Sie auf käufliche Luftverbesserer. Lüften Sie statt dessen die Räume öfter. Luftverbesserer und Raumsprays überlagern nur die ungewünschten Gerüche. Außerdem belasten sie die Umwelt mit Chemie und Müll.

M

Magnet bei Näharbeit
Halten Sie in Ihrem Nähkörbchen immer einen Magneten bereit. Fallen Ihnen Nadeln, Haken, Ösen oder andere kleine Metallteile einmal hinunter, hilft Ihnen der Magnet, alles wieder schnell ohne Verletzung zu finden.

Marmor
■ Marmor reinigt man am besten mit warmem Sodawasser. Anschließend gründlich nachspülen. Essig oder Essigreiniger greifen nicht nur Kalkverschmutzungen, sondern auch Marmor an. Um Flecken von vornherein zu vermeiden, sollten Sie Marmorplatten mit einem Spezialwachs gründlich einreiben. (Nicht geeignet für Marmorplatten, die als Arbeitsflächen oder Brettchen in der Küche verwendet werden.)
■ Den Marmor zuerst mit Salmiakgeist abwaschen, trockenreiben und anschließend dünn mit Bohnerwachs einreiben, dann nachpolieren.
■ Flecken auf dem Marmor mit Wasserstoffsuperoxid (3 %ig) einreiben, ein paar Stunden ziehen lassen und dann mit einem feuchten Tuch nachwischen.
■ Schwarze Flecken lassen sich von Marmor entweder mit Benzin oder mit Steinöl (im Fachhandel erhältlich) entfernen. Auch ein gutes Möbelpflegemittel eignet sich für Marmor.

Marmortreppen
Marmortreppen regelmäßig mit klarem Wasser abwaschen und mit einem Ledertuch trockenputzen.

Meerschaum
Echten Meerschaum können Sie von unechtem unterscheiden, wenn Sie mit einer Silbermünze vorsichtig über den Gegenstand streichen. Beim echten Meerschaum hinterläßt das keine Spuren, beim unechten bleibt ein grauer Strich wie von einem Bleistift zurück.

Messerschneiden, fleckige
Hartnäckige Flecken auf Messerschneiden entfernen Sie, indem Sie etwas Salz auf die Schneide streuen und dann mit einem nassen Korken darüber reiben. Dann mit warmem Wasser nachspülen und gut abtrocknen.

HAUSPUTZ UND HAUSHALTSPFLEGE

Messing

■ Gegenstände aus Messing mit Sauerkraut- oder Zitronensaft gründlich einreiben. Den Saft anschließend mit heißem Wasser abspülen. Trockenreiben und polieren.

■ Das Messing mit Salz putzen, das mit Essig angefeuchtet ist. Anschließend abspülen und nachpolieren.

■ Wenn man nichts anderes im Hause hat, kann man Messing notfalls auch mit Zahnpasta putzen.

■ Die Gegenstände aus Messing in eine Lösung aus 1 Teil Essigessenz und 9 Teilen Wasser tauchen, der pro Liter 1 Eßlöffel Kochsalz hinzugefügt wurde. Anschließend abspülen, trocknen und polieren.

Metallreinigung

Verwenden Sie Spülmittel und als mechanische Hilfe Scheuermilch oder einfach Schlämmkreide! Mit etwas Spiritus bekommen Sie Metall auch wieder blank. Spülmittel und Scheuermittel reichen in der Regel zur Reinigung von Metall aus. Ob Sie nun noch schwerer blank zu bekommende Teile wie Stahlpfannen oder Töpfe unbedingt mit Spiritus abreiben müssen, sollten Sie sich gut überlegen. Schließlich werden diese Küchengeräte bei der nächsten Benutzung doch wieder neue Flecken und Spritzer bekommen.

Möbelkratzer

Leichte Kratzer auf Möbeln können Sie mit Nußöl beseitigen. Reiben Sie das Holz über dem Kratzer mehrmals mit einer halbierten Haselnuß ab, und polieren Sie die Stelle dann mit einem weichen Tuch nach.

Möbelreinigung

■ Verwenden Sie für harte Oberflächen Schwamm und Lappen, und geben Sie eventuell etwas Spülmittel ins Putzwasser. Zur Reinigung reicht zumeist klares Wasser vollkommen aus; Spülmittel brauchen Sie erst bei hartnäckigeren Verschmutzungen (bei Rändern auf dem Tisch).

■ Polstermöbel sollten Sie ebenfalls von Zeit zu Zeit ausklopfen. Durch diese Prozedur entfernen Sie mehr Staub als nur mit einem Staubsauger!

■ Verzichten Sie auf Spezialmittel. Spezielle Möbelsprays oder Möbelpolituren zur Pflege sind überflüssig.

Möbel rücken

■ Schwere Möbelstücke lassen sich auf glatten Böden leichter bewegen, wenn man unter die Füße oder Kanten kleine Speckschwartenstücke legt.

■ Auf Kunststoffböden gleitet ein Möbelstück auch gut, wenn man

MÜLLVERMEIDUNG

ein kleines Stück Teppichboden mit dem Flor nach unten unterlegt; das Gummi verhindert das Abrutschen, und der Flor läßt das Möbelstück auf dem glatten Boden gut gleiten.

Motten in Teppichen
■ Um Teppiche vor Motten zu schützen, reiben Sie sie mit einer Essig-Wasser-Mischung (Verhältnis 1:1) ab.

■ Aus Polstermöbeln können Sie die Motten sehr gut mit Essigdämpfen vertreiben. Vorsicht, diese Dämpfe sind auch für Menschen nicht angenehm.

Müllentgiftung
Die im Müll enthaltenen Giftstoffe bedrohen auf den Deponien Erdreich und Grundwasser. Jeder einzelne kann und sollte darum etwas dafür tun, daß die Giftmengen im Müll vermindert werden. Drei Schritte gilt es dabei zu gehen: Informieren Sie sich, welche Giftstoffe in den Produkten des täglichen Bedarfs enthalten sind. Vermeiden Sie, wenn irgend möglich, den Kauf solcher Produkte; was nicht gekauft wird, wird auch nicht produziert!
Wo es keine Alternativen gibt, gehören Abfallprodukte, die Giftstoffe aller Art enthalten, immer auf den Sondermüll.

Der Öko-Tip:
Mülltrennung
Die Mülltrennung in den Privathaushalten erspart das sehr teure Sortieren des Mülls auf den Deponien. Leider sind die Verbraucher oft recht schlampig, wenn es um die Mülltrennung geht. So werfen sie Flaschen mit Korken und Gläser mit Metallverschluß in die Container, unterscheiden nicht zwischen Weiß- und Buntglas oder werfen Plastik in den Papiercontainer. Mehr Aufmerksamkeit wäre angebracht. Machen Sie es sich zur Gewohnheit, nur bereits gut vorsortierte Gläser, Papiere und Metalle zu den Containern zu bringen.

Müllvermeidung
Um dem Problem der ständig wachsenden Müllberge Herr zu werden, ist es notwendig, ihr Wachstum soweit wie möglich einzuschränken. Unnötiger Müll muß vermieden werden.

■ Das beginnt bei der Entscheidung des Verbrauchers, nichts zu kaufen, das man nicht dringend und unbedingt braucht. Vieles, das man unumgänglich braucht, wird in unterschiedlichen Verpackungen angeboten.

■ Wenn Sie die Wahl haben, entscheiden Sie sich für die Mehrwegverpackung, vermeiden Sie Einwegverpackungen. Das bedeutet, daß Sie statt zur Einwegflasche

HAUSPUTZ UND HAUSHALTSPFLEGE

oder gar der Dose lieber zur Mehrwegflasche greifen sollten;
■ statt abgepackter Lebensmittel lieber lose Lebensmittel kaufen;
■ statt der Mogelpackung mit Luxusausstattung lieber ein schlicht verpacktes Produkt wählen.
■ Wo sich die Verpackung nicht vermeiden läßt, achten Sie auf die Wiederverwendbarkeit, also lieber Joghurt aus dem Glas, das recycelbar ist, als aus dem Plastikbecher, der momentan noch auf der Müllkippe landen muß.
■ Lieber Produkte in Pappschachteln als in verschweißten Kunststoffpackungen nehmen, auf Nachfüllpackungen achten.
■ Kaufen Sie möglichst keine Wegwerfprodukte, also statt des nicht nachfüllbaren Gasfeuerzeugs lieber ein nachfüllbares Benzin- oder Gasfeuerzeug.
■ Achten Sie beim Kauf auf Langlebigkeit der Produkte und darauf, daß man sie im Notfall reparieren kann.
■ Also keine Elektrogeräte mit verschweißten Gehäusen.
■ Ehe Sie etwas wegwerfen, das Sie selbst nicht mehr möchten, aber grundsätzlich noch in Ordnung oder verwertbar wäre – etwa getragene Kleidung –, sollten Sie es an karitative Sammlungen geben, im Secondhandladen verkaufen oder auf dem Flohmarkt.

Nagelschere schärfen
Nagelscheren werden wieder scharf, wenn man feines Schmirgelpapier mehrere Male damit schneidet.

Naturschwämme
Naturschwämme werden nach längerem Gebrauch hart und bekommen einen unangenehmen Geruch. Legen Sie die Schwämme einen Tag in Salzwasser, und spülen Sie sie danach mehrmals mit kaltem Wasser aus. Die Schwämme sind dann wieder weich und wie neu.

Nickel
■ Reinigen Sie Nickel in einer Seifenlauge, und polieren Sie es mit einer Mischung aus Schlämmkreide und einigen Tropfen Spiritus.
■ Rost können Sie entfernen, wenn Sie die Flecken mit Öl einreiben, einige Tage wirken lassen und dann mit einem Tuch abwischen.

ÖLGEMÄLDE

Nikotinflecken auf Porzellan
Flecken von ausgedrückten Zigaretten auf Ihrem Porzellan entfernen Sie mühelos mit einem nassen Korken, den Sie in Salz getaucht haben.

Nippsachen reinigen
Um nicht jedes Stück einzeln reinigen zu müssen, legt man sie in lauwarmes Wasser, in das etwas Geschirrspülmittel kommt. Die Nippsachen mit einem Fön trocknen. Nur besonders feine und wertvolle Stücke einzeln reinigen.

Ofen- und Kaminanzünder
Billige und bewährte Ofen- und Kaminanzünder können Sie sich selbst herstellen. Schmelzen Sie Kerzenreste auf und streuen Sie zerkleinerte Pappe hinein. Nach dem Erstarren in streichholzschachtelgroße Stücke schneiden.

Ölflaschen sauberhalten
Speiseölflaschen hinterlassen durch heruntertropfendes Öl auf den Unterlagen oft häßliche Ränder. Um das zu vermeiden, befestigen Sie einen Tropfenfänger am Flaschenhals.

Ölgemälde reinigen
Ölgemälde, die dunkel und verschmutzt sind, werden wieder frisch und farbklar, wenn Sie sie vorsichtig mit einer halbierten rohen Kartoffel abreiben. Danach ein weiches Tuch in Öl tränken und damit leicht über die Oberfläche streichen. Mit einem trockenen, nicht fusselnden Tuch nachwischen.

P

Papier
- Zeitungspapier, Illustrierte, Prospekte, Kartons, Packpapier, Tüten und benutztes Schreibpapier gehören in den Sammelcontainer für Papierabfälle, denn Papier läßt sich recyceln.
- Nicht in den Papiercontainer gehören mit Wachs oder Plastik beschichtete Papiere – etwa Milchtüten –, Durchschreibe- und Kohlepapier oder Trägerpapier von selbstklebenden Aufklebern.
- Entfernen Sie auch die manchmal in Zeitschriften eingeklebten Proben von Kosmetika.
- Sammeln Sie Ihr Altpapier schnürfertig: Nehmen Sie einen Pappkarton, der gerade die Größe von Zeitschriften oder einmal gefalteten Zeitungen hat, und legen Sie je eine Kordel längs und quer auf den Innenboden des Kartons. Die Enden der Kordeln lassen Sie über den Karton hängen. Wenn der Karton voll ist, die Kordeln oben zuschnüren und das Paket zum Container bringen. Fertige Sammelhilfen aus fester Pappe oder Holz gibt es auch zu kaufen.

Papiertüte
Die Papiertüte als Einkaufstüte ist genauso unökologisch wie die lang schon ins Gerede gekommene Plastiktüte. Zum Einkauf nimmt man einen Korb, eine Tasche, einen Jutebeutel oder ein Netz. Zumindest aber sollten Sie Papier- und Plastiktüten so oft wie möglich wiederverwenden.

Pappkartons
Pappkartons können Sie leichter zusammenlegen, wenn Sie vorher die Kanten anfeuchten, denn dann lassen sie sich leichter biegen.

Peddigrohr
- Das Peddigrohr mit lauwarmer Milch oder einer Lauge aus Kernseife reinigen und mit einem trockenen Tuch nachpolieren.
- Möbel aus Peddigrohr mit einer Feinwaschmittellauge oder verdünntem Salmiakgeist reinigen und anschließend trockenreiben.

Perserteppich reinigen
Perserteppiche behalten ihre schöne Farbe und werden sauber, wenn man sie von Zeit zu Zeit mit warmem Wasser, dem einige Sprit-

zer Essig zugefügt wurden, abreibt.

Petroleum
■ Petroleum darf nicht in hellem Licht oder Sonne aufbewahrt werden. Petroleum an einem kühlen, dunklen und luftigen Ort aufbewahren.
■ Brennendes Petroleum nicht mit Wasser löschen, sondern die Flammen mit einem Tuch oder Sand ersticken.

Pilze im Badezimmer
■ Durch das feuchtwarme Klima im Badezimmer können leicht Pilze entstehen; die Fugen zwischen den Kacheln verfärben sich dann schwarz.
■ Vorbeugend sollten Sie das Badezimmer immer gründlich lüften.
■ Sind schon Pilze vorhanden, tupfen Sie etwas Salmiakgeist auf ein Tuch und wischen damit die Fugen sauber.

Polstermöbel
Polstermöbel müssen von Zeit zu Zeit geklopft werden. Decken Sie die Möbel vorher mit in Essigwasser angefeuchteten Tüchern zu. Dadurch wird das Auffliegen und Neuansetzen von Staub verhindert, und die Bezüge bekommen wieder ihr frisches Aussehen.

Putzmittel
Es gibt kaum einen Bereich im Haushalt, für den es nicht ein spezielles Putzmittel gäbe. Fast alle diese Spezialmittel sind mehr oder weniger stark umwelt- und gesundheitsschädigend und meistens völlig unnötig. Es gibt genügend umweltfreundlichere Naturprodukte, die man statt der aggressiven Putzmittel einsetzen kann:
■ Essig und Zitronensäure: zum Entkalken und Reinigen in Küche, Bad und WC. Zum Entfernen von Seifenresten und sogar hartnäckigen Fettverschmutzungen. Eventuell eine Zeitlang einwirken lassen.
■ Schlämmkreide: zum Reinigen und Polieren
■ Schmierseife: zum Putzen von naturbelassenen Fliesen, wie z. B. unversiegelten Terrakottafliesen. Der Kalkseifenfilm schützt die Platten und gibt ihnen einen matten Glanz.
■ Soda: zum Putzen und Abwaschen, zum Reinigen von Abflüssen, gegen unangenehme Gerüche.
■ Seifenflocken und einfache Scheuermittel ohne Bleich- und Desinfektionsmittel: zum Reinigen von Badewanne, Waschbecken, WC, Fliesen, Böden und für die kleine Wäsche im Handwaschbecken. Bei hartem Wasser muß mit klarem Wasser nachgewischt werden.
■ Machen Sie eine Inventur Ihres Putzschrankes. Sortieren Sie alle

besonders umwelt- und gesundheitsschädlichen Produkte aus, und geben Sie sie zum Sondermüll. Werfen Sie sie keinesfalls einfach in die Mülltonne!

■ Nehmen Sie sich dann die anderen Putzmittel in Ihrem Putzschrank vor. Allzweckreiniger und andere, weniger aggressive Mittel sparsam dosiert aufbrauchen und vor dem Neukauf Alternativen prüfen. Etwa statt Entkalker Essig verwenden, statt Klarspüler in der Geschirrspülmaschine Zitronensäure etc.

■ Sie werden bald feststellen, daß Sie sehr viel weniger Produkte brauchen, als die Werbung Sie glauben machen will. Oft läßt sich der Schmutz mit einfachen, umweltfreundlichen Mitteln beseitigen.

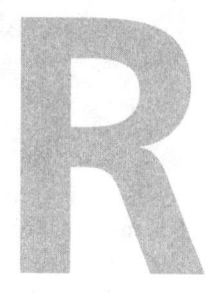

Recycling

Dieser aus dem Englischen entlehnte Begriff bedeutet wörtlich »Rezirkulierung«, also das Wiedereinbringen eines Stoffes in einen Kreislauf. Zu den wichtigsten Materialien, die sich für das Recycling eignen, gehören Papier, Glas und Bleche. Noch kaum eine Rolle spielt das Recycling von Kunststoffen. Diese Recyclingrohstoffe fallen entweder direkt bei den Herstellungsprozessen in der Industrie an oder durch die Mülltrennung, die jeder Verbraucher selbst vornehmen sollte, etwa indem er Papier, Glas und Metall zu den entsprechenden Sammelcontainern bringt. Die Vorteile des Recyclings liegen auf der Hand: Es wird Energie eingespart, es werden weniger Schadstoffe an Wasser, Boden und Luft abgegeben, es wird Deponieraum gespart. Und dennoch gilt: Recyceln ist gut – Vermeiden ist besser.

Der Öko-Tip:
Recyclingprodukte

Benutzen und bevorzugen Sie Recyclingprodukte! Diese Produkte sind in der Regel den Produkten aus neuen Rohstoffen gleichwertig, aber weniger umweltbelastend. Dies gilt vor allem für Produkte mit dem Umweltzeichen! In der Bundesrepublik ist das der »Umweltengel«. Das österreichische Recyclingsymbol zeigt eine stilisierte Schnecke und einen Pfeil. Mitunter sieht man auch drei als Dreieck angeordnete Pfeile. Es wurde z. B. verliehen für Hygienekrepp aus Altpapier, Recyclingpapier, recyclinggerechte Druckerzeugnisse, Pflanzentöpfe aus Altstoffen, Produkte aus Recyclingkunststoffen bzw. Altgummi, Tapeten und Rauhfaser aus Papierrecycling, Baustoffe aus Papierrecycling, Bodenverbesserungsmittel aus Kompost usw. Eine vollständige Liste der ausgezeichneten Produkte sowie der Anbieterfirmen erhalten Sie beim Umweltbundesamt in Berlin. Der »grüne Punkt« auf zahlreichen Verpackungen will diese einer Wiederverwendung zuführen durch das Sammeln in bestimmten Tonnen oder Säcken (bundesweite Einführung 1993).

Bereichen phosphatfreie Alternativen. Auch wenn Sie in einer Stadt leben, wo das Abwasser mit einer dritten Reinigungsstufe (Phosphatfällung) gereinigt wird: Nehmen Sie phosphatfreie Mittel. Die Phosphatfällung arbeitet nur mit einem bestimmten Wirkungsgrad (z. B. maximal 90 %), der Rest gelangt doch in Flüsse und Seen.

▪ Verzichten Sie auf stark lösemittelhaltige Reiniger, die Umwelt und Gesundheit besonders belasten.

▪ Bevorzugen Sie nicht-chemische Mittel und Maßnahmen! Viele chemische Reinigungsmittel lassen sich durch Zeit, Temperatur (Hitze) und Mechanik (Muskelkraft) ersetzen. Häufig reicht auch klares Wasser. Das belastet die Umwelt am wenigsten, ist aber für Sie aufwendiger.

▪ Verzichten Sie auf Sprayprodukte zum direkten Aufsprühen und Abwischen mit Putztuch! Diese Produkte sind umweltbelastend, weil sie nicht sparsam dosiert werden können.

▪ Wenn Sie Kinder haben, achten Sie auf einen kindersicheren Verschluß bei Reinigern, vor allem bei aggressiven und ätzenden Produkten.

Der Öko-Tip:
Reinigungsmittel

▪ Bevorzugen Sie phosphatfreie Produkte! Es gibt heute in allen

Ritzen reinigen

Zur Reinigung von Ritzen werden Wattestäbchen, die man in Drogerien oder Apotheken bekommt, mit

HAUSPUTZ UND HAUSHALTSPFLEGE

Öl oder Putzmittel getränkt und in der Öffnung entlang gerieben.

Rolladengurte
Rolladengurte bleiben geschmeidig und halten länger, wenn Sie sie ab und zu mit farblosem Kerzenwachs einreiben.

Rostflecken
■ Rostflecken auf Porzellan und Emaille entfernt man mit einer Paste aus Borax und Essig.
■ Rostflecken auf Metall (Bügeleisen, Spüle usw.) entfernt man mit einer Creme aus Kochsalz und Butter. Die Paste etwa eine Stunde einwirken lassen, dann mit einem Lappen oder Küchenkrepp abwischen.

Roßhaarmatratzen
Roßhaarmatratzen und Kissen mit Roßhaarfüllung sollen nicht geklopft werden, da das Roßhaar durch diese rauhe Behandlung zerstört wird. Sie werden gebürstet und abgesaugt.

Sanitärreiniger
■ Diese aggressiven Reinigungsmittel enthalten zum Teil Natriumhypochlorid, das bei Anwendung Chlor freisetzt und dadurch desinfizierend wirkt.
■ Meist zur Reinigung von Toiletten eingesetzt, haben diese Mittel aber lediglich eine stark desinfizierende, keine wirklich reinigende Wirkung wie die speziellen WC-Reiniger.
■ Deshalb werden die beiden Mittel häufig zusammen benutzt, was extrem gefährlich ist! Es kommt zu einer chemischen Reaktion zwischen dem Chlor und den Säuren der WC-Reiniger, bei der Chlorgas freigesetzt wird.
■ Sanitärreiniger sind für den normalen Haushalt überflüssig. Eventuell vorhandene Reste gehören in den Sondermüll.

Schädlinge in der Küche
Nachdem Sie Küchenschränke und Regale gründlich gereinigt haben, legen Sie Lorbeerblätter auf die

Schrank- und Regalböden. Die Blätter sollten etwa alle sechs Monate erneuert werden.

Scheuertuch, neues
Vor dem ersten Gebrauch mit heißem Wasser übergießen; das Tuch wird dadurch fester und haltbarer.

Schimmel in der Wohnung
Ursache der Schimmelbildung ist immer Feuchtigkeit an Decken und/oder Wänden.
■ Richtiges Lüften, vor allem im Badezimmer, hilft, den Schimmel auszutrocknen.
■ Schimmel und Stockflecken werden nach dem Austrocknen zu einem grauen Belag, den man abbürsten kann.
■ Pilztötende Mittel auf chemischer Basis sind giftig. Man sollte deshalb, wenn irgend möglich, auf sie verzichten.
■ Sind bereits die Hauswände feucht, so muß das Mauerwerk richtig austrocknen, bevor die Flecken beseitigt werden.
■ Wenden Sie sich gegebenenfalls an Ihre Hausverwaltung.

Schlafzimmer
Fegen oder saugen Sie häufiger unter Bett und Schränken, vor allem im Schlafzimmer! Hier sammeln sich Staub und Flusen, worin Motten gern ihre Eier ablegen.

Schlösser pflegen
Schlösser müssen von Zeit zu Zeit geschmiert werden. Verwenden Sie kein Öl, weil es leicht mit Staub und Schmutz verklebt. Nehmen Sie dafür Graphitpulver. Vorher die Schlösser gründlich mit Benzin reinigen.

Schubladen, klemmende
Klemmende Schubladen gleiten wieder, wenn man etwas farbloses Kerzenwachs oder Seife auf die klemmende Stelle streicht.

Schubladen öffnen
Ist der Griff einer Schublade abgebrochen, können Sie die Schublade mit einer Saugglocke, wie man sie zum Reinigen von Ausgüssen verwendet, öffnen.

Schuhputzkasten
In den Schuhputzkasten gehören: eine Schmutzbürste für robuste Lederarten, ein kleines Messer zum Abkratzen von hartnäckigem Schmutz, drei beschriftete Glanzbürsten (farblos, braun, schwarz), drei Auftragbürsten oder Lappen, weiche Tücher zum Polieren, Pflegemittel in den erforderlichen

HAUSPUTZ UND HAUSHALTSPFLEGE

Farbtönen, alte Zahnbürsten zum Säubern für kleinste Ritzen.

Schwammbesen reinigen
Schwammbesen, die zum feuchten Aufwischen von Böden verwendet werden, reinigt man in warmem Wasser mit Geschirrspülmittel, mit klarem Wasser nachspülen, in einem Tuch ausdrücken und an der Luft trocknen lassen.

Schwämme reinigen
Schwämme, die fett und unansehnlich geworden sind, werden wieder wie neu, wenn Sie sie in einem Liter Wasser, vermischt mit dem Saft einer Zitrone, kräftig durchdrücken, dann in lauwarmem Wasser gründlich spülen und an der Luft trocknen lassen.

Silber
Silber können Sie auf verschiedene Weise umweltfreundlich und dazu noch billig putzen.
■ Wenn Sie einmal rohe Kartoffelklöße gekocht haben, legen Sie das Silber hinterher in die Kloßbrühe und lassen es einige Zeit darin liegen. Danach mit heißem Wasser abspülen und gut abtrocknen.
■ Eine weitere Möglichkeit: Legen Sie das Silber auf Alufolie in heißes Salzwasser, so daß sich die beiden Metalle berühren. In diesem Bad wird das unansehnliche Silbersulfid wieder in Silber umgewandelt. Danach das Silber mit klarem Wasser abspülen und gut trocknen. Die Folie können Sie ruhig mehrfach verwenden. Vorsicht allerdings bei Messern; wenn das Wasser zu heiß ist, löst sich im Laufe der Zeit die Klinge aus dem Schaft.
■ Auch in saurer Milch bekommen Sie Ihr Silber sauber, wenn Sie es darin etwa 30 Minuten ziehen lassen. Danach ebenfalls heiß nachspülen und gut abtrocknen.
■ Silberbestecke werden in der Spülmaschine blanker, wenn man in die Besteckkörbe zwischen die Bestecke Alufolienstücke legt.
■ Geputztes Silberbesteck und geputzter Silberschmuck kann man vor dem Anlaufen schützen, wenn man das Silber in Alufolie einpackt.
■ Um Silber wieder glänzend zu bekommen, kann man es mit einer Babycreme einreiben und diese kurze Zeit einwirken lassen. Danach wird sie abgewaschen. Zinksalbe hilft ebenfalls.
■ Silber läuft an, weil es mit Sauerstoff in Berührung kommt. Je geschützter vor Sauerstoff Sie Ihr Silber aufbewahren, desto geringer ist die Gefahr, daß es anläuft. Dem Anlaufen des Silbers beugen Sie noch zusätzlich vor, wenn Sie ein paar Kupfermünzen dazulegen.

SONDERMÜLL

■ Handelsübliche Silberputzmittel, egal ob Pasten, Tauchbäder oder imprägnierte Putztücher, sind gesundheitsschädlich. Man sollte also auf sie verzichten.

Silberfischchen

Silberfischchen halten sich gerne in dunklen, feuchten Räumen auf und ernähren sich von kleinen Speiseresten. Wenn Sie diese kleinen Tierchen in Ihrer Speisekammer entdecken, räumen Sie sie vollständig aus. In den leeren Raum stellen Sie eine Schale mit heißem Salmiakwasser auf. Nach 24 Stunden gut lüften.

Der Öko-Tip:
Sondermüll

Das sollten Sie in die Sondermüllsammlung geben bzw. zur Sondermüllsammelstelle bringen:

■ Abflußreiniger, der ätzende Natron- oder Kalilauge enthält.
■ Altbatterien und Altakkus, soweit sie nicht vom Handel zurückgenommen werden, die noch geringe Mengen Quecksilber und andere Schadstoffe enthalten.
■ Energiesparlampen, die noch Quecksilber enthalten.
■ Flaschenkapseln aus Stanniol, die verzinnte Bleifolie enthalten.
■ Fleckenentferner, die schädliche Lösemittel enthalten und zum Teil auch feuergefährlich sind.
■ Fotochemikalien, die Chromat, Lösemittel und Laugen enthalten.
■ Handfeuerlöscher, die Halone (FCKW-Verwandte, die ebenfalls der Ozonschicht schaden) enthalten.
■ Holzschutzmittel, die fast immer giftige Wirkstoffe enthalten.
■ Klebstoffe, die, wenn sie nicht ausgehärtet sind, schädliche Lösemittel und zum Teil sehr gefährliche Kunststoffbausteine enthalten.
■ Kleinkondensatoren, die noch PCB enthalten können.
■ Lackfarben, die große Mengen schädlicher Lösemittel und gegebenenfalls noch andere Schwermetallpigmente (Blei, Cadmium, Chromat) enthalten.
■ Lametta, das aus verzinnter Bleifolie besteht.
■ Leuchtstoffröhren, die Quecksilber enthalten, ältere Modelle eventuell auch noch PCB-Kleinkondensatoren.
■ Mottenschutzmittel, die fast immer giftige Pestizide enthalten.
■ Pflanzenschutzmittel, die fast immer für Mensch und Tier giftige Pestizide enthalten.
■ Pinselreiniger, die aus umwelt- und gesundheitsschädlichen Lösungsmitteln bestehen.
■ Reinigungsbenzin (Terpentinölersatz), das gesundheits- und umweltschädlich sowie feuergefährlich ist.
■ Rohrreiniger, die ätzende Natron- oder Kalilauge enthalten.
■ Rostschutzmittel, die Blei(mennige) enthalten können.

HAUSPUTZ UND HAUSHALTSPFLEGE

■ Schädlingsbekämpfungsmittel, die fast immer gefährliche Pestizide enthalten.
■ Spraydosen, die, wenn sie noch nicht vollkommen leer sind, noch FCKW und andere luftschädliche Stoffe enthalten.
■ Terpentin(öl), das gesundheits- und umweltschädlich sowie feuergefährlich ist.
■ Thermometer, die Quecksilber enthalten; bei Glasbruch nicht staubsaugen, sondern fegen!
■ Trafos, die noch PCB enthalten können.
■ Verdünner, die aus umwelt- und gesundheitsschädlichen Lösemitteln bestehen.

Der Öko-Tip:
Spezialreinigungsmittel
Verzichten Sie auf Spezialmittel, ein paar Universalmittel tun es auch! Spezialmittel sind oft teurer und gefährlicher für Umwelt und/oder Gesundheit. Anstelle dieser Mittel reicht eine Grundausstattung mit Allzweckreiniger, bei weichem Wasser ersatzweise Schmierseife, Scheuermittel, Soda, Spülmittel, Essig oder Zitronensäure, eventuell Spiritus, und natürlich mechanische Hilfen wie Bürste, Schwamm, Drahtschwamm, Lappen, Holzspatel, Besen oder Schrubber sowie eine trittfeste Leiter.

Spiegel
■ Reinigen Sie Spiegel mit klarem Wasser, bei Bedarf zusätzlich einen neutralen oder sauren Allzweckreiniger oder Spülmittel zusetzen. Die Verwendung von speziellen Glasreinigern ist nicht nötig.
■ Spiegel werden wieder blank, wenn Sie sie mit einem mit Spiritus getränkten Tuch abreiben. Danach mit Zeitungspapier nachpolieren.
■ Trübe Stellen können Sie wieder aufhellen, wenn Sie sie mit etwas Öl bestreichen, das Öl einwirken lassen und dann mit Seidenpapier nachreiben.

Spiegel aufhängen
Spiegel niemals so aufhängen, daß sie von direkter Sonne beschienen werden; sie werden sonst mit der Zeit blind.

Spiegel auf Qualität prüfen
Bei Tageslicht ein weißes Tuch vor den Spiegel halten. Gute Spiegel geben das Weiß genauso wider, wie es in Wirklichkeit aussieht.

Der Öko-Tip:
Spülen mit der Spülmaschine
■ Wenn Sie über Fernwärme Heizenergie und warmes Wasser beziehen, dann sollten Sie, wenn möglich, Ihre Geschirrspülmaschine an

STAUBSAUGER

den Warmwasseranschluß anschließen! Das Fernwärmenetz stellt warmes Wasser unter weniger Energieverbrauch und Umweltbelastung her, als wenn Sie es in der Maschine elektrisch erwärmen.

■ Wählen Sie immer das niedrigste Temperaturprogramm, denn diese Temperaturen reichen in der Regel aus. Vereinzelt auftretende stärkere Verschmutzungen (angebrannte Reste, Kaffee- oder Teerand) sollten Sie sowieso vorher mechanisch entfernen (Schwamm, Drahtbürste) – auch, damit Sie weniger Spülmittel benötigen.

■ Setzen Sie nur voll beladene Maschinen in Gang! Nur dann nutzen Sie den Einsatz von Energie, Wasser und Chemie auch optimal aus und belasten damit die Umwelt nicht zu sehr.

Spüllappen und Spülbürsten

Kochen Sie aus hygienischen Gründen Spülbürste, Spüllappen und Schwämme regelmäßig aus.

Spülmittelreste

Spülen Sie beim Handspülen Geschirr und Besteck mit klarem Wasser nach. Sie vermeiden damit Spülmittelreste auf dem Spülgut, die sie sonst mit dem nächsten Essen aufnehmen würden. Bier schäumt auch nicht richtig, wenn noch Spülmittelreste im Glas sind.

Stahlwolle

Stahlwolle bewahren Sie am besten in Tontöpfen auf. Der Ton saugt die Feuchtigkeit auf, und die Stahlwolle rostet nicht.

Staubsaugen

■ Nicht immer ist es nötig, daß man gleich zum elektrisch betriebenen Staubsauger greift, der je nach Filterqualität ohnehin mehr oder weniger große Mengen des aufgenommenen Staubes wieder in die Luft bläst.

■ Mit einem Handroller lassen sich Fusseln und gröberer Schmutz sogar gesundheitsschonender aufnehmen, denn nach dem Staubsaugen mit dem Elektrogerät ist die Schadstoffkonzentration der Raumluft durch aufgewirbelte Staubteilchen, Schwermetallpartikel, Schimmelpilzsporen und Ausscheidungen der Hausmilben etwa eine Stunde lang deutlich erhöht.

■ Deshalb sollte man beim Staubsaugen auch unbedingt die Fenster öffnen. Staubsauger sollten einen Feinstaubfilter besitzen.

Staubsauger

■ Verwenden Sie einen Bodenstaubsauger! Er ist leichter zu handhaben als ein Gerät, bei dem Sie das Gewicht des Saugers ständig mitbewegen müssen.

HAUSPUTZ UND HAUSHALTSPFLEGE

■ Verwenden Sie Staubsauger mit Staubfilter! Schlechte Staubsauger pusten feinen Staub nur erneut in die Luft. Das ist besonders bedenklich, da sich am Staub viele Schadstoffe anreichern.

Staubtücher
Staubtücher nehmen den Staub besser auf, wenn man sie über Nacht in Wasser mit einem Schuß Glyzerin einweicht und dann trocknen läßt.

Staubwedel
Staubwedel werden beim Staubputzen nicht schmutzig, wenn Sie vorher eine ausgediente Strumpfhose darüberziehen, die Sie nach dem Putzen wegwerfen können.

Steckdosen
Wer kleine Kinder hat, sollte in allen erreichbaren Steckdosen im Fachhandel erhältliche Schutzstecker anbringen.

Steingutgeschirr
Neues Geschirr aus Steingut können Sie vor dem Springen schützen, wenn Sie es vor dem ersten Gebrauch in einen großen Topf mit Wasser stellen, das Wasser zum Kochen bringen und es langsam abkühlen lassen.

Steinholzfußböden
Da Steinholzfußboden porös ist, braucht er zunächst viel Bohnerwachs, um glänzend und wasserunempfindlich zu werden. Gelegentlich feucht aufwischen.

Steintöpfe
Steinguttöpfe und Tontöpfe nehmen vom langen Stehen einen dumpfen Geruch an. Man reinigt diese Töpfe mit heißem, mit Wasser verdünntem Essig.

Stempelkissen, eingetrocknete
Eingetrocknete Stempelkissen werden wieder brauchbar, wenn man einige Tropfen Glycerin daraufgibt und auf dem Kissen verreibt.

Streugut
Wenn es im Winter geschneit hat und die Bürgersteige geräumt werden müssen, sollten Sie auf keinen Fall Streusalz verwenden. Gehen Sie besser etwas gründlicher mit dem Schneeschieber ans Werk, und streuen Sie dann großzügig Sand, Schotter oder Granulat. Dies erfordert zwar etwas mehr Arbeit, ist aber wesentlich umweltfreundlicher.

TAUCHSIEDER

Strohteppiche
Damit Strohteppiche nicht brüchig werden, sollte man sie ab und zu mit Wasser besprühen.

Der Öko-Tip:
Strom sparen
Schalten Sie Stromverbraucher nur ein, wenn Sie sie wirklich brauchen! Die Stand-by-Schaltung an Fernsehern und an anderer Unterhaltungselektronik ist zwar bequem, kostet aber unnötig Energie. Dafür, daß Sie vielleicht einmal am Tag nicht ans (Fernseh-)Gerät laufen müssen, sondern an der Fernbedienung drücken können, verbraucht die »Bereitschaftsstellung« des Geräts ununterbrochen Strom. Auch wenn der Verbrauch dabei nur gering ist, so ist er doch überflüssig.

Tabletts, lackierte
Auf lackierte Tabletts sollten Sie keine heißen Schüsseln oder Töpfe stellen, weil sonst die Lackschicht abspringt.

Tauchsieder
Tauchsieder dürfen nicht zum Kochen von fett- und eiweißhaltigen Flüssigkeiten verwendet werden. Fett und Eiweiß brennen fest und machen die Geräte unbrauchbar.

Tauchsieder entkalken
Stellen Sie den Tauchsieder über Nacht in kaltes Essigwasser (Mischung 1:1).

Tauchsieder spart Strom
Nehmen Sie für geringe Mengen Wasser immer den Tauchsieder. Der Tauchsieder erhitzt das Wasser schneller als die Herdplatte und verbraucht weniger Strom.

HAUSPUTZ UND HAUSHALTSPFLEGE

Teeflecken an Geschirr
Braune Ansätze an Teetassen und -kannen lassen sich durch Abreiben mit einem feuchten, mit Salz bestreuten Lappen entfernen.

Teflonpfannen
Um Flecken auf der Teflonbeschichtung zu entfernen, kochen Sie in der Pfanne eine Tasse Wasser mit zwei Eßlöffeln Backpulver auf. Etwa 15 Minuten leicht kochen lassen und dann die Pfanne sehr gut ausspülen und abtrocknen. Sie können sie hinterher noch mit etwas Speiseöl einfetten.

Telefon
Zur Reinigung des Telefons gibt man auf einen weichen Lappen entweder Spiritus, Spülmittel oder Möbelpolitur.

Teppiche auffrischen
■ Teppiche erhalten ihre leuchtende Farbe wieder, wenn Sie lauwarmes Essigwasser (Mischung 10:1) mit einem Schwamm auftragen und gut einreiben.
■ Auch das Klopfen im Schnee gibt den Teppichen eine frische Farbe; der Schnee darf aber nicht zu naß sein, da der Teppich sonst zu viel Feuchtigkeit aufsaugt. Zum Klopfen die Schauseite des Teppichs auf den Schnee legen.

■ Teppiche entfalten ihre volle Farbenpracht, wenn man sie mit dem Strich gegen das Licht legt.

Teppichfransen
Die Fransen sollten auf keinen Fall mit einem Metallkamm gekämmt werden, weil sie sonst mit der Zeit ausgehen. Besser ist es, den Teppich am Rand anzuheben und wieder zurückzuschlagen. Hilft das nichts, kann hin und wieder mit einer weichen Bürste über die Fransen gestrichen werden, so daß sie glattliegen.

Teppichkanten
■ Aufgerollte Teppichkanten sehen nicht nur häßlich aus, sie sind auch noch gefährlich; zu leicht kann jemand darüber stolpern. Ein gut angefeuchtetes Frottee-Handtuch über die Kanten legen und ein paarmal darauf treten oder über Nacht liegen lassen. Am nächsten Morgen ist die Gefahrenquelle beseitigt.
■ Aufgerollte und hochgebogene Teppichkanten werden auch dann wieder gerade, wenn man sie gut anfeuchtet und auf der Unterseite mit Tischlerleim einstreicht. Nach dem Trocknen ist der Teppich wieder gerade und flach.

TIERHAARE

Der Öko-Tip:
Teppichreinigung
■ Lose verlegte Teppiche sollten Sie von Zeit zu Zeit mit dem Klopfsauger reinigen, und zwar auch von der Unterseite! Besser noch ist es, den Teppich aufzunehmen und am besten auf der Teppichstange auszuklopfen. Eventuell abgelegte Motten- oder Teppichkäfereier werden dadurch entfernt oder ohne den Einsatz von Chemie abgetötet.
■ Bevorzugen Sie, wenn Sie schon derartige Mittel einsetzen wollen, pulverförmige Teppichreiniger. Schaumreiniger belasten nämlich die Umwelt durch ihre Treibgase zusätzlich.
■ Leihen oder mieten Sie sich einen Waschsauger! Mit diesem Gerät können Sie Ihren Teppich gründlich und schonend reinigen. Achten Sie aber bei der Waschlösung, die zu diesem Gerät verkauft wird, auf die Inhaltsstoffe.
■ Teppichflecken entfernen Sie mit einem Schwamm und Gallseifenschaum. Mit Essigwasser nachreiben.

Thermoskannen und Thermosflaschen
■ Braungewordene Thermoskannen bekommen Sie wieder sauber, wenn Sie zwei Teelöffel Natron oder Backpulver in die Kanne geben und diese mit warmem Wasser ganz auffüllen. Die Lösung etwa zwei Stunden wirken lassen, dann die Kanne gut mit klarem Wasser ausspülen.
■ Thermosflaschen können beim Einfüllen von heißen Flüssigkeiten platzen. Das können Sie verhindern, wenn Sie stufenweise wärmer werdendes Wasser einfüllen oder die Kanne für eine Minute über heißen Dampf halten. Schützen Sie dabei Ihre Hände vor Verbrennungen.
■ Thermoskannen sollen immer offen aufbewahrt werden, damit sie nicht muffig werden.
■ Thermoskannen dürfen zur Reinigung nicht in Wasser gelegt werden, weil das Wasser in den Hohlraum zwischen Glas und Isolierung eindringt und die Kanne unbrauchbar macht.

Terrakottafliesen
Terrakottafliesen werden sauber und bekommen eine schönen matten Glanz, wenn Sie sie regelmäßig mit einer Lösung aus Wasser und Schmierseife reinigen.

Tierhaare
■ Tierhaare auf dem Teppich, die der Staubsauger nicht aufnimmt, können Sie auf folgende Art entfernen: Reiben Sie eine Bürste mit Kunststoffhaaren an einem Stoff aus Kunstfasern. Die Bürste lädt sich elektrostatisch auf, und die Haare werden angezogen.

HAUSPUTZ UND HAUSHALTSPFLEGE

■ Tierhaare lassen sich leicht von Fußboden und Teppichboden mit einem feuchten Schrubber aufnehmen. Mit dem Schrubber einmal über den Boden fahren. Die Haare aus dem Schrubber mit einem Teppichkamm entfernen.
■ Von Polstern und Mänteln lassen sich Tierhaare leicht mit einem feuchten Schwamm entfernen.
■ Um Hunde- und Katzenhaare von Wollstoffen zu entfernen, taucht man eine Kleiderbürste kurz in Spiritus und bürstet damit den Stoff ab. Die Haare bleiben an der Bürste hängen.

Tintenflecken auf Teppichen und Teppichböden

Tintenflecken auf Teppich oder Teppichboden begießt man mit etwas Mineralwasser und reibt sie dann aus. So oft wiederholen, bis der Fleck weg ist.

Toilettenablagerungen

Toilettenablagerungen können Sie auf verschiedene Weise beseitigen:
■ Geben Sie eine Lösung aus Wasser und Essigsäure im Verhältnis 10:1 in die Toilettenschüssel und lassen Sie sie am besten über Nacht einwirken. Danach lassen sich die Kalkablagerungen leicht entfernen.
■ Spülen Sie einmal, damit die Toilettenschüssel ringsum naß ist, und tragen Sie auf die betroffenen Stellen eine Mischung aus Borax und Zitronensaft auf. Einige Stunden einwirken lassen, danach gut ausbürsten.

Tonschalen

Tonschalen zerkratzen mit ihrer rauhen Unterseite leicht polierte Tischplatten. Kleben Sie eine Filzunterlage oder einen Lederrest in der Größe der Aufstellfläche unter die Schalen.

Töpfe und Pfannen

Wischen Sie altes Fett aus Pfannen und Töpfen heraus, bevor Sie sie spülen! Sie benötigen dann weniger Spülmittel.

Töpferwaren pflegen

Tonwaren mit Innen- und Unterglasdekorationen haben den Vorteil, spülmaschinenfest zu sein, weil die Farben durch die Glasur geschützt sind. Unglasierte Töpferwaren nie mit Scheuerpulver behandeln, weil die Poren verstopft würden. Heißes Wasser und Bürste benutzen. Alle anderen keramischen Gegenstände mit heißem Wasser und mildem Spülmittel reinigen. Keine Scheuermittel verwenden, um die Glasur nicht zu beeinträchtigen.

VERPACKUNGEN

Türen
■ Türen sehen an den Stellen, an denen man sie ständig mit der Hand berührt oder mit den Füßen anstößt, schnell unansehnlich aus. An den »Greifstellen« werden lackierte oder helle Türen von Zeit zu Zeit mit farblosem Bohnerwachs, das dünn aufgetragen wird, poliert. Flecken durch Fingerabdrücke lassen sich dann leicht abwischen, ohne den Farbanstrich anzugreifen.
■ Dunkle Holztüren sollte man jährlich einmal mit heißem Leinöl einreiben, hellgestrichene Türen werden mit Schlämmkreide gereinigt.
■ Gestrichene Türen sollten nicht zu oft abgewaschen werden, weil sie mit der Zeit immer empfindlicher werden.

Türquietschen
Quietschen von Türen beseitigt man durch Ölen der Türangeln. Nur sehr wenig Öl benutzen, damit es nicht hinabläuft und den Boden verschmutzt.

Vasen, enge
■ Enge Vasen lassen sich gut reinigen, wenn Sie sie mit Seifenwasser und einigen Reiskörnern füllen und gut schütteln.
■ Enge Vasen, die innen nicht mit einem Tuch getrocknet werden können, bekommt man trocken, wenn man zusammengerolltes Filter- oder Löschpapier so in die Vase stellt, daß die Feuchtigkeit aufgesogen wird.

Der Öko-Tip:
Verpackungen, mehrfache
■ Kaufen Sie nach Möglichkeit keine Produkte, die gleich mehrfach verpackt sind. Dadurch entsteht nämlich nur mehr Abfall ohne einen Nutzen für Verbraucherinnen und Verbraucher; sondern es wird nur mehr Inhalt vorgetäuscht!
■ Läßt sich der Kauf solcher Produkte manchmal nicht vermeiden, lassen Sie die Umverpackung im Geschäft zurück. Seit 1. April 1992 ist diese Möglichkeit per Gesetz geregelt.

HAUSPUTZ UND HAUSHALTSPFLEGE

Videocassetten
Die Cassetten nicht in der Nähe von Fernsehgeräten oder Lautsprechern aufbewahren. Durch kleine Transformatoren in den Geräten können Magnetfelder entstehen, die die metallbeschichteten Videobänder löschen oder beeinträchtigen.

Vorhänge kürzen
Müssen Vorhänge gekürzt werden, so macht man das am besten am oberen Ende. Eventuelle Ungenauigkeiten sind dort nicht so leicht wie am Saum zu sehen.

Wachsflecken auf Möbeln
Wachsflecken auf Holz weicht man vorsichtig mit dem warmen Luftstrom des Föns auf. Dann nimmt man das Wachs mit einem Leinentuch auf und wäscht vorsichtig mit Essigwasser nach. Das Holz gut trockenreiben.

Wachsreste
■ Wachsreste lassen sich beispielsweise von Kerzenhaltern mühelos beseitigen, wenn man sie einige Zeit in das Tiefkühlfach stellt.
■ Den Gegenstand in kochendes Wasser tauchen, in dem das Stearin schmilzt, oder auf der Heizung oder einer Herdplatte erwärmen, so daß sich das Wachs anschließend abziehen läßt.

Der Öko-Tip:
Warmwasserzubereitung
■ Achten Sie darauf, daß die verbindlich vorgeschriebene Grenztemperatur für die zentrale Warmwas-

serbereitung mit 60°C nicht überschritten wird. Bei höheren Temperaturen, deren Bereitstellung mehr Energie erfordert, muß nachher mit kaltem Wasser gemischt werden, um die optimale Temperatur für das Brauchwasser zu erhalten.
■ Halten Sie die Grenztemperatur von 60°C auch bei Ihrer Einzelversorgungsanlage ein. Auch hier gilt: Höhere Temperaturen sind letztlich teurer. Wenn Sie die Temperatur auf 50°C oder weniger eingestellt haben, sollten Sie die Temperatur von Zeit zu Zeit kurzzeitig auf 60°C erhöhen; dadurch senken Sie das Risiko einer Infektion mit Legionellen (das sind Bakterien, die die sogenannte Legionärskrankheit hervorrufen, eine Infektionskrankheit mit ähnlichen Symptomen wie eine Lungenentzündung).
■ Lassen Sie sich beraten, welchen Wirkungsgrad, welche Kosten und Energiespareffekte die aktuell auf dem Markt erhältlichen Warmwasserzubereitungssysteme haben. Erst auf Basis dieser Informationen sollten Sie sich für ein bestimmtes System entscheiden. Beratung und Informationsmaterial bieten z. B. die Verbraucherzentralen oder die kommunalen Umweltberatungsstellen.
■ Verzichten Sie auf elektrisch betriebene Durchlauferhitzer. Diese haben zumeist den vergleichsweise höchsten Energieverbrauch.
■ Durch die Wahl der richtigen Armaturen, z. B. Einhandmischbat-
terien, können Sie erhebliche Mengen an Wasser und Energie sparen.
■ Auf dem Putz aufliegende, vom Heizkessel zur Verbrauchsstelle führende Wasserrohre sollten Sie mit einem Schaumstoffmantel isolieren. Das kostet wenig, hilft aber, Wärmeverluste zu reduzieren.

Wasserflecken auf Möbeln
■ Die Wasserflecken mit angefeuchteter Zigarettenasche einreiben und anschließend mit einem Tuch polieren.
■ Einen Stoffbeutel oder alten Strumpf mit Salz füllen, in Speiseöl tauchen und die Wasserflecken damit einreiben.
■ Die Wasserflecken mit Petroleum einreiben und anschließend mit einem Tuch nachpolieren.

Wasserhähne
Wasserhähne sowie schwer erreichbare Stellen am Waschbecken lassen sich bequem mit einer ausgedienten Zahnbürste reinigen.

Wasserhahn, tropfender
Ihr Wasserhahn tropft und nervt Sie, und Sie haben weder eine passende Dichtung im Haus noch ist sofort ein Handwerker zu bekommen. Binden Sie einen recht dicken Wollfaden an den Wasserhahn. So kann das Wasser völlig

geräuschlos am Faden hinunterlaufen, bis Hilfe kommt. Aber nicht zu lange mit der Reparatur warten, denn durch tropfende Wasserhähne geht sehr viel kostbares frisches Wasser verloren!

Wasserhärte
Von der Wasserhärte hängt es ab, wieviel Wasch- und Putzmittel Sie verwenden müssen. Je härter das Wasser ist, desto mehr müssen Sie zugeben. Die Wasserhärte (°dH = Grad deutscher Härte) wird in der Bundesrepublik in vier Bereiche unterteilt:
Härtebereich 1 (weich): 0–7° dH
Härtebereich 2 (mittel): 7–14° dH
Härtebereich 3 (hart): 14–21° dH
Härtebereich 4 (sehr hart): über 21° dH
Die Wasserhärte kann man beim örtlichen Wasserwerk erfragen.

Wasserränder
Wasserränder in Kristallvasen oder Gläsern verschwinden, wenn man kleingeschnittene Kartoffelschalen einfüllt, die mit wenig Wasser übergossen werden. Danach kräftig schütteln und in hartnäckigen Fällen wiederholen.

Wasserringe auf Holz
Gläser oder Vasen hinterlassen auf Holz oft einen Wasserrand. Um ihn zu entfernen, reibt man mit einem feuchten Tuch eine Mischung aus Butter und Zigarettenasche auf die Stelle und poliert sie mit einem trockenen Tuch.

Der Öko-Tip:
Wassersparen im Haushalt
■ Tropfende Wasserhähne sollten Sie möglichst schnell reparieren (lassen). Ein einmal pro Sekunde tropfender Wasserhahn verliert am Tag rund 10 Liter Wasser, das sind im Jahr rund 3650 Liter. Das entspricht dem durchschnittlichen bundesdeutschen Wasserverbrauch pro Kopf für 25 Tage!

■ Waschen Sie nur bei voll beladener Waschmaschine. Nach Untersuchungen der Stiftung Warentest sparen Sie bei einer halbvollen Maschine im Sparprogramm 15 % Strom und 20 % Wasser – bezogen auf eine volle Maschine im Normalprogramm. Sie haben dann aber nur halb so viele Kleidungsstücke gewaschen. Für eine vergleichbare Waschleistung brauchen Sie also 170 % Strom und 160 % Wasser.

■ Stellen Sie Ihre Geschirrspülmaschine nur an, wenn sie wirklich voll ist! Halbvolle Maschinen verbrauchen unnötig Wasser, Energie und Chemie.

■ Achten Sie beim Kauf von Wasch- und Spülmaschinen auf den Wasserverbrauch. Viele moderne Geräte verbrauchen heute wesent-

WASSERSPAREN

lich weniger Wasser als andere. Genauere Informationen hierzu bietet z. B. die Stiftung Warentest mit ihrer Zeitschrift »test«. Die Hefte liegen auch bei den örtlichen Verbraucherberatungsstellen der Verbraucherzentralen aus und können kostenlos eingesehen werden.

■ Schließen Sie Ihre Waschmaschine über eine Zeitschaltuhr ans elektrische Netz an. Zum einen können Sie dadurch die Waschmaschine dann laufen lassen, wenn der Strom- und Wasserverbrauch im Versorgungsnetz am niedrigsten ist, und Sie vermeiden dadurch zusätzliche Bedarfsspitzen. Zum anderen können Sie den Lauf der Maschine vor dem ersten Spülgang für einige Zeit unterbrechen. Während der Waschgang ruht, wird Ihre Wäsche kostengünstig eingeweicht.

■ Wenn Sie über Fernwärme warmes Wasser beziehen, dann sollten Sie, wenn möglich, Ihre Waschmaschine und Geschirrspülmaschine an den Warmwasseranschluß anschließen. Das Fernwärmenetz stellt warmes Wasser unter weniger Energieverbrauch und Umweltbelastung her, als wenn Sie es in der Maschine elektrisch erwärmen. Vor allem Geschirrspülmaschinen neueren Baujahrs haben schon die Möglichkeit zum Warmwasseranschluß.

■ Verwenden Sie zum Einweichen der Wäsche möglichst Regenwasser. Regenwasser ist sehr weich. Sie brauchen daher nur sehr wenig Waschmittel. Wenn die Wäsche über Nacht einweicht, ist sie am nächsten Tag schon ziemlich sauber.

■ Verwenden Sie zum Blumengießen und Bewässern im Garten Regenwasser, das Sie in einer entsprechenden Tonne sammeln.

■ Wenn Sie ein eigenes Haus haben, können Sie sich eine Regenwassernutzungsanlage einbauen lassen. Regenwasser ist kostenlos, und Sie müssen auch keine Abwassergebühr dafür bezahlen; die wird nämlich zumeist nach dem Frischwassermaßstab (also dem Trinkwasserverbrauch) berechnet.

■ Beantragen Sie für jede abgeschlossene Verbrauchsstelle (z. B. Wohnung) einen eigenen Wasserzähler. Nur so machen sich Ihre individuellen Wassersparmaßnahmen nicht nur für die Umwelt, sondern auch für Ihr Portemonnaie positiv bemerkbar. Bei Sammelzählanlagen müssen schon sehr viele angeschlossene Haushalte mitziehen, damit sich eine spürbare Senkung der Wasserverbrauchsabrechnung ergibt.

■ Setzen Sie sich an Ihrem Arbeitsplatz ebenfalls für Wassersparmaßnahmen ein. Viele Vorschläge sind relativ leicht zu realisieren, z. B. Spartaste/Sparspülung im WC, wasser- und energiesparende Armaturen oder speziell für Gemeinschaftsduschen: Ausrüstung mit Druckknopfduschen, die sich nach einer Weile selbst abstellen.

HAUSPUTZ UND HAUSHALTSPFLEGE

Der Öko-Tip:
Wasserverschmutzung

▪ Werfen Sie keine festen Abfallstoffe wie Tampons, Papiertaschentücher, Binden, Flockenwindeln, Präservative, Zigarettenkippen, Katzenstreu usw. ins WC; dieser Abfall gehört in den Mülleimer. Wenn Sie dies beachten, gehören verstopfte Rohre der Vergangenheit an.

▪ Stellen Sie einen Mülleimer ins Bad! Dort hinein gehören alle obengenannten Abfälle, die im WC leicht zu einer Verstopfung führen.

▪ Werfen Sie auch keine Essensreste in die Toilette. Essensreste sollten Sie getrennt sammeln und selbst im Garten (eventuell auch gemeinsam mit Nachbarn) kompostieren oder in die Bioabfalltonne der städtischen Müllabfuhr geben. In jedem Fall kann daraus wertvoller Kompost hergestellt werden.

▪ Auch Medikamente gehören keinesfalls ins WC; sie sind vielmehr wie Sondermüll zu behandeln. Wenn Sie Altmedikamente entsorgen wollen, so geben Sie diese in der Apotheke ab, oder bringen Sie sie zur städtischen Sondermüllannahmestelle.

▪ Verwenden Sie kein farbiges, bedrucktes oder gebleichtes Toilettenpapier! Verwenden Sie vor allem kein anderes bedrucktes Papier (z. B. Zeitungspapier)! Die Farbstoffe und vor allem die Druckerschwärze (Zeitungspapier) sind in der Kläranlage zumeist schlecht abbaubar. Die bis vor kurzem übliche Chlorbleiche bei der Herstellung von Toilettenpapier führte zu einer erheblichen Umweltbelastung durch die bleichenden Firmen (Zellstofffabriken). Außerdem befinden sich noch chlororganische Rückstände im Papier. WC-Papier aus Altpapier ist zwar auch nicht schadstofffrei, doch sind die Umweltbelastungen bei der Herstellung insgesamt geringer. Hygienekrepp aus Altpapier ist mit dem Umweltzeichen ausgezeichnet.

▪ Werfen oder geben Sie keine flüssigen Abfälle ins WC! Abbeizer, Farben, Lacke, Holzschutzmittel, Rostschutzmittel, Altöl, Fritierfett, Lösemittel usw. sind Abfälle, die überwiegend einer speziellen Behandlung bei der Beseitigung bedürfen. Derartige Abfälle werden von Kommunen vielfach schon in separaten Sondermüllsammlungen eingesammelt und entsorgt, oder Sie können sie zu einer zentralen Sammelstelle bringen.

▪ Verzichten Sie auf Desinfektionsmittel im WC! Normale Reiniger reichen für die Säuberung aus. Die größte Keimschleuder im (Gäste-) WC ist übrigens nicht die WC-Schüssel, sondern das Handtuch!

▪ Stellen Sie eine WC-Bürste direkt neben die Toilettenschüssel, vor allem im Gäste-WC. So kann jeder Benutzer oder Gast eventuelle Verschmutzungen in der WC-Schüssel gleich selbst beseitigen. Alte und angetrocknete Reste sind später viel aufwendiger zu beseitigen, und dann greift man eher mal zu chemischen WC-Reinigern.

■ Verwenden Sie keine WC-Reiniger, vor allem nicht routinemäßig. WC-Reiniger führen zu einer überflüssigen Belastung der Umwelt. Scheuersand und etwas Allzweckreiniger sowie gelegentlich Essig gegen Kalkränder reichen aus.

■ Verwenden Sie möglichst wenig Reinigungsmittel, egal ob Wasch- oder Spülmittel, Scheuerpulver oder Essig! Diese Reinigungsmittel belasten vielleicht die Kläranlage weniger, aber trotzdem sind sie nicht umweltneutral, denn sie müssen unter Energie- und Chemikalienverbrauch hergestellt und transportiert werden.

■ Dosieren Sie Waschmittel immer nach der Wasserhärte, und verwenden Sie ein Baukastensystem! So ersparen Sie dem Abwasser überflüssige Belastungen an Waschmittelinhaltsstoffen.

■ Verzichten Sie auf chemische Abfluß- und Rohrreiniger! Greifen Sie bei verstopften Abläufen nicht zum chemischen Abflußreiniger, sondern verwenden Sie mechanische Hilfen wie Saugglocke, Saugpumpe oder Spirale. Beim Waschbecken können Sie den Siphon auch selbst relativ leicht ausbauen und reinigen.

■ Waschen Sie Ihren Pkw nicht zu Hause im Vorgarten, sondern fahren Sie in eine Waschanlage! In den meisten Städten ist das Waschen im Vorgarten sowieso verboten, weil das Wasser ungereinigt in den Untergrund versickert oder in die Regenwasserkanalisation abfließt und von dort ohne weitere Reinigung ins Gewässer gelangt. Autowaschanlagen dagegen leiten ihr Abwasser (teilweise nach Vorreinigung) der kommunalen Kläranlage zu, wo abgespülte Schadstoffe wie Öle, Fette, Wachse, Benzin, Farbreste usw. entfernt werden. Einige Waschanlagen sind besonders wassersparend, weil sie ihr Waschwasser mehrfach verwenden.

■ Gießen Sie schmutziges Putzwasser nicht in den nächsten Gulli oder in den Garten, sondern in den Ausguß. Nur dann können Sie sicher sein, daß das Abwasser auch in der Kläranlage gereinigt wird.

WC-Beckensteine und Wasserkastensteine

Die meisten der handelsüblichen »Steine« enthalten giftige Chemikalien, die die Gewässer belasten, aber nur sehr geringe desinfizierende Wirkung haben. Sie sind im Grunde nutzlos, weshalb Sie ersatzlos auf Becken- und Wasserkastensteine verzichten können.

WC-Hygiene

Zur WC-Hygiene werden außer den WC-Reinigern auch Sanitärreiniger angeboten. Vorsicht! Setzen Sie diese beiden Mittel niemals gleichzeitig oder kurz hintereinander ein; es bildet sich unter Umständen durch die Kombination hochgiftiges Chlorgas!

Der Öko-Tip:
WC-Reinigung

▪ Da sich in der Toilettenschüssel Kalkablagerungen und Urinstein bilden, greift man gerne zu aggressiven Reinigern, die ätzende Säuren enthalten. Diese Reiniger sind eine Gefahr für Haut und Augen, vor allem aber belasten sie die Gewässer ganz erheblich.

▪ Reinigen Sie die Schüssel, die Brille, den Deckel und den Spülkasten mit einem neutralen oder sauren Allzweckreiniger. Das reicht völlig aus, um Schmutz und Kalkreste von Wasserspritzern zu entfernen.

▪ Stellen Sie eine WC-Bürste gut sichtbar neben das WC, damit jeder Benutzer Verschmutzungen gleich selbst beseitigen kann.

▪ Für die WC-Reinigung verwenden Sie am besten eine WC-Bürste mit kleiner Spezialbürste für den Beckeninnenrand. Bei angetrockneten Verschmutzungen nehmen Sie zusätzlich Scheuersand, bei Kalkablagerungen Essig!

Winterschutz für Wasserleitungen
Bei Wasserleitungen im Freien sollten Sie darauf achten, daß sie schon vor der Frostperiode abgesperrt und entleert sind. Die Wasserhähne dürfen nicht zugedreht sein.

Wischen von Böden
Benutzen Sie zum Wischen öfter nur klares Wasser! Für die übliche Reinigung genügt bei vielen Böden klares Wasser oder ein Spritzer neutraler Allzweckreiniger.

ZEITUNGEN

Zahnputzbecher

■ Um den weißen Belag in Zahnputzbechern oder -gläsern zu entfernen, geben Sie einen Eßlöffel Salz hinein und füllen mit heißem Wasser auf. Rühren Sie um, damit sich das Salz ganz auflöst. Die Salzlake einige Zeit einwirken lassen, danach ausspülen und mit einem Tuch nachwischen.

■ Eine andere Möglichkeit: Sie geben Essig in das Glas, lassen ihn etwas einwirken und wischen dann das Glas mit einem feuchten Lappen aus. Danach noch einmal gut ausspülen. Die Ränder werden mit Sicherheit verschwunden sein.

Zinngeschirr

Zinngeschirr können Sie wieder auf Hochglanz bringen, wenn Sie es in eine schwache, mit Zinnkraut (Ackerschachtelhalm, *Equisetum arvense*) versetzte, warme Sodalösung legen und mit einer weichen Bürste oder einem Schwamm abreiben. Danach mit lauwarmem Wasser nachspülen und mit einem weichen Lappen polieren. Wie neu wird Zinngeschirr, wenn Sie es mit Zinnkraut polieren.

Zeitungen, alte

Alte Zeitungen lassen sich zu brauchbarem Brennmaterial von hohem Heizwert verarbeiten. Zeitungen zerreißen und in einer Wanne in Wasser einweichen. Die aufgeweichten Zeitungen nach etwa zwei Tagen zu Kugeln formen und das Wasser dabei ausdrücken. Auf dem Dachboden oder in der Sonne trocknen lassen.

Textilien waschen und pflegen

Machen Sie mit beim umweltfreundlichen Waschen und Pflegen Ihrer Garderobe und Heimtextilien: Zwischen A wie Angorapullover und W wie Wollstrümpfe finden Sie in diesem Kapitel über 280 praktische Tips und saubere Tricks, die Geld und Zeit sparen.

Auf den folgenden Seiten steht, wie Sie Ihren Bernsteinschmuck aufpolieren und den Knoten in der goldenen Halskette lösen können, wie Sie alte Gegenstände aus vergilbtem Elfenbein wieder zum Leuchten bringen, wie das Federbett schnell und einfach gelockert wird, wie eine Druckstelle im Samt verschwindet, wie Sie unauffällig echte Diamanten von falschen unterscheiden, wie Sie Textilien richtig einkaufen und vieles andere.

Schießen Sie nicht mit Kugeln auf Motten; Sie werden sie nicht treffen. Lernen Sie die natürlichen Alternativen zum konventionellen Mottenschutz kennen. Wir sagen Ihnen, wie Sie Leinen, Lack und Leder richtig pflegen.

In diesem Kapitel erfahren Sie aber auch (fast) alles über Fleckenentfernung, das richtige Waschen in der Maschine sowie den sinnvollen Einsatz von Waschmitteln. Machen Sie Ihre Wäsche weiß und weich, und schonen Sie dabei trotzdem unsere Umwelt.

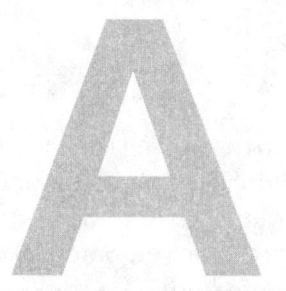

TEXTILIEN WASCHEN UND PFLEGEN

A B

Angorapullover
Es kommt oft vor, daß Angorapullover viele Fusseln verlieren. Packen Sie Ihren Angorapullover in eine Plastiktüte, und legen Sie ihn für einige Minuten in den Gefrierschrank, bevor Sie ihn anziehen.

Anzüge pflegen
Nach dem Ausziehen den Anzug gleich auf einen Bügel hängen, der breit und lang genug ist. Die Hose wird am besten in einen Hosenspanner gehängt. Ausbürsten mit einer in Salmiakgeist getauchten Bürste in Fadenrichtung.

Atlasschuhe
Einen Wattebausch in Spiritus tauchen und damit die Schuhe abreiben.

Baumwollpullover
Baumwollpullover leiern beim Waschen schnell aus. Das können Sie verhindern, indem Sie sie in einen Kopfkissenbezug stecken und diesen zuknöpfen. Anschließend das Ganze wie üblich in der Waschmaschine waschen.

Bernsteinkette aufpolieren
Besorgen Sie sich reinen Weingeist, und reiben Sie damit das Schmuckstück ab. Anschließend mit einem trockenen, weichen Lappen gut nachpolieren.

Bettbezüge
Wenn Sie Bettbezüge und Kopfkissen von links waschen und bügeln, brauchen Sie diese dann später beim Beziehen der Betten nicht mehr umzustülpen.

Bettvorleger
Wenn Ihre Bettvorleger nicht mit Gummi beschichtet sind, können

BÜGELN

Sie sie vor dem Rutschen sichern, indem Sie an jede Ecke und in der Mitte kleine Schaumstoffplättchen kleben.

Bleichmittel für Feinwäsche
Vergilbte Feinwäsche wird wieder leuchtend weiß und frisch, wenn Sie die Wäsche im letzten Spülgang in zehn Liter Wasser, verrührt mit einem Eßlöffel Borax, spülen.

Blusen aufhängen
Blusen aus dünnem Stoff rutschen im Schrank nicht so schnell von Bügeln herunter, wenn man die Bügelenden mit Schaumgummi umwickelt.

Brokatkleid
Damit die Metallfäden nicht oxidieren und nachdunkeln, das Kleid zusammenlegen und in dunkles Papier einschlagen.

Brokatschuhe
Die Brokatschuhe werden mit einem in Weingeist getauchten Wattebausch gereinigt.

Bügelfalten
Bügelfalten halten länger, wenn Sie den Stoff von der linken Seite befeuchten und dann bügeln.

Bügeln
Alles, was Sie gebügelt haben, sollten Sie noch eine Weile ausgebreitet liegen lassen. Manche Kleidungsstücke verlieren sonst gleich wieder die Form. Es besteht auch die Gefahr, daß sie einen dumpfen Geruch annehmen, wenn sie gleich in den Schrank gelegt werden.

Bügeln von gestärkter Wäsche
Das Kleben der gestärkten Wäsche am Bügeleisen wird dadurch vermieden, daß man dem Stärkewasser etwas Salz zusetzt.

TEXTILIEN WASCHEN UND PFLEGEN

C D

**Der Öko-Tip:
Chemische Reinigung**
Verzichten Sie auf die chemische Reinigung! Keines der Lösemittel, die in chemischen Reinigungsbetrieben eingesetzt werden, ist für die Umwelt und/oder Gesundheit unschädlich. Daher sollte man auf eine chemische Reinigung möglichst verzichten. Wenn dies im Einzelfall nicht möglich ist (z. B. Pelz-, Leder- oder schwere Wollwaren), sollten Sie einen Fachbetrieb wählen, der nicht mehr mit dem Lösungsmittel PER (Perchlorethylen) arbeitet. Sicherheitshalber sollten die Textilien nach der Reinigung gründlich ausgelüftet werden, damit eventuelle Lösemittelreste verfliegen und nicht über Haut oder Atmung aufgenommen werden können.

Crêpestoff
Crêpestoffe bügelt man auf einem Frotteehandtuch, dann bleibt die Crêpeart erhalten.

Daunendecken und Federbetten
■ Daunendecken und Federbetten sollten Sie niemals in der prallen Sonne lüften, da die Federn durch die Hitze brüchig werden.
■ Auch bei zu hoher Luftfeuchtigkeit lassen Sie die Betten lieber im Zimmer, denn durch Feuchtigkeit können die Federn klumpen.
■ Nach längerem Gebrauch klumpen sich die Federn in den Federbetten zusammen. Öffnen Sie das Inlett gerade so weit, daß die Düse Ihres Föns hineinpaßt, und blasen Sie damit kalte Luft in das Inlett. Die Federn wirbeln herum, und das Federbett wird wie neu.

Daunenjacken
Daunenjacken werden nach dem Waschen besonders locker, wenn Sie sie im Trockner trocknen und einen Tennisball dazugeben.

Diamanten
Echte und falsche Diamanten können Sie unterscheiden, wenn Sie

ELFENBEIN

das Schmuckstück oder den Diamanten in vollkommen klares Wasser legen. Der echte Diamant funkelt unter Wasser genauso wie über Wasser, der falsche nicht.

Druckknöpfe
Druckknöpfe, die nicht mehr so fest zusammenhalten, schlägt man mit einem Hammer leicht auf das Knopfteil, so daß es etwas auseinandergetrieben wird und wieder fest schließt.

Druckstellen in Cordhosen
Cordhosen bekommen in der Waschmaschine oft häßliche Knitterfalten und Druckstellen. Dem kann man leicht vorbeugen, indem man die Hosen vor dem Waschen auf die linke Seite wendet.

Druckstellen in Samt und Veloursstoffen
■ Ein Dampfbügeleisen über die Druckstelle halten, ohne es anzudrücken, bis sich der Flor aufrichtet. Diesen vorsichtig bürsten.
■ Ein nasses Tuch auf die Druckstelle legen, einwirken lassen und den Flor anschließend mit einem Fön hochblasen.
■ Die Druckstelle anfeuchten und den Flor anschließend mit einem Tuch vorsichtig nach allen Seiten hin trockenreiben.

Edelsteine
Ihre kostbaren Edelsteine können Sie mit Kölnisch Wasser reinigen, anschließend mit Wasser nachspülen.

Einlaufen
Neue Kleider und Stoffe laufen nicht so sehr ein, wenn die erste Wäsche nur mit handwarmem oder kaltem Wasser erfolgt.

Elfenbein, vergilbtes
Laut Washingtoner Artenschutzabkommen dürfen keine Gegenstände aus Elefantenstoßzähnen eingeführt werden, was die Elefanten vor der Ausrottung bewahren soll. Wer noch altes Elfenbein besitzt, kann es auf folgende Art reinigen:
■ Elfenbeinschnitzereien und -schmuck in eine Lösung von 1 Liter heißem Wasser und 2 Teelöffeln Fleckensalz legen.
■ Das Elfenbein mit einem Brei aus Zitronensaft und Talkum ein-

TEXTILIEN WASCHEN UND PFLEGEN

reiben. Nach dem Trocknen abreiben und mit einem Ledertuch nachpolieren.

■ Das Elfenbein mit Spiritus säubern und sofort mit klarem Wasser abspülen.

■ Das Elfenbein mit einem in Terpentin getauchten weichen Lappen reinigen und anschließend in der Sonne trocknen lassen.

Der Öko-Tip:
Entfärber
Verwenden Sie Entfärber nicht bedenkenlos! Die beim Einsatz freiwerdenden Dämpfe wirken reizend und übelkeiterregend. Sorgen Sie für gute Lüftung oder wenden Sie sie nur im Freien an. Bei verfärbter Weißwäsche können Sie auf ein normales Bleichmittel auf Percarbonatbasis zurückgreifen.

Ersatzknöpfe
Bewahren Sie die Ersatzknöpfe am besten immer mit dem entsprechenden Stoffmuster zusammen auf, dann brauchen Sie nicht lange zu suchen, wenn Ihnen ein Knopf verloren geht.

Faden- und Wollreste
Faden- und Wollreste sollten Sie nicht wegwerfen. Mit der Zeit können Sie damit gut ein kleines Kissen füllen.

Faltenröcke
Nach dem Waschen hat man bei Faltenröcken sehr viel Arbeit mit dem Bügeln. Diese Arbeit kann man sich erleichtern, wenn man vor dem Waschen die Falten zusammenheftet.

Farben auffrischen
Farben in Textilien werden wieder frisch, wenn man in das letzte Spülwasser etwas Essig gibt oder das feuchte Tuch beim Bügeln in Essigwasser tränkt.

Der Öko-Tip:
Färben von Textilien
■ Verzichten Sie möglichst auf das Selbstfärben von Textilien. Die Färbechemikalien gelangen ins Abwas-

FLECKENTFERNUNG

ser, sind in der Kläranlage schlecht abbaubar und belasten den Klärschlamm. Dies gilt auch für Naturfarben. Außerdem besteht die Gefahr, daß Sie sich Ihre Textilien mit allergieerzeugenden Farbstoffen einfärben. Im übrigen sind die selbst eingefärbten Textilien auf Dauer selten ganz farb- und schweißecht.

■ Falls Sie aufs Färben nicht verzichten wollen: Gießen Sie die Reste in den Ausguß, nicht in den Gully! In vielen Städten gibt es eine Trennkanalisation. Nur das häusliche Schmutzwasser gelangt zur Kläranlage, das Wasser aus der Regenkanalisation wird zumeist ungeklärt in den Vorfluter geleitet.

■ Befolgen Sie genau die Sicherheitsanweisungen auf dem Beipackzettel von Farbstoff und Entfärber! Sie können sonst womöglich allergieauslösende oder anderweitig gesundheitsschädliche Stoffe über die Haut oder über die Atmung aufnehmen.

Farbiges Waschen

Ein Zerfließen der Farben beim Waschen farbiger Sachen wird vermieden durch Zusatz von Essig zum Waschwasser.

Federbetten aufplustern

Nach mehrjähriger Benutzung sind Federbetten nicht mehr so locker wie am ersten Tag, weil sich die Federn zusammenklumpen. Wenn man das Inlett ein paar Zentimeter auftrennt und mit einem Fön kalte Luft hineinbläst, wirbeln die Federn herum, und das Federbett ist wieder wie neu.

Fleckentfernung

■ Alle Flecken sollten Sie möglichst sofort behandeln, da eingetrocknete Flecken oft nur sehr schwer wieder zu entfernen sind. Frische Flecken sofort mit einem Papiertaschentuch oder mit Küchenpapier aufsaugen, damit nicht so viel in das Gewebe dringt. Oft hilft es schon, wenn man etwas Mineralwasser auf den Fleck gießt, es kurz einwirken läßt und dann mit einem Tuch aufnimmt.

■ Angetrocknete Flecken sollten Sie mit Gallseife oder einem Brei aus Fleckensalz (nur weißes und farbechtes Material) vorbehandeln.

■ Falls Sie ein Kleidungsstück mit Fleckentferner bearbeiten wollen, prüfen Sie vorher an einer unauffälligen Stelle, ob es farbecht ist.

■ Legen Sie bei der Verwendung flüssiger Mittel mehrere übereinandergelegte Vliespapiere oder Tücher unter die fleckige Stelle, damit das schmutzbeladene Reinigungsmittel aufgesaugt werden kann! Sonst verfließt das Mittel und saugt sich womöglich an anderer Stelle in den Stoff, wo es neue Flecken verursacht.

TEXTILIEN WASCHEN UND PFLEGEN

■ Benutzen Sie Fleckentferner, Feuerzeugbenzin oder Spiritus nur, wenn die anderen Mittel versagt haben und Sie mit dem Fleck nicht leben können! Vermeiden Sie Produkte, die mit Andreaskreuz, Xn oder Xi gekennzeichnet sind! Lesen Sie die Deklaration! Vermeiden Sie Produkte, die chlorierte (z. B. 1,1,1-Trichlorethan, Trichlorethylen) oder aromatische Lösemittel (z. B. Toluol, Xylol) enthalten. Vermeiden Sie Hautkontakt! Wenden Sie die Produkte nur im Freien an! Atmen Sie die Dämpfe nicht ein! Schließen Sie die Produkte weg! Meiden Sie Produkte ohne kindersicheren Verschluß! Bedenken Sie, daß die meisten der verwendeten Lösemittel leicht brennbar sind! Produktreste gehören in den Sondermüll!

Alkoholflecken
Alkoholflecken, die nicht behandelt werden, dunkeln stark nach und lassen sich dann kaum noch entfernen. Deshalb die Flecken sofort in einer Mischung aus Wasser und Glyzerin einweichen und mit Essigwasser nachspülen.

Alleskleberflecken
Sie lassen sich mit Nagellackentferner mühelos beseitigen.

Ananasflecken in Seide
Mit klarem Wasser werden Ananasflecken in Seidenstoffen befeuchtet und anschließend mit Gallseife ausgewaschen.

Apfelsinenflecken
Der Fleck wird mit Glyzerin eingeweicht, anschließend spült man dann mit handwarmem Wasser gründlich nach.

Arzneiflecken
Arzneiflecken lassen sich meist mit kaltem Wasser auswaschen.

Bierflecken
Meist reicht es, das Bier mit lauwarmem Wasser auszuwaschen, eventuell etwas Feinwaschmittel dazugeben.

Blaubeerflecken an Händen
Blaubeerflecken an den Händen werden mit Zitronensaft entfernt, Nikotinflecken mit Hilfe von Zitronensaft und Bimsstein.

Blutflecken
■ Wenn das Wäschestück in der Waschmaschine gewaschen werden kann, den Fleck zunächst mit kaltem Wasser auswaschen, dann mit Gallseife ausreiben und wie üblich waschen.
■ Blutflecken in Wollstoffen mit feuchter Weizenstärke bestreichen, trocknen lassen und anschließend ausbürsten.
■ Die Blutflecken mit Salmiak- oder Sodawasser vorbehandeln und anschließend auswaschen.

FLECKENTFERNUNG

Bowlenflecken
Bowlenflecken entfernt man mit warmer Seifenlauge. Für nicht waschbare Stoffe kann man verdünnten Salmiakgeist verwenden.

Cognacflecken
Den Cognacfleck mit 96%igem Alkohol aus dem Stoff reiben. Das geht noch besser, wenn man den Alkohol vorher im Wasserbad erwärmt.

Eierflecken
Das Kleidungsstück in lauwarmer Seifenlauge einweichen, dann auswaschen.

Eisflecken
Das Wäschestück etwa 1/2 Stunde in kaltem Wasser einweichen, den Fleck dann mit flüssigem Waschmittel einreiben und auswaschen.

Fettflecken
■ Frische Fettflecken kann man mit weichem Kreppapier ausreiben. So lange reiben, bis das Papier das Fett aufgesaugt hat.
■ Aus Mänteln und Anzügen lassen sich die Flecken entfernen, wenn man geschabte Schneiderkreide auf den Fleck gibt und diese nach ein paar Stunden ausklopft.
■ Bei Stoffen, die gewaschen werden können, reicht es, den Fleck mit Gallseife einzureiben und das Wäschestück anschließend wie üblich zu waschen.

■ Fettflecken auf Wolle sofort mit Mineralwasser betupfen.

Flecken auf Leder
■ Fett und Öl möglichst schnell mit Magnesiumoxid oder Magnesia (in der Apotheke erhältlich) bestreuen. Einen Tag einwirken lassen, dann ausbürsten. Verbliebene Fettreste ziehen im Laufe der Zeit in das Leder ein.
■ Flüssigkeiten rasch mit einem aufsaugenden Lappen oder Papier abtupfen.
■ Speiseflecken mit einem Messer soweit wie möglich abnehmen, dann mit lauwarmer Seifenlösung abwischen und mit klarem Wasser nachbehandeln, ohne das Leder zu durchnässen. Glattleder dann mit einem Wolltuch abtrocknen.
■ Frische Tintenflecken auf Leder können mit Backpulver behandelt werden: Das Backpulver daraufstreuen, das Pulver saugt die Tinte auf. So oft wiederholen, bis der Fleck verschwunden ist.
■ Oder Natriumhydrogencarbonat (»Bullrich-Salz«) auf den Tintenfleck geben und verreiben; das Salz nimmt die Tinte auf. Den Vorgang so oft wiederholen, bis der Fleck weg ist.

Fruchteis- und Fruchtsaftflecken
Alkohol im Wasserbad erwärmen, mit ein wenig Salmiak vermischen, die Flecken damit einreiben und mit Wasser nachbehandeln.

TEXTILIEN WASCHEN UND PFLEGEN

Glanzflecken

Glanzflecken auf Hosenbeinen oder auf dem Hosenboden entfernt man mit einer Lösung aus Salmiak und Wasser (Mischung 1:10). Die Lösung mit einem Wollappen auf die betreffenden Stellen streichen und sofort von links mit niedriger Temperatur bügeln.

Grasflecken

■ Die Grasflecken mit flüssiger Schmierseife einreiben und anschließend auswaschen.
■ Die Flecken mit einer Lösung aus 1/4 Liter lauwarmem Wasser und 2 Eßlöffel Salmiakgeist einreiben und anschließend auswaschen.
■ Grasflecken lassen sich in der Waschmaschine leicht entfernen, wenn man der üblichen Menge Waschpulver einige Teelöffel Fleckensalz hinzufügt.
■ Grasflecken aus Wolle lassen sich mit erwärmtem Spiritus entfernen.
■ Die Grasflecken mit Glyzerin bestreichen und anschließend auswaschen.
■ Die Flecken vorsichtig mit Eukalyptusöl betupfen und dann auswaschen.
■ Die Grasflecken mit Weinsteinsäure betupfen und im Anschluß daran gründlich ausspülen.

Jodflecken

Den Fleck anfeuchten und mit der Schnittfläche einer rohen Kartoffel ausreiben. Danach kalt ausspülen und das Kleidungsstück wie üblich waschen.

Kaffeeflecken

■ Das verfleckte Wäschestück, soweit es waschmaschinenfest ist, in der Maschine mit der üblichen Menge Waschpulver und einigen Teelöffeln Fleckensalz waschen.
■ Kochwäsche mit Kaffeeflecken wird über ein großes Gefäß gespannt und mit kochendheißem Wasser begossen, bis sie verschwunden sind.
■ Die Kaffeeflecken mit einer Mischung aus Eiweiß und Glyzerin bestreichen, einwirken lassen und nach etwa einer Stunde zunächst kalt, anschließend lauwarm auswaschen.
■ Die Flecken gründlich mit nasser Kernseife einreiben, abspülen und die Seife anschließend gut auswaschen.

Kakaoflecken

Die Flecken mit nasser Kern- oder Gallseife einreiben, abspülen und anschließend auswaschen. Ältere Flecken verschwinden, wenn man das Kleidungsstück in kaltes Wasser legt, den Fleck mit Glyzerin betupft und es dann lauwarm auswäscht.

Kaugummiflecken

■ Das Kleidungsstück für etwa eine Stunde in den Gefrierschrank

FLECKENTFERNUNG

legen; der Kaugummi wird dadurch hart, klebt nicht mehr und läßt sich danach leicht herausreiben.
■ Die Flecken mit Benzol betupfen und den Kaugummi entfernen. Die eventuell entstandenen Fettflecken können mit Schaumreiniger beseitigt werden.

Korrekturlackflecken
Flecken von Korrekturlack lassen sich von der Maschine oder dem Tisch mit Essig entfernen.

Kugelschreiberflecken
■ Das Wäschestück mit den Flecken, soweit es waschmaschinenfest ist, mit der üblichen Menge Waschpulver und einigen Teelöffeln Fleckensalz in der Waschmaschine waschen.
■ Die Flecken mit Spiritus oder einer Lösung behandeln, die zu gleichen Teilen aus Essig und Spiritus besteht.
■ Die Kugelschreiberflecken mit einem in 90%igem Alkohol getauchten Tuch abreiben.

Lippenstiftflecken
■ Das Wäschestück, soweit es waschmaschinenfest ist, mit der üblichen Menge Waschpulver und einigen Teelöffeln Fleckensalz in der Waschmaschine waschen.
■ Lippenstiftflecken in Baumwollstoffen kann man auch mit Waschbenzin oder mit Fleckenwasser entfernen.

■ Die Flecken mit Glyzerin einreiben und anschließend auswaschen.

Marmeladeflecken
Die Marmeladeflecken mit Seifenwasser behandeln.

Mayonnaiseflecken
Mayonnaiseflecken mit Seifenwasser behandeln.

Milchflecken
Mit kaltem Wasser ausspülen und dann wie üblich waschen oder mit Seifenwasser auswaschen.

Obstflecken
■ Das Wäschestück, soweit es in der Waschmaschine gewaschen werden kann, mit der üblichen Menge Waschmittel und einigen Teelöffeln Fleckensalz in der Maschine waschen.
■ Die Obstflecken mit dem Kochwasser von weißen Bohnen betupfen und anschließend in Buttermilch mit Zitronensaft einweichen. Das Kleidungsstück kann dann ausgewaschen werden.
■ Obstflecken auf Seidenstoffen mit 5 g Zitronensäure, in 50 cm^3 abgekochtem und erkaltetem Wasser aufgelöst, bestreichen und etwa 5 Minuten einwirken lassen. Abschließend mit klarem Wasser ausspülen.
■ Kirschflecken in Seifenlauge waschen und anschließend in

TEXTILIEN WASCHEN UND PFLEGEN

Milch legen, bis sie verschwunden sind.

Ölflecken

■ Bei allen waschbaren Textilien etwas Handwaschpaste auf den Fleck streichen, etwas einwirken lassen, eventuell verreiben und mit klarem Wasser ausspülen. Danach wie üblich waschen.

■ Bei Seide streut man etwas Kartoffelmehl auf den Fleck und wäscht mit milder Seife nach.

Rostflecken

Helle Stoffe mit Zitronensaft beträufeln und einziehen lassen, bis der Fleck verschwunden ist. Dann gut ausspülen. Oft hilft es auch, wenn man den Stoff mit etwas Glyzerin in Wasser legt und ihn dann wie üblich wäscht.

Rotweinflecken

■ Den noch feuchten Fleck mit Salz bestreuen, auswaschen und anschließend den Stoff in Buttermilch legen.

■ Die Rotweinflecken bei waschmaschinenfesten Stoffen unter Zugabe von Fleckensalz in der Waschmaschine behandeln.

■ Rotweinflecken in buntem Baumwoll- oder Wollstoff mit Salmiakgeist auswaschen.

Rußflecken

Den Ruß zunächst vorsichtig ausschütteln, danach viel Salz daraufstreuen und einziehen lassen, später ausbürsten. Man kann den Ruß auch mit etwas Kernseife und lauwarmem Wasser auswaschen.

Schmierölflecken

■ Das beschmutzte Kleidungsstück, sofern waschmaschinenfest, mit der üblichen Menge Waschpulver und einigen Teelöffeln Fleckensalz in der Maschine waschen.

■ Die Schmierölflecken dick mit Margarine oder Butter einreiben und etwa 15 Minuten einwirken lassen. Das zurückgebliebene Fett anschließend entfernen und das Kleidungsstück wie üblich waschen.

■ Die Schmierölflecken mit Benzin und einem sauberen Tuch beseitigen.

■ Die Flecken in Weingeist, der zuvor im Wasserbad erhitzt wurde, einweichen und anschließend einseifen und auswaschen.

■ Die Schmierölflecken dick mit Spülmittel einreiben, etwa 1 Stunde einziehen lassen und das Kleidungsstück anschließend wie üblich waschen.

■ Kernseife in heißem Wasser auflösen, Glyzerin dazugeben und die Ölflecken in dieser Lösung einweichen. Das Kleidungsstück ausspülen und anschließend wie üblich waschen.

■ Die Schmierölflecken mit Schweinefett einreiben und mit Benzin oder Seife nachbehandeln.

FLECKENTFERNUNG

Schwerlösliche Rückstände mit Terpentin beseitigen.
■ Flecken in empfindlichen Geweben mit Eigelb einreiben, kurz einwirken lassen und ausspülen. Das Wäschestück anschließend wie üblich waschen.

Schminkeflecken
Das Wäschestück, soweit es waschmaschinenfest ist, mit der üblichen Menge Waschmittel und einigen Teelöffeln Fleckensalz in der Waschmaschine waschen.

Schokoladenflecken
Die Schokoladenreste vorsichtig abkratzen und den Fleck anschließend in lauwarmer Seifenlauge auswaschen.

Schuhcremeflecken
■ Schuhcremeflecken bestreicht man zunächst mit Terpentinersatz und wäscht sie dann mit Gallseife aus.
■ Schuhcremeflecken mit Seifenspiritus einreiben und mit einem in Salmiakgeist getränkten Tuch nachreiben. Abschließend mit klarem Wasser nachspülen.

Schweißflecken
■ Die Kleidungsstücke in Essigwasser legen, gut ausspülen und dann wie üblich waschen.
■ Aus Wollsachen und Pullovern entfernt man die Flecken durch vorsichtiges Ausreiben mit Salzwasser. Anschließend mit etwas Alkohol nachreiben.
■ Aus dunklen Kleidern verschwinden die Flecken, wenn man den Stoff zwischen zwei in Salmiakgeist getränkte Tücher legt und sie dann dämpft.

Sengflecken
■ Mit einem Brei aus Fleckensalz und möglichst heißem Wasser bestreichen, trocknen lassen, auswaschen oder ausbürsten.
■ Die Sengflecken mit dem Saft einer frischen Zwiebel einreiben, dann wie üblich waschen.

Spinatflecken
Die Flecken mit einer rohen Kartoffel abreiben und das Wäschestück wie üblich waschen.

Stockflecken
Kleine Stockflecken verschwinden, wenn man das Stoffstück zwei bis drei Tage in Essiglösung oder in Buttermilch liegen läßt. Oft hilft es auch, den Fleck mit Gallseife einzureiben und dann das Kleidungsstück zu waschen.

Teeflecken
Die Teeflecken mit Glyzerin behandeln und mit viel klarem Wasser ausspülen.

Teerflecken
Die Teerflecken mit Butter bestreichen, danach die Butter mit

TEXTILIEN WASCHEN UND PFLEGEN

Küchenpapier entfernen. Die Prozedur so lange wiederholen, bis die Flecken verschwunden sind. Mögliche Fettreste mit Gallseife einreiben und das Kleidungsstück waschen.

Tintenflecken

■ Das mit Tintenflecken verunreinigte Wäschestück, sofern es waschmaschinenfest ist, mit der üblichen Menge Waschpulver und einigen Teelöffeln Fleckensalz in der Maschine waschen.

■ Tintenflecken in weißer Wäsche sofort durch Einlegen in saurer Milch behandeln. Das Wäschestück anschließend wie üblich waschen.

■ Die Tintenflecken mit Salz oder heißem Zitronensaft einreiben, einwirken lassen und anschließend auswaschen.

■ Tintenflecken in Wolle mit Zitronenwasser oder Buttermilch behandeln, etwa eine halbe Stunde einwirken lassen und anschließend gründlich ausspülen.

■ Tintenflecken mit dem Kochwasser von weißen Bohnen behandeln, das Wasser einziehen lassen, ausspülen und das Kleidungsstück wie üblich waschen.

Tischlerleimflecken

Tischlerleim in Textilien kann in warmem Essigwasser ausgewaschen werden. Kurze Zeit darin liegen lassen.

Wachsflecken

Wachsflecken auf Textilien entfernen Sie soweit wie möglich mit einem scharfen Messer. Danach legen Sie Küchenpapier auf die Wachsflecken und bügeln sie aus. Anschließend mit Seifenwasser waschen oder ausbürsten.

Frotteehandtücher, hartgewordene

Hartgewordene Handtücher benötigen einen eigenen Weichmacher. In heißes Essigwasser (1/3 Essig, 2/3 Wasser) legen und etwa acht bis zehn Stunden ziehen lassen. Anschließend herkömmlicher Waschgang in der Waschmaschine. Dem letzten Spülwasser sollte eine Tasse Essig zugegeben werden.

Frotteestoff nähen

Beim Nähen von Frotteestoff besteht die Gefahr, daß sich der Nähfuß der Nähmaschine in den Schlaufen verfängt. Verhindern können Sie das dadurch: Legen Sie einen Bogen Pergamentpapier auf den Stoff und nähen Sie ihn mit. Später können Sie das Papier an der Naht ohne Mühe wieder entfernen.

Gummiband
Gummiband können Sie ganz leicht auswechseln, wenn Sie das neue Band mit dem Ende des alten verknüpfen und beim Herausziehen des verbrauchten Stückes das neue gleich durchziehen.

Gardinen aufhellen
Geben Sie Ihre Gardinen nach dem Waschen für zwei Stunden – am besten in der Badewanne – in handwarmes Wasser, in dem Sie zuvor einige Tütchen Backpulver aufgelöst haben.

Gardinen waschen
■ Geben Sie die Gardinen zum Waschen in ein Kopfkissen, das Sie zuknöpfen können. So können Sie die Röllchen an den Gardinen lassen, und wenn eins abgeht, finden Sie es im Kopfkissen wieder.
■ Bei grobmaschigen Gardinen geben Sie die Rollen am besten in einen hellen Strumpf, so können sich die Rollen beim Waschen nicht in den Maschen verhaken.

Goldschmuck
Ihr Goldschmuck erstrahlt in altem Glanz, wenn Sie ihn in einem Liter Wasser baden, dem Sie ein paar Tropfen Salmiakgeist zugegeben haben.

H

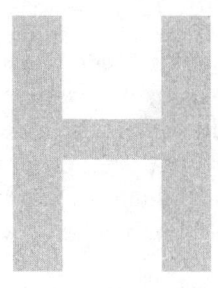

Halskette, verknotete
Wenn eine Halskette verknotet ist, etwas Speiseöl auf ein Stück Pergamentpapier träufeln und den Knoten darauflegen. Mit zwei Stopfnadeln läßt er sich leicht entwirren.

Halstücher
Halstücher sind oft ein hübscher Blickfang, doch stören die Falten vom Zusammenlegen sehr. Dieses Problem kann man auf einfache Art lösen: Auf eine Holzleiste leimt man in etwa 5 cm Abstand Wäscheklammern. Dieses Brettchen bringt man innen an der Schranktür an. Dort kann man Tücher und Schals dann einfach festklemmen.

Handtücher
■ Wechseln Sie aus hygienischen Gründen täglich das Hand- und das Trockentuch in der Küche.
■ Legen Sie Handtücher zum einmaligen Gebrauch für Gäste bereit.

Die Handtücher sollten nach einmaligen Gebrauch aus hygienischen Gründen gewechselt werden. Verwenden Sie entweder kleine waschbare Handtücher oder Papierhandtücher aus Altpapier.

Heimtextilien
Verwenden Sie Stoffe für Heimtextilien nicht für die Herstellung von Bekleidungstextilien. Heimtextilien wie Vorhang- oder Polsterstoffe können mit besonders problematischen Substanzen aus den Bereichen Flamm-, Motten- und Schimmelschutzmittel ausgerüstet sein, zum Teil sogar mit wesentlich gefährlicheren Chemikalien als bei Bekleidungstextilien zulässig oder üblich.

Hemdkragen
Stark verschmutzte Hemdkragen werden wieder sauber, wenn Sie sie vor dem Waschen mit etwas Haarshampoo einreiben, da Haarshampoo schonend Körperfette löst.

Holzknöpfe beim Waschen schützen
Holzknöpfe sollte man fest mit Alufolie umwickeln, dann werden sie beim Waschen nicht angegriffen.

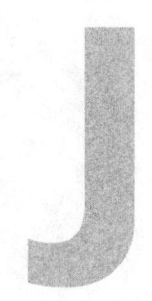

JEANS

Hüte pflegen
Nach jedem Tragen mit einer weichen, schmalen Bürste mit dem Strich bürsten; die innen feucht und schmutzig gewordenen Lederstreifen mit einem in Spiritus getauchten Läppchen reinigen.

Jeans
■ Neue Jeans bleichen nicht aus, wenn Sie sie vor dem Waschen etwa eine Stunde lang in kaltes Salzwasser legen (ein Eßlöffel Salz auf zwei Liter Wasser). Waschen Sie die Jeans im Kaltwaschgang, und zwar immer mit der Innenseite nach außen.

■ Ausgebleichte Jeans können Sie farblich auffrischen, wenn Sie sie mit neuen Jeans zusammen waschen, da sie die Farbe, die die neuen Jeans abgeben, aufnehmen.

TEXTILIEN WASCHEN UND PFLEGEN

K

Kaugummireste
Kinder stecken manchmal ihre Kaugummireste einfach in die Tasche. Sie lassen sich dann kaum noch entfernen. Mit einem kleinen Trick geht es meist doch: Das Kleidungsstück in einer Plastiktüte in den Kühlschrank oder kurz in die Gefriertruhe legen. Der hartgewordene Kaugummi klebt nicht mehr und ist dann leicht abzubröckeln.

Kleiderschrankduft
Immer frischen Duft im Kleiderschrank hat man, wenn man frische Zitronen mit Nelken spickt und an einer Schnur im Kleiderschrank befestigt. Die Zitrone fault nicht, sondern schrumpft nur ein. Die gespickte Zitrone wirkt auch prima gegen Fliegen, z. B. in der Küche.

Kleider, zerknitterte
■ Zerknitterte Kleider auf der Reise werden schnell wieder glatt, wenn Sie sie in das Badezimmer hängen, während Sie duschen. Der heiße Dampf dringt in den Stoff ein und läßt ihn wieder glatt werden. Die Kleidungsstücke danach noch einige Zeit hängen lassen.
■ Bei feuchtem Wetter können Sie die Kleider auch an das geöffnete Fenster hängen.

Kleidung, duftende
■ Kleidung, die gebügelt werden muß, duftet angenehm und frisch, wenn Sie etwas Haselnußessenz mit dem Wasser in Ihr Dampfbügeleisen geben.
■ Sie können nach Belieben auch einige Tropfen Ihres Lieblingsparfüms oder eine andere Duftnote wählen.

Der Öko-Tip:
Kleidung, neue
Waschen Sie alle neuen Kleidungsstücke vor dem ersten Tragen, und zwar zuerst kalt, damit sie später nicht einlaufen, und dann so warm wie möglich. Dadurch entfernen oder reduzieren Sie hautschädigende Rückstände. Auch »100% Baumwolle« ist in der Regel mit Formaldehydharzen ausgerüstet. Nicht alle Rückstände auf der Faser kann man riechen.

Knöpfe annähen
Wenn man Knöpfe an Kleidungsstücken, die sehr oft an- und ausge-

zogen werden, mit einem elastischen Faden annäht, verhindert man häufiges Abreißen. Besonders geeignet bei Kinderkleidung!

Knöpfe in Strickkleidern
Die Knöpfe sollten auf der Rückseite einen Gegenknopf bekommen, damit sie nicht so leicht ausreißen und Löcher verursachen.

Kragenfalten
Man verhindert beim Bügeln von Hemd- und Blusenkragen Fältchen, wenn von den Kragenspitzen zur Mitte gebügelt wird.

Kreppsohlen reinigen
Verschmutzte und verklebte Kreppsohlen kann man mit Terpentin abreiben und danach mit Wasser abspülen. So werden sie wieder sauber.

Kunstseide waschen
Kunstseide glänzt nach dem Waschen wieder schön, wenn dem letzten Spülwasser etwas Essig untergemischt wird.

LACKLEDER

Lackleder
■ Lackleder einmal im Monat mit rohem Eiweiß einreiben und dieses einziehen lassen. Anschließend mit einem Spezial-Pflegemittel behandeln.
■ Mattes Lackleder mit dem Inneren einer Bananenschale abreiben und anschließend glänzend polieren.
■ Taschen aus echtem Lackleder sollte man immer in ein weiches Tuch einpacken, damit sie nicht mit anderen Taschen in Berührung kommen und eventuell stumpf werden.
■ Blindes Lackleder wird durch das Einreiben mit einer halben Zwiebel und anschließendes Polieren wieder glänzend.
■ Lackgürtel sollte man zur Aufbewahrung nicht zusammenrollen, da sie sonst Knicke bekommen. Am besten hängt man sie an der Schnalle auf.
■ Lackschuhe, -taschen und -gürtel werden nicht brüchig, wenn man sie ab und zu mit etwas Olivenöl einfettet.

TEXTILIEN WASCHEN UND PFLEGEN

Langhaarpelze
Liegende Haare richten sich im Wasserdampf wieder auf.

Leder, hartes
Glattes Leder, das durch Nässe und zu schnelles Trocknen hart geworden ist, erhält seine Elastizität zurück, wenn Sie es sparsam mit Rizinusöl behandeln.

Lederhandschuhe, enge
Lederhandschuhe, die zu eng geworden sind, können Sie folgendermaßen weiten: Rollen Sie die Handschuhe in ein feuchtes Frotteehandtuch, bis sie ganz durchfeuchtet sind. Danach ziehen Sie die Handschuhe an und tragen sie, bis sie ganz trocken sind. Anschließend mit einem Lederpflegemittel einreiben.

Lederhandschuhe, weiße
Die weißen Lederhandschuhe mit reichlich Mehl einreiben und den Schmutz anschließend mit dem Mehl ausbürsten.

Der Öko-Tip:
Leder pflegen
■ Verzichten Sie auf Anwendung von Lederimprägnierungssprays. Jede Spraydose trägt den Warnhinweis des Bundesgesundheitsamtes: Vorsicht! Gesundheitsschäden durch Einatmen möglich. Allerdings muß Leder vor Schmutz und Feuchtigkeit geschützt werden.
■ Glattleder (auch Nappaleder) schützt man mit natürlichen Wachsen oder Fetten. Fertige Dosencreme oder Waschpasten aus natürlichen Stoffen gibt es in Bioläden.
■ Naß gewordene Glattlederschuhe müssen vor dem Eincremen bei Zimmertemperatur langsam getrocknet werden. Hitze läßt das Leder spröde und rissig werden.
■ Sind die Schuhe nicht zu naß, kann man Spanner hineintun; sehr nasse Schuhe besser mit zerknülltem Zeitungspapier ausstopfen.
■ Um das Oberleder wasserdicht zu machen, sollte man es mehrmals mit Rizinusöl einreiben. Dadurch wird das Leder auch schön geschmeidig.
■ Rauh- oder Wildleder pflegt man am besten, indem man es regelmäßig ausbürstet. Dabei stets in alle Richtungen streichen. Stärker verschmutztes Wildleder kann mit einer leichten, lauwarmen Feinwaschmittellösung gereinigt werden. Danach Schuhe und Handschuhe fest mit Zeitungspapier ausstopfen, die trockenen Schuhe bürsten.
■ Da Wildleder sehr feuchtigkeitsempfindlich ist, sollte man es bei Regen oder Schnee möglichst gar nicht tragen.
■ Alle Leder kann man mit Lederradierern oder noch ungebrauchten weißen Radiergummis auffrischen,

vor allem an speckig gewordenen Stellen.

Ledertaschen polieren
Ältere Ledertaschen ohne Glanz mit der Außenhaut von Orangenschalen einreiben und mit einem weichen Wollappen nachpolieren. Sie sehen wieder wie neu aus.

Leinenschuhe
Weiße Leinenschuhe werden wieder weiß, wenn Sie Schlämmkreide mit ein wenig Milch mischen, dünn mit einem Schwämmchen auf die Leinenschuhe auftragen und danach gut eintrocknen lassen.

Leinentextilien
Achten Sie bei Leinen genau auf die Deklaration!
■ Leinen darf auch als »Flachs« deklariert sein.
■ »Halbleinen« muß zu mindestens 40% aus Leinen bestehen, dabei in der Kette ganz aus Baumwolle und im Schuß aus Leinen.
■ »Leinenoptik« heißt nur, daß ein Gewebe aussieht wie Leinen und nicht, daß es aus Leinen besteht.

M

Maßband
Kleben Sie ein Maßband von 1 Meter Länge auf den vorderen Rand der Nähmaschine, dann haben Sie beim Nähen immer ein praktisches Maß vor sich.

Motten
■ Lavendel vertreibt Motten aus Schränken und Kommoden. Füllen Sie frische Lavendelblüten in kleine Säckchen aus luftdurchlässigem Stoff, und hängen Sie sie in den Schrank.
■ Auch getrocknete Zitronenschalen, Anis oder Myrte helfen gegen Motten.
■ Eine ganze Zitrone, mit ein paar Gewürznelken gespickt, in den Schrank gehängt, vertreibt nicht nur die Motten, sie spendet auch lange frischen Duft. Keine Angst, die Zitrone fault nicht, sie schrumpft nur ein.
■ Kleidungsstücke, die Sie »einmotten« wollen, weil sie jahreszeitlich nicht gebraucht werden, legen Sie gesäubert in einen Kof-

TEXTILIEN WASCHEN UND PFLEGEN

fer; zwischen die Sachen stecken Sie ein Beutelchen voll Steinklee.
■ Wenn sich die Motten schon eingenistet haben: Die gesamte Mottenbrut läßt sich nur dadurch hinreichend beseitigen, daß man die befallenen Textilien aussondert. Sofern sie noch brauchbar sind, läßt man sie reinigen; den Schrank gründlich auswaschen.

Der Öko-Tip:
Mottenschutz
■ Lassen Sie nur saubere Textilien für längere Zeit im Schrank oder in der Kommode. Schmutz und Schweißgeruch ziehen Motten an.
■ Verwenden Sie zum »Einmotten« keine chemischen Hilfsmittel. Schützen Sie Ihre Textilien mit Papierhüllen (z. B. aus unbedrucktem Packpapier, darüber eine Lage Zeitungspapier). Die Larven fressen keine Zellulose. Die Druckerschwärze auf dem Zeitungspapier ist zudem giftig für die Motten. Das Zeitungspapier darf aber nicht direkt mit dem Kleidungsstück in Berührung kommen, es könnte sonst abfärben.
■ Hängen Sie Wollmäntel, Pelzjacken usw. häufiger zum Lüften nach draußen und klopfen Sie sie aus! Die Motteneier sterben bei Bestrahlung mit Sonnenlicht (UV-Strahlen) ab.

N

Nubuk- oder Veloursleder, nasses
Nasses Nubuk- oder Veloursleder muß langsam trocknen (keinesfalls in Heizungsnähe) und nach dem Trocknen mit einer speziellen Bürste oder einem Gummischwamm behandelt werden.

O P

Ölprobe
Die Ölprobe kann man anwenden, um bei Stoffen Leinen und Baumwolle zu unterscheiden. Man gibt einen Tropfen Olivenöl auf ein Probestück Stoff. Leinen wird an dieser Stelle durchsichtig, Baumwolle nicht.

Pelzfutter in Schuhen
Um das Pelzfutter in Schuhen zu reinigen, gibt man Talkumpuder in den Pelz. Der Schuh muß damit einige Stunden stehenbleiben, dann schüttelt und klopft man die Schuhe gut aus, bis der Puder wieder entfernt ist.

Perlmutt
Perlmuttknöpfe und -schnallen, die nachgedunkelt oder matt geworden sind, erhalten ihren alten Glanz wieder, wenn Sie sie in einer Lösung aus Schlämmkreide und kaltem Wasser reinigen.

TEXTILIEN WASCHEN UND PFLEGEN

R S

Regenschirme, nasse
Nasse Regenschirme sollten Sie nur bis zur Hälfte aufspannen, um sie trocknen zu lassen, da beim Trocknen der allzu straff gespannte Stoff leicht rissig wird.

Reißverschlüsse einnähen
Gebrauchte Reißverschlüsse sind an den Seiten oft lappig und lassen sich schlecht einnähen. Wenn man den Reißverschluß mit reichlich Bügelstärke behandelt, läßt er sich leichter einnähen.

Reißverschlüsse, klemmende
■ Klemmende Reißverschlüsse lassen sich meist leicht öffnen und wieder schließen, nachdem man sie an beiden Kanten mit Seife eingerieben hat oder beidseitig mit einem Bleistift hoch- und runtergefahren ist.
■ Beim Waschen sollten Reißverschlüsse immer geschlossen sein, damit man sie nach dem Trocknen leicht auf- und zumachen kann.

Samt
Wenn samtene Kleidungsstücke, Kissen, Decken oder Polster verstaubt sind, tauchen Sie eine Bürste in Salz und bürsten damit leicht über den Samt.

Saumfalten beseitigen
Eine Dauerfalte läßt sich beseitigen, wenn der Stoff gut mit Essig durchtränkt wird. Anschließend die Saumfalte mit warmem Bügeleisen ausbügeln.

Schildpatt
Mit milder Seifenlösung reinigen, mit Öl polieren. Kein heißes Wasser verwenden.

Schmutzige Wäsche
■ Schmutzige Wäsche sollte bis zum nächsten Waschtag nicht in einem geschlossenen Behälter aufbewahrt werden, weil sich sonst leicht Stockflecken bilden können. Achten Sie darauf, daß die Wäsche

SCHUHE

immer etwas Luft hat. Vor allem sollte sie nie feucht in den Wäschebehälter gelegt werden.

▪ Stark verschmutzte weiße Wäsche sollte man nicht direkt in die Waschmaschine geben, sondern erst einweichen. In das Einweichwasser einen Schuß Terpentin geben.

Schneeränder an Wildleder

▪ Zunächst die weißen Ränder mit destilliertem Wasser ausreiben. Wenn sie noch nicht verschwunden sind, mit Sattel- oder Lederseife herauswaschen, dann erst die Schuhe oder Kleidung wie gewohnt pflegen.

▪ Die Schneeflecken nicht mit Creme überdecken, sie kommen wieder zum Vorschein.

▪ Bei Wildleder die Schneeränder mit lauwarmer Feinwaschmittellauge entfernen, mit destilliertem Wasser nachreiben und nach dem Trocknen gut ausbürsten.

▪ Glattlederschuhe schützt man vor Schneerändern, wenn man sie öfter einmal mit Milch einreibt.

Schnürsenkel, ausgefranste

Ausgefranste Enden von Schnürsenkeln taucht man in Nagellack oder flüssiges Kerzenwachs und dreht sie zusammen. So kann man sie wieder mühelos durch die Ösen ziehen.

Schnürsenkel halten länger

Legen Sie die neuen Schnürsenkel vor dem ersten Gebrauch für einige Stunden in essigsaure Tonerde. Die Schnürsenkel halten dann viel länger und fransen nicht aus.

Schuhe, drückende

Wenn neue Schuhe drücken, befeuchtet man sie innen mit einem spiritusgetränkten Lappen und trägt sie anschließend mindestens einen halben Tag.

Schuhe, nasse

Wenn Ihre Schuhe naß geworden sind, stopfen Sie Zeitungspapier hinein. Lassen Sie die Schuhe immer bei Zimmertemperatur trocknen, niemals auf der Heizung, da sonst das Leder spröde, rissig und hart wird und dann bricht. Stellen Sie die Schuhe schräg an eine Wand, so können sie langsam und von allen Seiten gleichmäßig trocknen.

Schuhe putzen

Als preiswerte Alternative zum Putzen von Lederschuhen dient eine halbierte Zwiebel, mit der Sie die Schuhe einreiben. Anschließend mit einem weichen Tuch nachpolieren.

TEXTILIEN WASCHEN UND PFLEGEN

Schuhe, weiße
Schrammen oder angestoßene Stellen auf weißen Schuhen lassen sich mit flüssigem Korrekturlack für Schreibmaschinen ganz leicht ausbessern.

Schuhsohlen aufrauhen
Neue Sohlen sind oft Ursache von Unfällen, weil man darauf leicht ausrutschen und hinfallen kann. Solchen Gefahren kann man wirksam vorbeugen, indem man die Sohlen mit Schmirgelpapier aufrauht.

Schwarzes Tuch waschen
Beim Waschen läuft schwarzes Tuch nicht aus und behält seine dunkle Farbe, wenn man es in lauwarmem Salzwasser wäscht.

Schwitzflecken
Schwitzflecken in der Kleidung verschwinden, wenn man sie vor dem Waschen kurz in Essigwasser taucht und dann normal wäscht.

Seide bügeln
Reine Seide darf nicht zu heiß und nur von links gebügelt werden. Am einfachsten geht das, wenn sie noch leicht feucht ist.

Seide, bedruckte
Bedruckte Seidentücher und Seidenblusen nach dem Waschen zum Trocknen in ein sauberes Tuch wickeln, sonst laufen die Farben aus. Nicht aufhängen.

Seidene Unterwäsche
Seidene Unterwäsche wird wie neu, wenn man sie in einem lauwarmen Sud von Efeublättern wäscht. Nachgespült wird sie am besten in Salzwasser mit einem Schuß Essig.

Seide waschen
■ Waschen Sie Seide mit der Hand oder im Schongang der Waschmaschine mit einem sehr milden Feinwaschmittel höchstens bei 30°C.
■ Zum Ausspülen lauwarmes, dann kaltes Wasser nehmen.
■ Wenn Sie dem letzten Spülwasser etwas Essig zugeben, dann leuchten die Farben wieder intensiv.
■ Einfarbige Seide tropfnaß aufhängen und möglichst glattziehen. Das empfindliche Gewebe nicht in der Sonne trocknen.
■ Bedruckte Seide in sauberen Tüchern eingerollt trocknen.

Silber- und Goldschuhe
Haben Ihre Silber- oder Goldschuhe Kratzer bekommen, so

STRICKKLEIDER

streichen Sie sie mit weißer Zahnpasta ein und wischen sie mit einem weichen Lappen ab.

Spitzen bügeln
Spitzen und andere feine Gewebe nur unter einem dünnen Tuch bügeln, damit das Gewebe nicht durch das Bügeleisen beschädigt wird.

Spitzen trocknen
■ Gewaschene Spitzen wickelt man zum Trocknen über ein Tuch um eine Flasche.
■ Zum Trocknen können Sie die Spitzen auch zwischen zwei trockene Handtücher legen, dabei die Spitzen gut glattstreichen und dann die Handtücher beschweren.

Spitzen waschen
Feine Spitzen können Sie bei 30°C in der Waschmaschine waschen, wenn Sie sie in ausgediente Perlonstrümpfe geben und die Strümpfe oben zuknoten.

Stickereien bügeln
Auf die linke Seite ein mit Essigwasser benetztes Tuch legen und mit nicht zu heißem Bügeleisen so lange bügeln, bis das Tuch trocken ist.

Stiefelspanner
Als Stiefelspanner können auch dicke zusammengerollte Illustrierte dienen, die in den Stiefelschacht gesteckt werden.

Straßenschuhe
Ziehen Sie Ihre Straßenschuhe gleich im Flur aus. Damit verhindern Sie, daß Schmutz in die Wohnung getragen wird.

Strickärmel auswechseln
Die Ellbogen oft getragener Strickpullover werden schnell dünn. So kann man den Pullover dennoch längere Zeit weitertragen: Man näht entweder farblich passende weiche Lederflicken auf (bei eher rustikalen Modellen), oder man schneidet die Ärmel ab und strickt neue Bündchen an, so daß man einen Halbarmpullover hat.

Strickjackenknopflöcher
Knopflöcher in Strickjacken sollte man vor dem Waschen mit großen Stichen zunähen, so weiten sie sich nicht aus, und die Knopfleiste behält ihre Form.

Strickkleider, ausgeweitete
Ausgeweitete Strickkleider werden wieder enger, wenn man sie zuerst in heißes und dann in sehr

TEXTILIEN WASCHEN UND PFLEGEN

kaltes Essigwasser legt. Der Temperaturunterschied bewirkt das Einlaufen der Wolle. Aber Vorsicht, unter Umständen kann die Wolle verfilzen!

Strumpfhosen, alte
Werfen Sie Ihre alten Strumpfhosen nicht fort! Sie lassen sich noch für viele Zwecke weiterverwenden, z. B. als Kissenfüllung oder als Sieb für Ölfarbe.

Taschen kontrollieren
Bevor Sie eine Hose in die Waschmaschine stecken, kontrollieren Sie die Taschen. Besonders bei Kindern finden sich mitunter Dinge, die der Wäsche abträglich sind.

Tennissocken
Nach mehrmaligem Spielen auf dem roten Ascheplatz sehen Tennissocken auch nach der Wäsche leicht rot aus. Sie werden wieder strahlend weiß, wenn Sie dem Waschpulver einige Teelöffel Backpulver hinzufügen.

Textilien richtig einkaufen
■ Kaufen Sie nur Textilien, die ein Etikett mit Rohstoffangabe und Pflegeanleitung aufweisen. Die Rohstoffangabe ist gesetzlich vorgeschrieben und erlaubt Rückschlüsse auf Trageeigenschaften, wie z. B. das Feuchtigkeitsaufnahme- und Wärmeisolationsvermögen. Die Pflegeanleitung ist

TEXTILIEN

notwendig für die richtige und schonende Behandlung des Bekleidungsstücks, z. B. die maximale Waschtemperatur.

■ Neue Textilien ohne Etikett oder ohne Rohstoffangabe auf der Verpackung sollten Sie zurückweisen! Hierbei handelt es sich um einen Verstoß gegen das Textilkennzeichnungsgesetz.

■ Meiden Sie Textilien mit unvollständiger Rohstoffangabe, z. B. »Baumwolle 85 % Mindestgehalt« oder »20 % sonstige Fasern«! Es kann sich dabei um minderwertige Ware handeln, denn wer gute Rohstoffe verwendet, braucht eine Volldeklaration nicht zu fürchten.

■ Waschen Sie auch ungefärbte Textilien aus Wolle oder Baumwolle vor dem ersten Tragen! Dadurch verringern oder entfernen Sie mögliche Chemikalienrückstände.

■ Achten Sie bei wattierten und gefütterten Textilien auf eine entsprechende Deklaration. Wattierung und Hauptfutter müssen laut Textilkennzeichnungsgesetz deklariert sein. Beide haben mehr Einfluß auf die unmittelbaren Trageeigenschaften als der Deckstoff. Ein Seidenblazer, der mit Acetat gefüttert ist, hat z. B. wesentlich schlechtere Trageeigenschaften als einer mit Seiden- oder Baumwollfutter.

■ Beachten Sie bei Seide die Deklaration. Der Begriff »Kunstseide« ist zwar umgangssprachlich geläufig, für die Deklaration von Textilien aber nicht zugelassen.

■ Beachten Sie auch bei Wolle die Deklaration! Nur Schurwolle ist hochwertige Schafwolle. »Wolle« bedeutet, daß – außer einem möglichen Anteil an Schurwolle – vor allem minderwertige Wolle enthalten ist.

■ Achten Sie bei Mischgewebe auf einen hohen Naturfaseranteil. Wenn das Gewebe zu viel Synthetik enthält, setzen sich die negativen Eigenschaften der synthetischen Fasern wie geringe Feuchtigkeitsdurchlässigkeit, elektrostatische Aufladung oder höhere Verschmutzungsanfälligkeit durch.

■ Kaufen Sie möglichst unverpackte Kleidungsstücke. Das reduziert nicht nur die Abfallmengen, sondern erlaubt eine vorherige Anprobe und erspart eventuell einen Umtausch. Außerdem ist bei verpackten Textilien die Deklaration der Rohstoffe auf der Verpackung ausreichend, und die wird in der Regel weggeworfen. Spätestens bei der ersten Wäsche vermißt man dann die Pflegehinweise.

■ Kaufen Sie möglichst nur waschbare Textilien. Die chemische Reinigung ist nicht nur wesentlich teurer als das Waschen, sie belastet die Umwelt auch mehr.

■ Kaufen Sie keine Kleidung, auf deren Etikett gefordert steht, daß man sie getrennt von anderen Tex-

TEXTILIEN WASCHEN UND PFLEGEN

tilien waschen soll, weil die Farbe ausläuft! Sie können sich damit – bei Nichtbeachtung – nicht nur andere Kleidungsstücke verfärben, sondern müssen auch damit rechnen, daß die Farbe nicht schweißecht ist und auf die Haut übergeht. Dies kann gesundheitsschädlich sein, weil Farbstoffe Allergien auslösen können.

■ Kaufen Sie keine Textilien, die unangenehme Gerüche ausströmen. Die menschliche Nase ist ein sehr empfindliches Meßinstrument für viele Chemikalien. Der Geruch kann z. B. von Formaldehyd oder von einem Lösemittel stammen.

Trägerkleider

Trägerkleider rutschen nicht vom Bügel, wenn Sie einen Einmachgummi um jedes Bügelende wickeln oder auf jedes Bügelende ein kleines Stückchen Schaumstoff kleben.

Unterwäsche

■ Bevorzugen Sie für Unterwäsche nur Naturfasern. Sie sind der Haut am ähnlichsten und daher in der Regel besonders hautverträglich (mögliche Ausnahme: Wolle). Sie erfüllen wichtige Aufgaben wie Austausch und Transport von Feuchtigkeit, Wärme und Luft in der Regel besser als synthetische oder halbsynthetische Fasern.

■ Tragen Sie bevorzugt ungefärbte oder weiße Unterwäsche. Sie verhindern damit, daß Farben, die nicht schweißecht sind, über die Haut aufgenommen werden oder beim Waschen ausfärben. Außerdem können bestimmte Farbstoffe Allergien auslösen und stehen teilweise sogar im Verdacht, Krebs erregen zu können.

■ Tragen Sie im Winter warme Unterwäsche aus reiner Wolle oder einer Wolle-Seide-Mischung. Diese Fasern wärmen am besten, nehmen kaum Schmutz und Geruch an, saugen aber die Feuchtigkeit gut auf, ohne sich feucht anzufühlen.

VELOURSLEDER

■ Tragen Sie im Sommer Unterwäsche, Socken und Strümpfe aus Baumwolle. Baumwolle saugt den Schweiß gut auf und kann bei 60°C gewaschen werden, so daß beispielsweise auch Fußpilzerreger abgetötet werden.

Veloursleder pflegen
Veloursleder sollten Sie ab und zu mit einer Kleiderbürste abbürsten, das ist gut für Farbe und Struktur.
■ Auf Fettflecken etwas weiße Kreide streuen. Einziehen lassen und abbürsten. Notfalls wiederholen.
■ Blankgesessene und speckige Stellen: Leder gegen Leder reiben.
■ Handtaschen ab und zu mit dem Staubsauger absaugen.
■ Speckige Stellen kann man mit einem Schaumstoffschwamm wieder aufrauhen.

TEXTILIEN WASCHEN UND PFLEGEN

W

Wachstuch aufbewahren
Wachstuch sollte man nie zusammenlegen, sondern immer nur rollen. Wenn man es zusammenlegt, treten Brüche in der Wachsschicht auf.

Wachstuch reinigen
Das Wachstuch mit mildem Seifenwasser abwaschen, mit klarem Wasser nachspülen und gut abtrocknen. Nie heiße Gegenstände auf ein Wachstuch stellen.

Wäsche bei Frost trocknen
Damit das Gewebe beim Trocknen durch die Kälte nicht angegriffen wird, gibt man etwas Salz ins letzte Spülwasser.

Wäsche, bügelfrische
Bügelfrische Wäsche immer so lange an der Luft liegen lassen, bis sie völlig getrocknet ist; es entstehen sonst Stockflecke.

Wäsche einsprengen
Wenn man zu trockene Wäsche vor dem Bügeln anfeuchten will, eignet sich warmes Wasser zum Einsprengen besser als kaltes. Die Wäsche wird damit schneller und gleichmäßiger feucht.

Wäsche, fusselnde
Wäsche, die fusselt, kann man dennoch in der Waschmaschine mit anderen Wäschestücken zusammen waschen, wenn man sie zuvor in einen Kopfkissenbezug steckt und diesen zuknöpft.

Wäschestärke, selbst gemacht
■ Wäschestärke kann ein Abfallprodukt aus Ihrer Küche sein. Wenn Sie rohe Klöße oder Kartoffelpuffer zubereiten, heben Sie das Wasser, das Sie dabei ausdrücken, in einer Schüssel auf. Sehr schnell wird sich die Kartoffelstärke am Boden absetzen. Schütten Sie das Kartoffelwasser vorsichtig ab, und verdünnen Sie die Stärke mit klarem Wasser. Nehmen Sie diese Mischung als letztes Spülwasser für Ihre Wäsche.
■ Reisstärke: Kochen Sie Ihren Reis in genügend Wasser. Gießen Sie dann das Reiswasser durch ein Sieb in einen Topf, und geben Sie es zum letzten Spülwasser.

WASCHMASCHINE

Der Öko-Tip:
Wäschetrockner

▪ Verzichten Sie nach Möglichkeit auf einen Wäschetrockner (Tumbler). Diese Geräte benötigen nur unnötig Energie. Sonne und Wind sind kostenlos und umweltschonend. Außerdem läuft Wäsche, die im Tumbler getrocknet wird, schneller ein.

▪ Falls Sie nicht auf einen Wäschetrockner verzichten können (oder wollen): Bevorzugen Sie Ablufttrockner mit einem Abzug ins Freie gegenüber Kondensationstrocknern, denn die Kondensationstrockner verbrauchen vergleichsweise mehr Energie.

▪ Füllen Sie nur geschleuderte, niemals tropfnasse Wäsche in den Trockner, denn Schleudern benötigt wesentlich weniger Energie als Trocknen.

▪ Stellen Sie den Trockner nur voll beladen (nach Vorschrift) ein! Ähnlich wie bei Waschmaschinen verbrauchen die »Spargänge« vergleichsweise mehr Energie pro Kilogramm Wäsche.

▪ Bevor Sie die Wäsche zum Trocknen in den Trockner geben, sortieren Sie sie nach der Beschaffenheit der Stoffe, so daß Sie nicht dünne Textilien zusammen mit dicken trocknen. Die dünnen würden zu lange trocknen und möglicherweise einlaufen. Geben Sie nie zuviel Wäsche auf einmal in den Trockner, damit sie locker und glatt wird.

Wäscheverschmutzung, starke

Behandeln Sie stärker verschmutzte Kleidung vor. Ein stärker verschmutztes Kleidungsstück sollten Sie einweichen, einzelne Flecken an den entsprechenden Stellen separat vorbehandeln (z. B. mit Gallseife). Dann brauchen Sie nicht gleich die Waschmitteldosierung für die gesamte Waschmaschinenladung zu erhöhen.

Wäsche vorsortieren

▪ Sortieren Sie die Wäsche nach Verschmutzungsgrad vor. Wegen eines stark verschmutzten Kleidungsstücks braucht nicht gleich die Dosierung für die gesamte Waschmaschinenfüllung erhöht zu werden. Das belastet das Abwasser unnötig.

▪ Waschen Sie helle und dunkle Wäsche getrennt. Helle Wäsche vergraut und verfärbt nicht so leicht, wenn Sie diesen Rat befolgen. Gerade dunkelfarbige Teile geben immer wieder noch etwas Farbe ab, die dann auch die hellen Teile verfärbt.

Der Öko-Tip:
Waschmaschine

▪ Denken Sie schon beim Kauf einer Waschmaschine an den Umweltschutz. Vergleichen Sie nicht nur die Preise, sondern auch den Energie- und Wasserverbrauch für die einzel-

TEXTILIEN WASCHEN UND PFLEGEN

nen Waschgänge, die gute Reparierbarkeit der Maschine und die Lebensdauer. Diese Daten finden Sie z. B. in den test-Heften der Stiftung Warentest. Das österreichische Gegenstück ist die Zeitschrift »Konsument«.

▪ Wenn Sie über Fernwärme Heizenergie und warmes Wasser beziehen, dann sollten Sie, wenn möglich, Ihre Waschmaschine an den Warmwasseranschluß anschließen. Das Fernwärmenetz stellt warmes Wasser unter weniger Energieverbrauch und Umweltbelastung her, als wenn Sie es in der Maschine elektrisch erwärmen. Vor allem Waschmaschinen neueren Baujahrs haben schon die Möglichkeit zum Warmwasseranschluß.

▪ Schließen Sie Ihre Waschmaschine über eine Zeitschaltuhr ans elektrische Netz an. Zum einen können Sie dadurch die Waschmaschine zu den Zeiten laufen lassen, zu denen der Strom- und Wasserverbrauch im Versorgungsnetz am niedrigsten ist: Sie vermeiden dadurch zusätzliche Bedarfsspitzen. Zum anderen können Sie das Waschprogramm der Maschine z. B. vor dem ersten Spülgang für einige Zeit unterbrechen. In dieser Zeit wird die Wäsche kostengünstig eingeweicht.

▪ Waschen Sie nur voll beladene Maschinen. Sie sparen bei einer halbvollen Maschine im Sparprogramm nur 15 % Strom und 20 % Wasser – bezogen auf eine volle Maschine im Normalprogramm –, haben aber nur halb so viele Kleidungsstücke gewaschen. Für eine vergleichbare Waschleistung brauchen Sie also 170 % Strom und 160 % Wasser.

▪ Verzichten Sie auf die Vorwäsche; sie kostet nur unnötig Energie, Wasser und Waschmittel. Textilien sind heute zumeist nur gering verschmutzt und werden auch mit nur einem Waschgang sauber. Bei stärkerer Verschmutzung sollten Sie das Kleidungsstück vor der Wäsche einweichen und die Flecken separat vorbehandeln.

▪ Verzichten Sie auf die Kochwäsche. Temperaturen von 60°C reichen durchaus aus, um die üblicherweise in der Wäsche befindlichen Keime abzutöten. Spätestens beim Trocknen oder beim Zusammenlegen, wenn Sie die Wäsche mit der Hand berühren, sind wieder Keime auf dem Kleidungsstück. Kochwäsche ist oder kann erforderlich sein, wenn der Träger der Wäsche eine ansteckende Krankheit hat. Hier sollten Sie den Arzt entscheiden lassen, ob Kochwäsche nötig ist.

▪ Verzichten Sie auf Weichspüler. Mit Weichspüler imprägnierte Textilien saugen die Feuchtigkeit nicht so gut auf wie unbehandelte Fasern. Die Trockenstarre vermeiden Sie, wenn Sie die Wäsche im Freien auf der Leine trocknen.

Die Einführung von wiederbefüllbaren Plastikflaschen verringert

WASCHMITTEL

zwar das Abfallaufkommen aus diesem Sektor, ändert aber nichts an der Tatsache, daß Weichspüler im Grunde genommen völlig überflüssig sind!

Der Öko-Tip:
Waschmittel

■ Dosieren Sie Waschmittel sparsam. In der Regel sind die Dosierungsangaben auf der Waschmittelpackung so ausgelegt, daß auch stärker verschmutzte Wäsche sauber wird. Sie können die angegebene Dosierung meist um ein Viertel bis ein Drittel unterschreiten. Zu wenig Waschmittel schadet der Wäsche allerdings auch, weil sich dann der Schmutz, vor allem Fettschmutz, im Gewebe wieder ablagert.

■ Verwenden Sie bevorzugt Waschmittelpulver statt Flüssigwaschmittel. Die Flüssigwaschmittel führen zu einer höheren Abwasserbelastung. Außerdem neigt man bei flüssigen Produkten leichter zum Überdosieren, und ihre Einbeziehung ins Baukastensystem ist auch nicht ohne weiteres möglich.

■ Bevorzugen Sie Superkonzentrate gegenüber normalen Pulverprodukten. Waschmittel, die auf Stellmittel (Salze, die das Pulver rieselfähig machen) verzichten, belasten die Abwässer wesentlich weniger mit Salzen als normale Pulver. Noch besser als Superkonzentrate ist aber das Baukastensystem.

■ Verwenden Sie nur Waschmittel ohne optische Aufheller. Nur ein geringer Teil der mit dem Waschmittel eingesetzten Aufheller gelangt auf die Faser, der größere Teil geht ungenutzt ins Abwasser. Auch Ihrer Haut zuliebe sollten Sie darauf verzichten. Die meisten Feinwaschmittel und die Baukastensysteme enthalten keine optischen Aufheller.

■ Verwenden Sie nur phosphatfreie Produkte. Phosphat ist der problematischste Bestandteil eines Waschmittels. Auch wenn Sie an eine Kläranlage angeschlossen sind, die über eine Phosphatfällungsanlage verfügt, sollten Sie phosphatfrei waschen. Die Phosphatentfernung hat einen maximalen Wirkungsgrad von 90 % im Dauerbetrieb. Je mehr Phosphat im Abwasser enthalten ist, desto mehr gelangt dann auch in Flüsse und Seen. Außerdem fällt bei der Phosphatfällung u. a. Eisenschlamm an, der zumeist nicht wiederverwertet, sondern auf Deponien abgelagert wird.

■ Verwenden Sie ein Baukastenwaschmittel. Das Waschmittel dosieren Sie immer so, wie es für Härtebereich 1 angegeben ist. Den Enthärter dosieren Sie nach der Härte Ihres Wassers. Das Bleichmittel geben Sie nur im Bedarfsfall zu, z. B. wenn Sie Weißwäsche bleichen wollen. Echte Baukastensysteme bieten verschiedene Bioläden und Supermärkte an. Falls Sie keinen Bauka-

TEXTILIEN WASCHEN UND PFLEGEN

sten finden, können Sie sich folgendermaßen behelfen: Sie nehmen ein phosphatfreies Feinwaschmittel, einen handelsüblichen Enthärter und als Bleichmittel ein handelsübliches Fleckensalz. Da das Feinwaschmittel bereits einen Enthärter enthält, den Enthärter in geringerer Menge als angegeben dosieren.

■ Waschpasten in Tuben, die besonders gern auf Reisen mitgenommen werden, enthalten große Mengen Tenside. Sie sollten nur in Ausnahmefällen, wenn überhaupt, benutzt werden.

■ Beachten Sie die Inhaltsangabe auf Waschmittelpackungen. Wenn Sie ein phosphatfreies Waschmittel oder ein Waschmittel ohne optische Aufheller suchen, schauen Sie auf die Deklaration. Dort sind die wesentlichen Inhaltsstoffe aufgeführt.

■ Viele Hersteller fügen den Waschmittelverpackungen Plastikkugeln bei, die mit Öffnungen versehen sind, oder Säckchen, die über ein Plastikgestell gespannt sind. Die Kugel oder das Säckchen wird mit dem Waschmittel gefüllt und dann genau in die Mitte der Wäsche plaziert. Dadurch sollen Einspülverluste beim Waschmittel vermieden werden. (Da diese Kunststoffprodukte mit jeder Packung geliefert werden, stapeln sie sich und landen irgendwann doch auf dem Müll.) Die Waschmaschinen neueren Typs sind inzwischen so konstruiert, daß keine Einspülverluste mehr auftreten. Besitzer von älteren Modellen können für pulverförmige Waschmittel zur Selbsthilfe schreiten: Nähen Sie sich aus ungefärbtem Leinen oder Baumwolle ein verschließbares Säckchen, in das Sie das Pulver füllen. Dieses Säckchen können Sie immer wieder verwenden.

■ Fragen Sie bei Ihrem örtlichen Wasserwerk nach der Wasserhärte in Ihrem Bezirk. Nur wenn Sie die Wasserhärte wissen, können Sie das Waschmittel bzw. den Enthärter richtig dosieren.

WC-Umrandungen
Verzichten Sie auf eine WC-Umrandung oder waschen Sie sie sehr oft, denn Urinspritzer führen dort schnell zur Geruchsentwicklung.

Weiße Wäsche
Wäsche wird blendend weiß und von Flecken befreit, wenn Sie eine ungespritzte Zitrone mit der Schale schneiden und in einem zugehefteten Waschhandschuh in die Waschmaschine geben.

Wildleder
■ Wildlederschuhe, -handschuhe und -taschen lassen sich mit einer leichten, lauwarmen Feinwaschmittellösung reinigen.

■ Das Leder wird nicht steif, wenn Sie dem letzten Spülwasser

WOLLSTRÜMPFE

etwas Terpentin zufügen. Danach mit Zeitungspapier fest ausstopfen und trocknen lassen. Anschließend wird das Leder mit einer feinen Wildlederbürste aufgerauht.

Wolldecken reinigen
Die Decke öfters ausklopfen, ausbürsten und lüften. Bei starker Verschmutzung wie Wolle waschen.

Wolldecken trocknen
Gewaschene Wolldecken verziehen sich beim Trocknen nicht, wenn man sie im Dreieck über die Wäscheleine hängt.

Wolle
■ Um besonders feine Wollarten schonend zu waschen, eignen sich milde Haarshampoos besonders gut.
■ Wichtig ist, daß das Wasser auf keinen Fall warm ist und man außerdem nur kleine Mengen Waschmittel nimmt.
■ Das Spülwasser muß kälter als das Waschwasser sein.
■ Die Stricksachen werden am besten in einem Frotteetuch, das man mehrmals wechseln sollte, ausgedrückt und dann im Liegen getrocknet.

Wolle, aufgeribbelte
■ Aufgeribbelte Wolle wird wieder glatt, wenn Sie sie stramm auf ein Brett wickeln, gut anfeuchten und trocknen lassen.
■ Eine weitere Möglichkeit: Wickeln Sie die Wolle um eine Flasche, und füllen Sie die Flasche mit heißem Wasser. Am nächsten Tag ist die Wolle glatt.

Wolle nicht bei Frost trocknen
Wollkleidung sollte nicht bei Frost im Freien getrocknet werden, weil die Kälte die Fasern angreift.

Wollpullover, kratzige
Wenn Pullover trotz Weichspüler kratzen, läßt man sie nach dem Waschen einige Minuten in einer Haarspülung liegen. Dann gründlich spülen.

Wollstrümpfe
Vor dem ersten Tragen legt man ein nasses Tuch auf die Strümpfe und bügelt das Tuch mit dem Bügeleisen auf niedriger Stufe trocken. Mit dieser Behandlung kann man verhindern, daß die Strümpfe später einlaufen und fusseln.

Essen und Trinken

Machen Sie mit beim gesunden Essen und Trinken: Zwischen A wie Äpfel und Z wie Zwiebeln finden Sie in diesem Kapitel über 555 sinnvolle und nahrhafte Tips und kulinarische Tricks.

Wußten Sie, daß eine normale Kindermurmel das Anbrennen verhindert? Oder warum die prächtig violettglänzende Aubergine immer erst mit Salz und Zitronensaft zum Weinen gebracht werden muß?

Auf den folgenden Seiten finden Sie darüber hinaus die besten Tips für den saftigen Sonntagsbraten. Wir sagen Ihnen, wie Ihre Saucen noch besser schmecken. Wir verraten Ihnen die wichtigsten Regeln, die beim Einfrieren und Auftauen beachtet werden müssen. Sie erfahren Wissenswertes übers sommerliche Grillen, über das Grünkohlkochen, über Handelsklassen, Heringe, aber auch über Salmonellen.

Besonders junge Eltern sollten die Hinweise für die Säuglings- und Kinderernährung lesen, damit's ein Prachtkind wird.

Wir empfehlen Ihnen für den richtigen Eiergenuß einen goldenen Löffel; er darf auch aus Kunststoff sein – nur bitte keinen geschmacksruinierenden Silberlöffel benutzen. Und natürlich geben wir auch Tips, wie Sie beim Kochen Wasser sparen können, wie Sie Ihr Mikrowellengerät am besten und sinnvollsten einsetzen und vieles mehr.

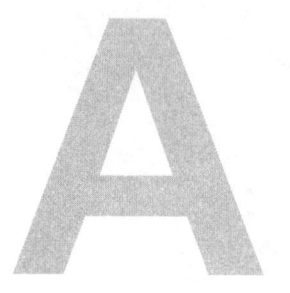

ESSEN UND TRINKEN

Äpfel
Wenn Sie Äpfel lagern wollen, so legen Sie sie in einen kühlen trockenen Keller auf ein Regal; wichtig dabei ist, daß sich die Äpfel nicht berühren.

Apfelkuchen
Apfelkuchen schmeckt besser, wenn man die Apfelstücke mit Zitrone beträufelt.

■ Damit die Apfelscheiben auf dem Hefeteig nicht braun werden, sollte man einen Bogen Pergamentpapier darüberlegen.

■ Gebackenen Apfelkuchen mit erwärmtem Apfel- oder Quittengelee bestreichen, so schmeckt's besonders fruchtig.

Äpfel, verschrumpelte
Verschrumpelte und unansehnlich gewordene Äpfel werden wieder schön glatt und lassen sich auch wieder gut schälen, wenn man sie für kurze Zeit in heißes Wasser legt.

Ananas
■ Ananas sollten Sie kühl lagern und möglichst schnell verbrauchen, denn sie faulen nach dem Anschnitt von innen heraus.

■ Da Ananas nur wenig Kalorien enthalten (100 g Fruchtfleisch = 57 Kalorien) und entgiftend auf den Darm und die Nieren wirken, eignen sie sich hervorragend für eine gesunde Diät.

Ananas und Gelatine
■ Rohe Ananas (auch Kiwis) und Gelatine vertragen sich nicht. Wenn Sie Ananas mit Gelatine binden wollen, muß die Ananas vorher kurz gedünstet werden.

■ Oder Sie können statt Gelatine Agar-Agar verwenden.

Ananastorte
Den Geschmack Ihrer Ananastorte können Sie verbessern, indem Sie dem Ananassaft beim Eindicken etwas Zitronensaft hinzufügen. Der Saft der Zitrone verstärkt dann das typische Ananasaroma.

Ananas zerteilen
Die Ananas von den Blättern befreien und dabei am Kopfende auch die Schale entfernen. Die Schale des unteren Teiles ebenfalls abschneiden. Nun kann man die Ananas auf einen Teller stellen.

AUFLAUF

Mit einem scharfen Küchenmesser streifenweise von oben nach unten rundherum die Schale abschneiden. Die Frucht in Viertel zerlegen und aus jedem Viertel das Herzsegment heraustrennen.

Anbrennen vermeiden
Speisen brennen nicht an, wenn man in den Topf eine gewöhnliche Glasmurmel legt, die man vor dem Anrichten wieder herausnimmt.

Angebranntes
Das Essen aus dem Topf nehmen (dabei nicht den angebrannten Bodensatz abkratzen), in einen sauberen Topf umfüllen und mit einer geschälten Zwiebel fertiggaren.

Angebranntes in Aluminiumtöpfen
■ Man füllt den Topf mit dem angebrannten Bodensatz mit Wasser und gibt reichlich Natriumhydrogencarbonat(»Bullrich-Salz«) hinein. Hat der Topf über Nacht gestanden, ist er leicht zu säubern. Eventuell wiederholen.
■ Angebranntes in Aluminiumtöpfen löst sich beim Auskochen mit einer Zwiebel.

Apfelsinen
Apfelsinen, die sich schwer schälen lassen, legt man für kurze Zeit in heißes Wasser – die Schale läßt sich danach mühelos lösen.

Artischocken
Artischocken werden immer nur frisch verarbeitet; dem Kochwasser gibt man den Saft einer Zitrone oder etwas Essig bei. Nach dem Kochen die Artischocken auf den Kopf stellen und so auskühlen lassen, damit der letzte Rest Kochwasser auslaufen kann.

Auberginen
Auberginen schmecken bitter. Deshalb müssen die Scheiben mit Zitronensaft beträufelt und mit Salz bestreut werden. Nach etwa 30 Minuten werden die Scheiben zwischen Küchentüchern ausgedrückt, paniert oder unpaniert in Fett gebraten oder anderweitig weiterverarbeitet. Außerdem saugen sie nach dieser Behandlung nicht soviel Fett auf. Trotzdem sollten in Fett gebratene Auberginenscheiben zwischen Küchenpapier leicht ausgedrückt werden.

Aspik siehe unter dem Stichwort Gelee in diesem Kapitel

Auflauf
■ Aufläufe sollten während des Backens nicht gestört werden. Die

ESSEN UND TRINKEN

Tür des Backofens ist unbedingt geschlossen zu halten.

■ Um eine leckere Kruste zu erhalten, streut man entweder eine Mischung (zu gleichen Teilen) aus Semmelbröseln, Zucker und Mandelsplittern (süß) oder aus Semmelbröseln, Emmentaler Käse und Parmesankäse (pikant) vor dem Backen über den Auflauf.

■ Der Auflauf läßt sich mühelos aus der Form stürzen, wenn man sie vor dem Einfüllen des Teiges erwärmt hat.

Auftauen siehe unter dem Stichwort Einfrieren und Auftauen

Avocados, unreife

■ Unreife Avocados reifen schneller, wenn man sie in eine Schüssel mit Mehl legt.

■ Oder wenn Sie sie in eine braune Tüte packen und an einem warmen Ort liegen lassen.

Babyfläschchen
In vielen Rezepten werden Flüssigkeitsmengen in Millilitern (ml) und Kubikzentimetern (cm^3) angegeben. Auf Babyfläschchen sind diese Maße genau gekennzeichnet; so kann man leicht die Flüssigkeitsmenge für eine Portion abmessen.

Backobst
Backobst wird erst nach dem Kochen gesüßt, da es sonst nicht richtig weich wird.

Backofentemperatur
Die Ofentemperatur – vor allem älterer Geräte – stimmt häufig mit den Angaben auf dem Schalter nicht mehr überein. Legen Sie ein Stück Zeitungspapier auf den Rost der mittleren Schiene, und prüfen Sie nach etwa zehn Minuten die Papierfärbung: hellgelb = leichte Hitze; dunkelgelb bis hellbraun = Mittelhitze; dunkelbraun = starke bis sehr starke Hitze. Die durch

diesen Test gefundenen Werte werden als neue Schalterstellwerte am Herd markiert.

Backpflaumen
Das Aroma von Backpflaumen wird erheblich intensiver, wenn man die Früchte in schwarzem Tee einweicht.

Backpulver, fehlendes
Wenn man bereits einen Rührkuchen angefangen hat und feststellen muß, daß man kein Backpulver im Haus hat, gibt man einfach drei bis vier Eßlöffel Rum in den Teig. Alkohol treibt den Teig fast so gut wie Backpulver.

Bananen aufbewahren
Bananen sollte man nicht im Gemüsefach des Kühlschranks aufbewahren, weil sie dort schnell braun werden.

Biskuittorte
■ Um das Durchweichen von Tortenböden aus Biskuit zu vermeiden, bestreicht man sie vor dem Belegen mit Konfitüre, die zum Belag passen sollte, oder mit etwas geschlagenem Eiweiß.
■ Man kann auch ein Päckchen Sahnesteifpulver auf dem Tortenboden verteilen.

■ Den Rand der Springform beim Backen von Biskuittorten darf man niemals einfetten, da sich die Torte andernfalls in der Mitte wölbt.

Blätterteig
■ Blätterteig geht nur gut auf, wenn Sie das Backblech nicht einfetten, sondern mit kaltem Wasser abspülen. Das verdampfende Wasser wirkt wie ein Treibmittel.
■ Wird der Blätterteig vor dem Backen mit Eigelb bestrichen, achten Sie darauf, daß nichts davon an den Rändern hinunterläuft. Das Eigelb verklebt die Ränder, und der Teig kann nicht mehr so gut und locker aufgehen.

Blockschokolade raspeln
Blockschokolade läßt sich gut mit einem Kartoffelschälmesser raspeln.

Blumenkohl
■ Blumenkohl bleibt beim Kochen schön weiß, wenn man etwas Milch ins Kochwasser gibt.
■ Wenn Sie noch eine rohe Kartoffel mitkochen, verhindern Sie auch den Kohlgeruch.
■ Blumenkohl wird besonders zart, wenn man ihn in Mineralwasser kocht. Um die weiße Farbe zu erhalten, gibt man eine Prise Zucker in das Kochwasser.

ESSEN UND TRINKEN

Bohnen

■ Dicke Bohnen darf man niemals kalt aufsetzen, sondern sollte sie immer in kochendes Salzwasser geben.

■ Damit grüne Bohnen während des Kochens ihr frisches Grün nicht verlieren, werden sie im offenen Topf, ohne Deckel, gekocht.

Bouillon, klare

Klare Bouillon erzielt man, wenn man das Fleisch langsam, aber stetig kocht. Zu schnell und zu heiß gekocht, wird die Bouillon trübe.

Bowle kühlen

Mit einem kleinen Trick kann man auch im Sommer die Bowle kühl halten: Man füllt in einen Plastikbeutel mehrere Eiswürfel und befestigt diesen am Gefäßrand (zum Beispiel mit einer Wäscheklammer). Die Eiswürfel halten die Bowle kühl, ohne sie zu verwässern.

Bratäpfel

Damit die Bratäpfel schön glatt bleiben, bestreicht man sie vor dem Braten mit Butter oder Öl.

Braten

■ Anbraten: Das Fett (Butterschmalz, Öl, Plattenfett) in einem Bräter stark erhitzen und das Fleisch darin rundherum kräftig anbraten, ohne daß das Fleisch verbrennt und schwarz wird. Nach etwa 10 bis 15 Minuten wird die Hitze je nach Bratengröße reduziert.

■ Dunkles Fleisch verträgt mehr Hitze als helles Fleisch. Dunkles Fleisch bei etwa 250 Grad anbraten und bei 220 Grad fertigbraten.

■ Helles Fleisch bei 220 Grad anbraten und bei 180 Grad fertigbraten.

■ Wenn Sie Fleisch (Putenbrust, Kalbsbrust, Schweinebraten) füllen wollen, lassen Sie die Tasche am besten vom Metzger ins Fleisch schneiden.

■ Es ist ratsam, beim Schmoren nur erhitzte Flüssigkeit zum Braten zu geben, damit der Garprozeß durch kalte Flüssigkeiten nicht gestoppt wird. Beim Schmoren nur so viel Flüssigkeit auf einmal zugießen, daß der Braten höchstens bis zu einem Viertel in der Schmorflüssigkeit liegt. Besser ist es, öfter nachzugießen.

■ Je größer der Braten ist, desto niedriger muß die Brattemperatur sein.

■ Alle Braten nach 20 bis 30 Minuten wenden.

■ Jeden Braten alle 15 bis 20 Minuten mit Bratensaft oder flüssigem Fett begießen oder bestreichen.

BRATENSAUCEN

■ Wenn der Braten zu hell ist, einige Minuten unter den heißen Grill legen.
■ Wenn der Braten zäh ist, mit etwas Alkohol übergießen und weitere 10 bis 15 Minuten erhitzen.
■ Wenn der Braten nicht ganz durchgebraten ist, schneiden Sie ihn in Scheiben und garen das Fleisch in der heißen Sauce.
■ Der Braten ist gar, wenn man mit einem Löffel o. ä. auf das Fleisch drückt und es nicht nachgibt.
■ Den Braten vor dem Anschneiden am besten in Alufolie wickeln und 10 bis 15 Minuten im Backofen warm stellen. So verteilt sich der Fleischsaft besser und läuft beim Anschneiden nicht aus.
■ Fleisch schneidet man immer quer zur Faserrichtung auf.

Braten, angebrannter
Angebrannten Braten können Sie noch retten. Schneiden Sie die schwarzen Stellen ab, und geben Sie das Fleisch mit der Sauce und einer Prise Natron in einen frischen Topf. Nun können Sie den Braten zu Ende garen.

Bratengeruch
Beim Braten im Ofen entsteht oft Rauch. Man kann dies verhindern, indem man eine flache Schüssel mit Wasser unten in den Ofen stellt, bevor die Bratpfanne eingeschoben wird.

Braten, gespickter
Wenn man das gespaltene Ende einer Spicknadel vor dem Einlegen des Speckstreifens in heißes Wasser taucht, reißt der Speckstreifen beim Durchziehen nicht so leicht.

Bratensaucen
■ Bratensaucen werden durch Zugabe einer Apfelscheibe oder eines ganzen Apfels – das richtet sich nach der Menge – noch schmackhafter.
■ Eine andere Methode der Verfeinerung ist die Zugabe von etwas in einer Pfanne gebräuntem Zucker, der mit etwas Apfelsaft abgelöscht wurde. Diese Mischung gibt man an die fast fertige Sauce.
■ Eine aromatische Sauce erhält ihren Geschmack durch das Anbraten des Fleisches in Fett. Der dunkle Bratensaft wird nach Beendigung des Bratens mit etwas Flüssigkeit vom Topfboden gelöst. Sie erhalten eine besonders feine Sauce, wenn Sie den Bratensaft in einem Topf auf dem Herd auf großer Flamme so lange reduzieren (einkochen), bis die Sauce kräftig und intensiv schmeckt.
■ Verfeinern können Sie diesen Extrakt mit Butter, Sahne, Madeira, Sherry, Portwein, Cognac, her-

ESSEN UND TRINKEN

ben Likören, aber auch mit Senf, Meerrettich, Sojasauce oder herber Marmelade (Hagebutte, Preiselbeere, Himbeere, Johannisbeere, Orange, Zitrone oder Ingwer).

Braten würzen
Jedes Fleisch sollte man erst kurz vor dem Zubereiten salzen. (Kurzgebratenes, Leber und Nieren erst nach dem Anbraten salzen.) Das Fleisch kann jedoch schon einige Stunden vorher mit salzfreien Gewürzen (Kräutern) eingerieben werden.

Bratkartoffeln
■ Damit Bratkartoffeln schön knusprig und braun werden, sollten Sie nur Pellkartoffeln vom Vortag verwenden.
■ Sehr gut schmecken Bratkartoffeln, wenn Sie zum Braten das Fett mischen, und zwar eine Hälfte Öl und eine Hälfte Margarine oder eine Hälfte Butter und eine Hälfte Schmalz.
■ Kartoffeln nicht zu klein schneiden und dünn mit Mehl bestäuben.

Bratwurst
Würste zum Braten schrumpfen nicht und platzen weniger leicht, wenn man sie vor dem Braten etwa 10 Minuten in heißem, aber nicht kochendem Wasser ziehen läßt. Vor dem Braten die Würste gut abtrocknen.

Brokkoli
Damit Stiele und Blütenknospen nach dem Kochen denselben »Biß« aufweisen, sollten Sie die Brokkoli senkrecht wie einen Blumenstrauß in den Topf geben.

Brötchen aufbacken
Beim Aufbacken von Brötchen passiert es manchmal, daß sie am Blech festbacken. Wenn man das heiße Blech auf ein nasses Tuch stellt, lassen sich die Brötchen mühelos ablösen.

Brot frisch halten
■ Brot muß atmen können, deshalb sollte es unverpackt in sauberen Brotbehältern aufbewahrt werden.
■ Es bleibt länger frisch, wenn Sie es in einem Stein- oder Tontopf aufbewahren und wenn Sie einen Apfel in den Brotkasten legen. Den Apfel des öfteren auswechseln.
■ Damit Ihr Römertopf – wenn Sie ihn nur gelegentlich benutzen – nicht nutzlos im Schrank steht, können Sie ihn zur Lagerung von angeschnittenem Brot verwenden. Das Brot trocknet nicht aus und bleibt frisch.

BUTTER

Brot, hartes
Wenn bei Ihnen ein Stück Brot einmal hart und trocken geworden ist, dann müssen Sie es nicht wegwerfen. Umwickeln Sie es mit einem feuchten Tuch, und geben Sie es nach kurzer Zeit für eine halbe Stunde in den Backofen. Es wird wieder weich und frisch.

Brot und Brötchen auftauen
Legen Sie das Brot oder die Brötchen in einer Papiertüte sechs Minuten in den auf 160 Grad vorgeheizten Backofen, und es schmeckt wie frisch gebacken. Dieser Tip ist nur für Elektrobacköfen geeignet.

Butter frisch halten
Butter bleibt wochenlang frisch, wenn man sie in gekochtes und abgekühltes Salzwasser legt. Die Butter muß mit dem Salzwasser völlig bedeckt sein.

Buttercreme
Um Buttercreme schnittfest zu machen, rühren Sie etwas geschmolzenes Pflanzenfett unter die Creme.

Buttercreme, geronnene
Ist Ihnen die Buttercreme geronnen, stellen Sie die Schüssel mit der Creme auf einen Topf mit kochendem Wasser und schlagen die Creme mit einem Handrührgerät kräftig auf.

Butter, schaumige
Butter läßt sich besser schaumig rühren, wenn sie nicht zu kalt ist. Zusätzlich etwas Mehl über die Butter stäuben.

ESSEN UND TRINKEN

C

Canapés
Die auf kleinen Brotscheiben angerichteten Appetithäppchen trocknen nicht aus, wenn Sie ein Tablett mit einem leicht angefeuchteten Küchentuch auslegen, die Canapés daraufsetzen und kalt stellen. Kurz bevor der Besuch kommt, richten Sie die Canapés dann auf einer Servierplatte an.

Champignons
Eine Braunfärbung von Champignons läßt sich verhindern, wenn Sie die geputzten Pilze sofort nach dem Kleinschneiden mit Zitronenwasser (1 Teil Wasser, 1 Teil Zitrone) übergießen.

Chicorée
Man nimmt Chicorée seinen bitteren Geschmack, wenn man an der Chicoréestaude zuerst einen Kegel an der unteren Schnittfläche herausschneidet und sie dann für einige Zeit in mit einem Schuß Milch versetztes Wasser legt.

Chinakohl
Chinakohl bekommt einen ganz besonderen »Biß«, wenn man ihn vor dem Anrichten für eine halbe Stunde im Kühlschrank ruhen läßt.

Chips, Cornflakes oder Cracker
■ Weiche Kartoffelchips werden wieder knusprig, wenn Sie sie auf einem Backblech ausbreiten und einige Minuten unter dem vorgeheizten Grill aufbacken.
■ Auch Cornflakes und Cracker werden wieder knackig, wenn man sie im Backofen auf einem Backblech ausgebreitet einige Minuten erhitzt.
■ Das gleiche gilt übrigens auch für Salzstangen oder weich gewordenes Käsegebäck.

D

Dampfnudeln
Nach dem Kochen muß man Dampfnudeln sofort mit zwei Gabeln aufreißen, damit der Dampf entweichen kann.

Dessert
Damit ein Obstsalat als Dessert schön frisch bleibt und nicht zusammenfällt, servieren Sie ihn in einer Schüssel, die in einer anderen, mit Eiswürfeln gefüllten Schüssel steht.

Dickmilch
▪ Dickmilch können Sie sehr leicht selbst herstellen: Lassen Sie Rohmilch, in der genügend Milchsäurebakterien vorhanden sind, ein bis zwei Tage bei Zimmertemperatur stehen.
▪ Wenn Sie auf 1 Liter Milch 1 Eßlöffel Buttermilch oder ein paar Tropfen Zitronensaft hinzufügen, wird Dickmilch schneller fest.

Dörrobst siehe unter dem Stichwort Backobst in diesem Kapitel

Der Öko-Tip:
Dosenmilch
Verwenden Sie keine Dosenmilch. Sie ist zu fett, nimmt den Dosengeschmack schnell an und kann, je nach Dosenauskleidung, auch erhöhte Schwermetallgehalte aufweisen.

Dosenwurst
Um einen festen Doseninhalt (z. B. Wurst) in einem Stück aus der Dose herausheben zu können, schneidet man einfach nicht nur den Deckel, sondern auch den Boden ab. Der Inhalt läßt sich dann leicht herausheben und anrichten.

ESSEN UND TRINKEN

Eier schälen
■ Hartgekochte Eier lassen sich leichter schälen, wenn man sie nach dem Kochen kurz mit kaltem Wasser abschreckt.

■ Hartgekochte Eier lassen sich leichter schälen, wenn man sie bei Zimmertemperatur und nicht im Kühlschrank aufhebt.

Eier, frische
Um festzustellen, ob ein Ei frisch ist, gibt man in ein Gefäß einen halben Liter Wasser und einen halben Eßlöffel Salz. Das Gefäß sollte möglichst klein sein. Sinkt ein Ei nach unten, ist es frisch.

Eier haltbarer machen
Wollen Sie die Haltbarkeit von Frischeiern (im Kühlschrank etwa drei bis vier Wochen) auf sechs Wochen erhöhen, sollten Sie sie drei bis maximal fünf Sekunden mit kochendheißem Wasser überbrühen.

Eier kochen
■ Eier platzen beim Kochen nicht und laufen auch nicht aus, wenn man in das Kochwasser einen Schuß Essig gibt.

■ Eier platzen nicht, wenn die Schale vor dem Kochen am stumpfen Ende durchgestochen wird (z. B. mit einem Eierpick aus dem Haushaltswarengeschäft).

Eierkocher
Auf dem Boden teflonbeschichteter Eierkocher setzt sich mit der Zeit ein grauer Belag ab. Geben Sie von Zeit zu Zeit etwas Essigwasser auf den Topfboden, und lassen Sie die Mischung ein bis zwei Stunden einwirken. Der Belag löst sich auf. Mit kaltem Wasser nachspülen und mit einem trockenen Lappen nachwischen.

Eier, rohe und gekochte
Um festzustellen, ob ein Ei roh oder gekocht ist, läßt man es rasch auf der Tischfläche kreisen. Wenn es sich ruhig um die eigene Achse dreht, ist es gekocht, dreht es sich unruhig und wackelt, ist es roh.

Eierschachteln
Zerbrochene Eier kleben meist in der Pappschachtel. Wenn man die Schachtel anfeuchtet, lassen sich die Eier jedoch leicht herausnehmen.

Eigelb
Rohes Eigelb können Sie mehrere Tage im Kühlschrank aufbewahren, wenn Sie das Eigelb in eine Tasse geben und vorsichtig so viel Wasser daraufgießen, daß es davon gut bedeckt ist.

Eischnee
■ Besonders steif wird Eiweiß, wenn man es mit ein wenig Stärkemehl oder Puderzucker aufschlägt und ein paar Tropfen Zitrone dazugibt.
■ Eiweiß wird auch dann schneller und besser steif, wenn man eine Prise Salz oder einige Tropfen Zitronensaft dazugibt.

Einfrieren, Grundregeln
■ Stellen Sie das Gefriergerät in der Küche niemals direkt neben den Ofen oder im Keller neben den Heizungsbrenner, denn diese Wärmequellen steigern den Energieverbrauch.
■ Wenn Sie Ihr Gefriergerät bei Warenentnahme unnötig lange geöffnet lassen, geht viel Energie verloren, und die Lagertemperatur wird beeinflußt.
■ Lassen Sie die Lebensmittel vor dem Einfrieren gut auskühlen. Jeder zusätzliche Wärmegrad im Gerät führt zur verstärkten Eisbildung, vor allem in Verbindung mit Feuchtigkeit. Luft wirkt als Puffer. Verschließen Sie das Lagergut möglichst luft- und wasserdicht.
■ Durch häufiges Öffnen des Gerätes dringt Luftfeuchtigkeit ein, die sich im Innenrand als Reif absetzt. Starker Reifansatz beeinträchtigt die Kühlwirkung. Hat sich eine Schicht von etwa 4 Millimetern gebildet, müssen Sie das Gerät abtauen. Die Pakete werden dicht in mehreren Lagen Zeitungspapier eingeschlagen und an einem kühlen Ort gelagert.
■ Verkürzen Sie die Abtauzeit, indem Sie ein oder mehrere Gefäße mit heißem Wasser in das leere Gerät stellen und abfallende Eisstücke schon vor dem völligen Abtauen herausnehmen.
■ Verwenden Sie zum Verpacken niemals Einkaufs- oder Abfalltüten. Das Material ist nicht lebensmittelecht.
■ Spezielle Gefrierbeutel und -boxen sind geschmacks- und geruchsfrei. Die extrastarken Folien bleiben auch bei minus 30°C noch dehnfähig. Wenn nämlich die Verpackung reißt, trocknet das Gargut aus; es kommt zum »Frostbrand«.
■ Alle Lebensmittel haben nur eine begrenzte Haltbarkeit. Vergessen Sie bei der Beschriftung nicht, das Datum zu notieren, und sortieren Sie die Ware alle paar Monate! Vorsicht bei Sonderangeboten. Die Lagerfähigkeit ist dann häufig nur noch kurz.

ESSEN UND TRINKEN

■ Gefriergeräte müssen eine gleichmäßige Temperatur halten. Überprüfen Sie das ab und zu.
■ Eiscreme und fetthaltige Lebensmittel sollte man immer nahe der Kältequelle einlagern.

■ Säfte, kohlensäurehaltige Limonaden, Bier und Wein dürfen nicht in Glasflaschen eingefroren werden. Wenn der Inhalt gefriert, dehnt er sich aus und das Glas platzt.

Einfrieren und Auftauen von Fisch

Fischart	Lagerdauer	Einfrierhinweis	Auftauen und Zubereitung
Aal	1 Monat	ausnehmen, enthäuten, in Stücke schneiden	tiefgefroren für Aal »blau«
Forelle	2 Monate	ausgenommen, waschen	tiefgefroren für Forelle »blau«, zum Panieren aufgetaut
Karpfen	2 Monate	ausnehmen, waschen, evtl. schuppen, bei großen Tieren portioniert einfrieren	tiefgefroren für Karpfen »blau«, sonst aufgetaut verwenden
Makrele, Schleie, Barsch, Rotauge	5 Monate	ausnehmen, waschen, evtl. innen würzen. In Aluminiumfolie einwickeln und einfrieren	angetaut zum Panieren; wenn in Aluminiumfolie, dann tiefgefroren verwenden
Hecht	3 Monate	ausnehmen, evtl. würzen, evtl. schuppen, große Tiere portioniert einfrieren	je nach Rezept tiefgefroren oder aufgetaut verwenden

Einfrieren und Auftauen von Fleisch

■ Wenn Sie Frischfleisch einfrieren wollen, verpacken Sie die Stücke möglichst luftdicht in Gefrierbeuteln.
■ Beim Einfrieren heißt es: So schnell wie möglich einfrieren, schonend und langsam auftauen.
■ Zubereitetes Fleisch mit und ohne Sauce kann ebenfalls luftdicht verschlossen in Gefrierbeuteln eingefroren werden.
■ Frieren Sie kein Bratenfleisch über 2,5 Kilogramm ein.
■ Je fettreicher das Fleisch, desto kürzer ist die Lagerzeit im Tiefkühlgerät, weil das Fett auch im Kälteschlaf ranzig werden kann.
■ Wenn Ihr Metzger aufgetautes Fleisch verkauft, muß er dies deutlich kennzeichnen mit folgendem Hinweis: »aufgetaut – sofort verbrauchen«. Es darf nicht mehr roh eingefroren werden.
■ Frischfleisch kann entweder auf der niedrigsten Stufe im Mikrowellengerät, im Umluftherd oder langsam über Nacht im Kühlschrank aufgetaut werden. Bei Zimmertemperatur verliert das Fleisch zuviel Flüssigkeit; es wird zäh und trocken. Die Auftauflüssigkeit nicht verwenden, sondern weggießen.
■ Eingefrorenes Frischfleisch nur aufgetaut weiterverarbeiten. Lediglich Kurzgebratenes kann unaufgetaut in der Pfanne oder unterm Grill gegart werden.

■ Zubereitetes Fleisch mit Sauce kann im Mikrowellengerät aufgetaut und erhitzt oder direkt auf dem Herd oder im Backofen bei geringer Temperatur erwärmt werden.
■ Tiefgekühltes Geflügel langsam im Kühlschrank, im Mikrowellengerät oder im Umluftherd auftauen. Bei Raumtemperatur tritt zuviel Flüssigkeit aus; das Fleisch wird trocken. TK-Geflügel aus der Verpackung nehmen und leicht abgedeckt in einem Sieb auftauen lassen. Das Geflügel sollte nicht direkt in der Auftauflüssigkeit liegen. Auftauflüssigkeit weggießen.
■ Tiefgekühltes Wildfleisch langsam im Kühlschrank, im Mikrowellengerät oder im Umluftherd auftauen. Das Auftauwasser nicht verwenden. Auch tiefgekühltes Wildfleisch muß meistens gehäutet werden. Es muß nicht gebeizt werden; durch das Einfrieren ist das Fleisch mürbe geworden.

Hier einige Richtwerte für die Lagerzeiten:

Fleisch	Monate
Rind	8 –12
Kalb	8 –10
Schwein, mager	8 –10
Schwein, fett	4 – 6
Lamm	6 –10
Geflügel	5 – 7
Wildgeflügel	8 –10
Hackfleisch	3 – 4
Wild	8 –10
Kaninchen	6 – 8

ESSEN UND TRINKEN

Einfrieren und Auftauen von Gemüse

Gemüseart	geeignete Sorten	Lagerdauer	Vorbereitung	Blanchierzeit in Minuten	Zubereitung
Blumenkohl	feste, weiße Sorte	12 Monate	Blätter entfernen, Röschen erteilen	3 bis 5	nicht auftauen lassen
Brokkoli	junges, dunkelgrünes Gemüse	12 Monate	Blätter entstrunken	2	nicht auftauen, in Butter und Salz dämpfen
Grüne Bohnen	fadenlose Sorte	12 Monate	Spitzen abschneiden, ca. 3 cm lang brechen	3	nicht auftauen lassen, mit Gewürzen dämpfen
Grüne Erbsen	süße Markerbsen	12 Monate	enthülsen und verlesen	2	nicht auftauen, in Butter und Gewürzen dämpfen
Grünkohl	gut gekrauste Sorten	12 Monate	entstrunken, waschen	2	nicht auftauen und in Fett dünsten
Kohlrabi	junger und zarter Kohlrabi	12 Monate	waschen, schälen und in Streifen oder Scheiben schneiden	–	nicht auftauen, in Butter und mit Gewürzen dämpfen

EINFRIEREN

Gemüseart	geeignete Sorten	Lagerdauer	Vorbereitung	Blanchierzeit in Minuten	Zubereitung
Möhren	junge, tiefrote, mittellange Sorte	12 Monate	wie gewohnt zubereiten, putzen und in Streifen, Scheiben oder Stifte schneiden	2 bis 3	nicht auftauen, in Butter und Gewürzen dämpfen
Petersilie	krause Sorte	12 Monate	entstielen, waschen, zerkleinern (wiegen)	–	zum Garnieren und in Speisen unaufgetaut verwenden
Pilze	geeignete Sorten wie Steinpilze, feste Röhrlinge, Champignons	12 Monate	frische, gesunde Pilze putzen und in Scheiben schneiden	3 bis 4 in Butter	zu geeigneten Speisen oder als Gemüse
Rosenkohl	alle festen und grünen Sorten	12 Monate	wie zum sofortigen Gebrauch zubereiten, putzen und waschen	3 bis 4	nicht auftauen, mit Gewürzen dämpfen oder 25 bis 30 Minuten dünsten
Rotkohl	feste Köpfe	12 Monate	wie zum sofortigen Gebrauch, dem Blanchierwasser etwas Zitronensaft oder Essig zugeben	2 bis 3	in Fett dünsten 35 bis 40 Minuten

ESSEN UND TRINKEN

Gemüseart	geeignete Sorten	Lagerdauer	Vorbereitung	Blanchierzeit in Minuten	Zubereitung
Spargel	nicht zur Verholzung neigende Sorten	12 Monate	wie zum sofortigen Verbrauch, evtl. in Stücke schneiden	3 bis 4	unaufgetaut in kochendes Wasser legen, 10 bis 20 Minuten garkochen, abgießen, in Butter schwenken
Spinat	hochstrebende Sorten	12 Monate	wie zum sofortigen Verbrauch, nach dem Blanchieren hacken oder als Blattgemüse einfrieren	1 bis 2	unaufgetaut wie Frischgemüse zubereiten
Suppengrün	Petersilie, Sellerieknollen und -blätter, Porree, Möhren und Kräuter	12 Monate	übliche Verarbeitung	2 bis 4	portionsweise einfrieren und unaufgetaut verwenden
Weißkohl, Wirsing, Spitzkohl	Sorten mit festen Köpfen	12 Monate	übliche Verarbeitung, wie zum sofortigen Verbrauch in Streifen schneiden	2	unaufgetaut wie Frischgemüse verwenden. Spitzkohl und Wirsing evtl. etwas Milch zusetzen

Einfrieren von Obst

Obstart	zu verwendende Sorte	Lagerdauer	Empfehlenswerte Vorbehandlung	Mit Streuzuckerlösung einfrieren
Äpfel	feste Sorten, die wenig bräunen, wie Ontario, Cox-Orange, Gravensteiner	10 Monate	schälen, entkernen, achteln, bis zur Verarbeitung in Salzlösung (5 g Salz auf 1 l Wasser) legen. 2 Minuten blanchieren mit 1 g Zitronensäure auf 5 l	35%ige Lösung für Kompott. Für Kuchenbelag ohne Zucker; auftauen und abtropfen lassen
Apfelmus	säuerliche, hellfleischige Apfelsorten wie Boskop, Gewürzluiken	10 Monate	gesunde, keinesfalls beschädigte Früchte verwenden. Waschen, zerteilen, kochen, im Mixer zerkleinern, ggf. passieren, nach Geschmack süßen und abkühlen lassen	auf 1 kg Apfelmus kann man 100 g Zucker geben
Aprikosen	Sorten mit festem Fleisch, die wenig bräunen, wie Wintschgauer oder Moorpark	9 Monate	Früchte in kochendes Wasser geben, Haut abziehen, halbieren und entkernen. Früchte blanchieren. Mit oder ohne Haut einfrieren, je nach späterer Verwendung	In 40%- bis 45%iger Zuckerlösung mit Zitronensäurezusatz für Vitamin C

ESSEN UND TRINKEN

Obstart	zu verwendende Sorte	Lagerdauer	Empfehlenswerte Vorbehandlung	Mit Streuzuckerlösung einfrieren
Birnen	feste, saftige, keine mehligen Sorten wie Williams Christ	9 Monate	Birnenschnitzel wie Äpfel behandeln	siehe Äpfel
Brombeeren	gesunde Früchte, nicht zu ausgesaftet, Theodor-Reimers- und Wilsons-Früchte sind geeignete Sorten	11 Monate	verlesen, abbrausen, abtrocknen lassen. Beeren für Kuchenbelag ohne Zucker vorgefrieren	auf 0,5 kg rechnet man 50–100 g Zucker, je nach Geschmack
Erdbeeren	Frische, vollreife, mittelgroße Beeren ohne Druckstellen; Sorte Mieze Schindler, Senga-Sengana	8 Monate	Waschen, verlesen, entkelchen, auf ein trockenes Tuch geben und abtrocknen lassen; ggf. halbieren oder vierteln. Es empfiehlt sich, die Erdbeeren lose vorzufrieren, falls sie für Kuchen- oder Tortenbelag verwendet werden	Mit Streu- oder Puderzucker einfrieren. 50–100 g Zucker je 0,5 kg Beeren

EINFRIEREN

Obstart	zu verwendende Sorte	Lagerdauer	Empfehlenswerte Vorbehandlung	Mit Streuzuckerlösung einfrieren
Heidelbeeren (Blaubeeren)	keine überreifen und gedrückten Früchte	9 Monate	verlesen; sonst gleiche Vorbehandlung wie bei Erdbeeren	siehe Erdbeeren
Himbeeren	Sorten Winklers Sämling, Schönemann. Rubin weniger geeignet	9 Monate	vorsichtig abbrausen, sonst gleiche Vorbehandlung wie Erdbeeren	siehe Erdbeeren
Johannisbeeren (rote und schwarze)	Sorten mit zarter Haut wie Rote Holländer	10 Monate	Beeren waschen, ablesen vom Stiel; nur unbeschädigte von guter Farbe verwenden, abtrocknen lassen auf einem Tuch und je nach späterer Verwendung lose vorfrieren, dann gut verpackt einfrieren	In einer 40%igen Zuckerlösung einfrieren oder auf je 0,5 kg 100 g Zucker
Kirschen (süß und sauer)	festfleischige Sorten wie Lange Lotkirsche	9 Monate	Früchte waschen, entstielen. Sauerkirschen ggf. entsteinen, Süßkirschen mit Stein einfrieren; abtrocknen auf einem Tuch	Sauerkirschen in 45%iger, Süßkirschen in 35%iger Zuckerlösung

ESSEN UND TRINKEN

Obstart	zu verwendende Sorte	Lagerdauer	Empfehlenswerte Vorbehandlung	Mit Streuzuckerlösung einfrieren
Mirabellen	kaum bräunende Sorte wie Nancy	10 Monate	gut gereifte, nicht geschüttelte Früchte ohne Druckstellen, waschen, entstielen, nicht entsteinen. Wenn blanchieren, dann etwas Zitronensäure hinzugeben	35%ige Zuckerlösung
Pfirsiche	festfleischige Sorte, die wenig zum Bräunen neigt, wie Elberta oder J. H. Hale	9 Monate	Früchte ohne Druckstellen, überbrühen, entkernen, halbieren oder vierteln, auf einem Tuch trocknen und einfrieren	40%ige Zuckerlösung; für Kuchenbelag ungezuckert einfrieren
Pflaumen, Zwetschgen	festfleischige Früchte mit zarter Schale	10 Monate	für Kompott ganze, gewaschene Früchte; entsteinte Früchte blättrig geschnitten für Kuchen- oder Tortenbelag einfrieren	für Kompott ohne Zucker einfrieren; für Kuchen- oder Tortenbelag mit 10%iger Zuckerlösung einfrieren. Gefroren als Belag verwenden
Preiselbeeren	waschen, verlesen und gut abtropfen lassen	9 Monate	roh und ungesüßt einfrieren	tiefgefrorene Preiselbeeren in kochende Zuckerlösung geben und aufkochen

EINFRIEREN

Obstart	zu verwendende Sorte	Lagerdauer	Empfehlenswerte Vorbehandlung	Mit Streuzuckerlösung einfrieren
Rhabarber	grünen und roten ohne schlechte Stellen, zarte, nicht zu faserige Stangen	9 Monate	waschen, wie gewohnt zerteilen; als fertiges Kompott einfrieren oder roh und ungesüßt	tiefgefroren wie frischen Rhabarber für Kuchenbelag oder als Kompott verwenden
Stachelbeeren	grüne Sorten wie Lovetts Triumph	10 Monate	unreife Früchte 2–3 Minuten blanchieren; verlesen, waschen, abtrocknen auf einem Tuch, Stiele abknipsen; ganze Früchte einfrieren	für Kuchen- oder Tortenbelag ohne Zucker; ansonsten auf 0,5 kg Beeren 70–90 g Zucker, oder 45%ige Zuckerlösung; für Belag gefrorene Beeren verwenden

ESSEN UND TRINKEN

Einmachgläser
■ Gläser, die nicht aufgehen wollen, stellt man bis zur Hälfte in warmes Wasser. Nach einiger Zeit läßt sich der Deckel dann leicht lösen.
■ Einmachgläser müssen vor dem Einkochen gründlich mit heißem Spülmittelwasser gewaschen werden. Gläser nicht mit einem Tuch trocknen, nur abtropfen lassen.

Einschubhöhe im Backofen wählen
Beim Kuchenbacken kommt es auf die richtige Schiene im Backofen genauso an wie auf einen gut gekneteten Teig. Hohe Kuchen werden auf der untersten Schiene, mittelhohe Kuchen auf der mittleren und niedrige Kuchen und flaches Gebäck auf der obersten Schiene gebacken. Nur so hat der Kuchen optimale Temperatur.

Eiswürfel
■ Dekorative Eiswürfel mit eingefrorenen Früchten oder Kräutern geben Cocktails den letzten Pfiff. Besonders gut geeignet sind kleine Früchte wie Erdbeeren, Himbeeren und Brombeeren, aber auch Zitronenstückchen oder Minze- und Melissenblättchen. Man gibt die Früchte oder Kräuter in den Eiswürfelbehälter, gießt mit kaltem Wasser auf und stellt das Ganze ins Tiefkühlfach.

■ Ganz nach Belieben können Sie auch Eiswürfel aus Fruchtsaft herstellen. Diese Eiswürfel sind zum Kühlen von Fruchtsäften besonders ideal, denn die Säfte werden nicht verwässert.

Eiswürfel auf Vorrat
Wenn Sie viele Eiswürfel auf einmal benötigen, bewahren Sie fertiggefrorene Eiswürfel in Papiertüten im Tiefkühlfach auf.

Erbsen, frische
■ Erbsen behalten beim Kochen ihre schöne Farbe, wenn Sie in das Kochwasser ein Stück Würfelzucker geben.
■ Eine andere Möglichkeit: Schrecken Sie die Erbsen nach dem Kochen mit eiskaltem Wasser ab.

Erdbeeren
Erdbeeren sollten Sie immer zuerst waschen und dann putzen, da sie sonst zu viel Wasser ziehen und schnell faulig werden.

Essen, versalzenes
Es passiert immer wieder einmal, daß das Essen versalzen ist. So können Sie noch einiges retten:
■ Geschälte, rohe Kartoffelscheiben mitkochen und vor dem Servieren entfernen.

ESSKASTANIEN

■ Etwas Sahne unter die Speise rühren.

■ Bei klaren Suppen rohes Eiweiß unterquirlen und gerinnen lassen. Das Eiweiß bindet das Salz und kann, wenn es geronnen ist, leicht entfernt werden.

Essiggeschmack

Ist der saure Geschmack bei eingelegten Gurken, Essigbohnen usw. zu stark, kann man dies beheben, wenn man sie vor dem Kochen einige Stunden in eine Lösung von doppelkohlensaurem Natron legt.

Essig verfeinern

Einfachen Obstessig können Sie sehr gut verfeinern, indem Sie ihm verschiedene Gewürze, Kräuter oder Beeren zusetzen. Nach zwei bis drei Wochen hat der Essig das Aroma der eingelegten Zutaten angenommen. Man läßt die eingelegten Kräuter und Gewürze – mit Ausnahme von Beeren, Chilischoten und Zitronenschalen – so lange im Essig, wie sie bedeckt sind. Spätestens dann sollten Sie diese jedoch herausfiltern. Besonders gut schmecken Estragon- und Dillessig.

Eßkastanien schälen

■ Eßkastanien (Maronen) kann man zu vielen Gerichten verwenden, aber auch gegart essen. Die Schale entfernt man am besten so: Mit einem scharfen Küchenmesser an der flachen Seite einritzen und in einer trockenen Pfanne (oder im Backofen) etwa 20 Minuten rösten. Anschließend die harte Schale und die braune Haut entfernen.

■ Eine andere Möglichkeit: Die Kastanien kreuzweise einritzen und 10 Minuten in kochendem Wasser garen. Das Wasser abgießen, Schale und Haut mit einem Messer entfernen.

ESSEN UND TRINKEN

F

Fisch aufwärmen
Alle Fische, die heiß geräuchert wurden – wie Bücklinge, Makrelen oder Renken –, sollte man kurz vor dem Verzehr, in Aluminiumfolie verpackt, kurz im Backrohr erwärmen. Warm kommt ihr Aroma am stärksten zur Geltung.

Fett entfernen
■ Fett auf Saucen und Suppen kann man leicht entfernen, wenn man ein sauberes Geschirrtuch mit Eiswürfeln füllt und in die heiße Flüssigkeit taucht. Das entstandene Fett erstarrt dabei augenblicklich und bleibt als Kranz am Eisbeutel hängen.
■ Eine weitere Möglichkeit: Lassen Sie die Suppe oder Sauce sehr kalt werden. Das Fett bildet dann an der Oberfläche eine feste Schicht, die sich leicht abheben läßt.

Fisch
Das Fischfleisch wird fester, wenn Sie den Fisch vor dem Zubereiten mit Zitronensaft beträufeln.

Fisch auftauen
Wenn man gefrorenen Fisch auftaut, sollte man ihn in Milch legen. Auf diese Weise entsteht kein Gefriergeschmack, und der Fisch wird zarter.

Fisch blaukochen
Diese Kochmethode ist bei Forelle, Aal, Hecht, Schleie und Karpfen anwendbar; der Fisch soll frisch geschlachtet sein und darf nicht lange an der Luft liegen bleiben, bis er gekocht wird. Auch soll er so wenig wie möglich mit den Händen angegriffen werden. Die blaue Farbe ist der Schleim des nicht abgeschuppten Fisches, der sich im Sud blau färbt. Durch längeres Stehen wird der Fisch blauschwarz, was man verhindern kann, indem man ihn sofort mit geschmolzener Butter bestreicht.

Fisch filetieren
Zum Filetieren von Scholle oder Seezunge schneiden Sie die weiße und die schwarze Haut quer zum Schwanzansatz ein und lösen sie etwas vom Fischfleisch. Dann drücken Sie den Schwanz auf die Unterlage, ergreifen die losgelöste Haut mit Küchenpapier (zuerst die dunkle Hautseite) und ziehen diese mit gleichmäßig kräftigem Zug

zum Kopf hin ab; danach verfahren Sie mit der weißen Bauchseite ebenso.
Jetzt werden mit einem langen Messer mit möglichst elastischer Klinge die fleischigen Filetteile von den sie umgebenden mageren Flossenansätzen abgetrennt und die auf der Seite verlaufenden Linien mit dem Messer vertieft. Nun das Messer schräg halten und fest auf die Gräten drücken. Indem Sie es ganz flach – möglichst parallel zu den Gräten – von vorn nach hinten führen, wird das Filet abgetrennt. Die Filets sollten leicht geklopft werden, damit sie sich beim Garen nicht aufdrehen. Gerollt werden Filets immer mit der »Hautseite« nach innen.

Fisch garen
■ Bei großen Fischen, die im Ganzen zubereitet werden, sind die äußeren Schichten sowie die Bauchpartie oft schon gar, wenn nicht schon übergar und zerfallen, während der Rücken und das Rückeninnere noch glasig und roh sind. Das können Sie verhindern, indem Sie den vorbereiteten Fisch vor dem Garen entlang der Rückengräte etwa zwei Zentimeter tief einschneiden.
■ Für die Kochzeit von Fisch empfiehlt sich folgende Faustregel: Garen grundsätzlich bei niedriger Sudtemperatur (ca. 90 Grad) und für je zwei Zentimeter Fischdurchmesser 10 bis 12 Minuten bei mageren, 13 bis 15 Minuten bei fetten Fischen. Die Gräten müssen noch rosa, dürfen also nicht schon schwarz sein.

Fischgenuß, zarter
Frischer Fisch schmeckt viel zarter, wenn man ihn vor der Zubereitung ein paar Minuten in Essigwasser legt. Dabei ist es ganz egal, ob Sie den Fisch dünsten oder braten.

Fischgeruch
■ Fischgeruch wird schon beim Kochen verringert, wenn man zwischen Topf und Deckel ein mit Essig getränktes Tuch klemmt.
■ Wenn die Küche unangenehm nach Fisch riecht, kann man einen Eßlöffel Essig auf die Herdplatte gießen.
■ Eine andere Möglichkeit: Man bringt etwas Essig zum Kochen und sorgt gleichzeitig für einen kräftigen Durchzug.
■ Der Fischgeruch verschwindet vom Geschirr, wenn man es vor dem Spülen mit Kaffeesatz einreibt oder es zunächst unter kaltem Wasser abspült und dann in heißem Wasser unter Zusatz von etwas Natriumhydrogencarbonat (»Bullrich-Salz«) spült.
■ Rohe Fischfilets bleiben geruchlos, wenn man sie mit Zitro-

ESSEN UND TRINKEN

nenwasser abreibt, sorgfältig trocknet und eingewickelt in den Kühlschrank legt.

Fischgeruch an den Händen
Der Fischgeruch an den Händen verschwindet, wenn man die Hände mit Natriumhydrogencarbonat (»Bullrich-Salz«) oder Kaffeesatz abreibt.

Fischgeruch im Kühlschrank
Damit der Kühlschrank nicht nach Fisch riecht, wenn Sie ihn darin aufbewahren müssen, reiben Sie den Fisch mit Zitronenwasser ab und verpacken ihn gut in Folie.

Fisch spicken
■ Große, ältere, zähe (Hecht oder Zander), aber auch magere Fische (Kabeljau u. a.) werden zum Bakken oder Grillen gespickt, damit ihr Fleisch nicht trocken wird.
■ Große Fische werden seitlich mehrmals eingeschnitten; in die Zwischenräume mit der Spicknadel fetten Speck einziehen.
■ Magere Fische werden, jeweils quer zur Fleischfaser, auf der Rückenseite von vorn oben nach hinten unten und auf der Bauchseite von vorn unten nach hinten oben mit Speckstreifen durchzogen.
■ Man kann geräucherten Speck zwar verwenden, aber Vorsicht: der Rauchgeschmack kann das oft zarte Fischaroma leicht überdecken.

Fleisch siehe auch unter dem Stichwort Braten in diesem Kapitel

Fleisch braten
■ Fleisch wird, bevor es ins heiße Fett kommt, trockengetupft, damit es nicht spritzt. Wenn das Fett sehr heiß ist, schließen sich die Fleischporen sofort, und es kann kein Fleischsaft austreten.
■ Fleisch wird stets zum Schluß gesalzen. Pfeffer und andere Gewürze können schon vorher eingerieben werden.

Fleisch in dünne Scheiben schneiden
Um Fleisch in dünne Scheiben zu schneiden, legt man es in das Eisfach und läßt es dort anfrieren. In diesem Zustand läßt es sich ohne viel Mühe mit einem elektrischen Messer oder einer Brotschneidemaschine in gleichmäßig feine Scheiben schneiden.

Fleischfondue
■ Sie verhindern ein Überbrodeln des heißen Fetts, wenn Sie eine halbe rohe Kartoffel ins Fondueöl geben.
■ Sollte Fonduefett anfangen zu brennen, löschen Sie es auf keinen

FORELLEN

Fall mit Wasser, sondern decken Sie ein Tuch darüber, um die Flammen zu ersticken.

Fleischspieße
Reiben Sie das Fleisch vor dem Grillen mit Öl ein. Es läßt sich dann besser vom Spieß abstreifen.

Fleisch, zartes
■ Wenn Sie ein Stück Rindfleisch gekauft haben, das nicht so gut abgehangen ist, gießen Sie einfach ein Gläschen Cognac darüber. Dieser Trick macht das Fleisch weich und zart; das gilt auch für altes Geflügel. Der Cognacgeschmack ist später nicht mehr zu spüren.
■ Steaks werden besonders zart, wenn Sie sie für zwei Stunden in eine Essig-Öl-Marinade legen.

Folienkartoffeln
■ Vor dem Einwickeln mit der Gabel anstechen, damit sie beim Garen nicht platzen.
■ Sind nicht genügend gleichgroße Kartoffeln vorhanden, können Sie die größeren an beiden Längsenden kappen; sie sind dann mit den kleineren gar.

Forelle blau
Auch wenn Sie keinen Fischtopf besitzen, sollte Sie das nicht davon abhalten, eine »Forelle blau« zuzubereiten. Stecken Sie dem Fisch einfach seinen Schwanz ins Maul. Ziehen Sie ihm notfalls einen Faden durch die Augen und binden ihn um den Schwanz. Er kann sich dann auch beim Garen nicht mehr strecken.

Forellen entgräten
Der Fisch wird auf beiden Seiten der Rückengräte eingeschnitten und entlang der ansetzenden Bauchgräten nach unten hin durchtrennt, bis Skelett und Innereien freiliegen. Nachdem Sie die Hauptgräte vorn und hinten mit einer Schere durchtrennt und herausgenommen haben, fahren Sie von vorn nach hinten mit dem Messer an den Filets entlang, damit sich die kleinen Gräten aufrichten; jetzt sind sie zu fühlen und lassen sich mit Hilfe einer Pinzette leicht herausziehen.

Forellen garen
Zwar ist das Aufplatzen der Forellen bei der Zubereitung ein verläßliches Zeichen ihrer Frische; aus ästhetischen Gründen ist es aber unerwünscht. Legen Sie die Fische vor dem Garen für etwa zwei Stunden in den Kühlschrank, dann bleibt der Fisch heil.

ESSEN UND TRINKEN

Fritieren

Wenn Sie beim Fritieren dem Fett einen Teelöffel Essig zusetzen, saugt das Fritiergut nicht so viel Fett auf und schmeckt besser.

Fritierfett

■ Fritierfett sollten Sie am besten nach jedem Gebrauch reinigen. Dazu lassen Sie das heiße Fett zunächst abkühlen und gießen es dann lauwarm durch eine Filtertüte oder ein mit Küchenkrepp ausgelegtes Sieb.

■ Altes gebrauchtes Fett sollten Sie nie mit neuem auffüllen. Die Qualität wird dadurch nicht verbessert.

■ Wer keine Friteuse mit Thermostat hat und mit normalen Töpfen arbeitet, kann die richtige Temperatur zum Ausbacken leicht austesten. Man hält den Stiel eines Holzkochlöffels in das Fett; bilden sich kleine Bläschen, hat das Fritierfett die richtige Temperatur. Sie können aber auch einige Weißbrotwürfel in das heiße Fett geben. Werden die Brotwürfel sofort braun, ist die richtige Temperatur erreicht.

Fritierfett, unbrauchbar gewordenes

■ Das unbrauchbar gewordene Fritierfett gießt man kalt in eine oben abgeschnittene leere Milchpackung aus gewachstem Karton. Wenn das Fett wieder hart geworden ist, kann man den Karton problemlos in die Mülltonne werfen.

■ Fritierfett darf man nie in den Ausguß, ins WC oder gar in den Gully laufen lassen, weil dies das Wasser beträchtlich verschmutzen würde. Altes Fritieröl, das nicht fest wird, gießt man in ein Glas mit Schraubdeckel oder in eine (intakte!) Plastiktüte, die man oben zuknotet. So kann man es mit dem Hausmüll entsorgen.

GEMÜSE

Garprobe bei Fisch
Ein Fisch ist gar, wenn sich die Rückenflosse leicht herausziehen läßt; wenn sich das Fleisch von der Hauptgräte ziehen läßt; wenn die Augen grau werden.

Garprobe bei Geflügel
Um sich zu vergewissern, ob Geflügel genügend gebraten ist, dreht man das Stück um und läßt einige Tropfen Saft herausrinnen; ist dieser wasserhell, dann ist der Braten gar; zeigen sich noch Blutspuren, so muß das Geflügel noch länger gebraten werden.

Garprobe für Kuchen
Bevor Sie den Kuchen aus dem Ofen nehmen, prüfen Sie, ob er durchgebacken ist. Dazu stechen Sie am besten mit einem Holzstäbchen an verschiedenen Stellen in den Kuchen und ziehen es wieder heraus. Haften an dem Stäbchen noch Teigreste, so ist der Kuchen noch nicht fertig.

Gehärtete Pflanzenfette
(Kokosfett) sind ähnlich wie Margarine und raffinierte Öle denaturiert; trotzdem sind sie zum Braten und Fritieren die am besten geeigneten Fette, denn sie haben einen sehr hohen Siedepunkt (höher als Öl) und sind neutral im Geschmack.

Gekochte Eier warmhalten
Die gekochten Eier läßt man fünf Minuten offen liegen und gibt sie dann in heißes, nicht kochendes Wasser. So bleiben sie bis zum Verzehr warm.

Geleespeisen stürzen
■ Geleespeisen lassen sich leicht stürzen, wenn man das Gefäß vor dem Einfüllen der heißen Speise mit kaltem Wasser ausspült und vor dem Stürzen ein erwärmtes Tuch um die Form legt.
■ Man kann die Form vor dem Stürzen auch etwa eine Minute in warmes Wasser halten.

Gemüse
Frisches grünes Gemüse wie Erbsen und Bohnen behält nach dem Kochen seine schöne grüne Farbe, wenn man es nach dem Garen in Eiswasser taucht.

ESSEN UND TRINKEN

Gemüse andicken
Gemüse läßt sich auch ohne Mehl andicken: In das fast fertige Gericht reibt man eine große rohe Kartoffel und kocht alles noch einmal tüchtig durch.

Gemüsekeller öfters lüften
Frisches Gemüse dünstet eine Menge Wasser aus, das sich an den Wänden und an der Decke niederschlägt. In feuchten Kellern entsteht dann Schimmel, was durch häufig Lüften verhindert wird.

Gemüse kochen
Geputztes Gemüse in so wenig Salzwasser wie möglich kochen. Das Gemüsewasser für Suppen oder Saucen verwenden; es enthält zahlreiche Nährstoffe.

Gemüse, tiefgefrorenes
Übergießen Sie tiefgefrorenes Gemüse mit heißem Wasser, damit das Gefrierwasser fortgeschwemmt wird.

Gemüse waschen
Damit das Gemüse beim Waschen nicht sein wasserlösliches Vitamin C verliert, sollte man das Gemüse zur Reinigung nicht in Wasser legen, sondern es rasch, aber gründlich waschen.

Gemüse, weißes
Weißes Gemüse behält seine Farbe, wenn man etwas Essig in das Kochwasser gibt.

Gemüse, welkes
Welkes Gemüse wird wieder frisch, wenn man es einige Zeit in Wasser mit einem Schuß Zitronensaft oder Essig legt.

Geräuchertes
Essen Sie möglichst wenig geräucherten Fisch und geräuchertes Fleisch und bevorzugen Sie beim Einkauf kaltgeräucherte Waren. Beim üblichen Räuchern gehen nämlich im Rauch enthaltene krebserzeugende Stoffe auf die Lebensmittel über. Kaltgeräucherte Lebensmittel liegen in der Regel unter dem Grenzwert für diese Schadstoffe; da es für Krebserzeuger aber eigentlich keinen sicheren Grenzwert oberhalb von Null gibt, sollten Sie auch diese Produkte nicht häufig zu sich nehmen.

Geschnetzeltes
Um ein gleichmäßiges Garen zu ermöglichen, muß das Fleisch gleichmäßig dünn geschnitten werden. Am besten lassen Sie dazu das Fleisch vor dem Schneiden im Gefriergerät etwas anfrieren und erstarren.

GRÜNKOHL

Der Öko-Tip:
Getränke
Kaufen Sie Getränke nur noch in Mehrwegflaschen; Einwegverpackungen für Getränke haben den größten Anteil am Aufkommen des Verpackungsmülls. Es gibt mittlerweile für alle Getränke – einschließlich Milch und Wein – Pfandsysteme. Fragen Sie regelmäßig bei Ihrem Kaufmann nach Pfandflaschen, falls er sie noch nicht anbietet. Wenn das immer mehr Leute tun, der Kaufmann also eine Nachfrage erkennt, wird er wahrscheinlich schon bald solche Waren in sein Sortiment aufnehmen.

Gewürze
■ Getrocknete Gewürze sollten luftdicht und dunkel aufbewahrt werden, sonst verändert sich ihr Aroma. Da die Lagerzeit begrenzt ist (sechs bis acht Monate), sollten Sie immer nur geringe Mengen einkaufen.
■ Verschiedene Gewürze sollten Sie nie im gleichen Behälter aufbewahren, da sie sich gegenseitig im Geschmack und Geruch beeinflussen können.

Grießklöße
Sind Grießklöße für die Suppe zu fest geworden, nimmt man sie noch einmal aus der Suppe, legt sie für etwa zehn Minuten in kaltes Wasser und kocht sie dann in der heißen Suppe wieder auf. Sie quellen jetzt so stark, daß sie wieder locker werden.

Der Öko-Tip:
Grillen
Grillen Sie auf Holzkohle nur mit einer Unterlage aus Alufolie. Beim Grillen werden erhebliche Mengen krebserzeugender Stoffe gebildet, die man mit dem Grillgut aufnimmt. Beginnen Sie erst bei Weißglut mit dem Grillen, und verzehren Sie keine angebrannten Teile.

Grillspieße
Wenn Sie Grillspieße immer genau durch die Mitte des Grillguts stecken, kann das Grillgut gleichmäßig rotieren.

Grünkohl
■ Grün-, Rot- und Rosenkohl sollten vor dem Verzehr Frost abbekommen haben.
■ Läßt der Winter zu lange auf sich warten, kommt der frisch geerntete Kohl vor der Zubereitung für ein paar Stunden in die Tiefkühltruhe oder ins Frosterfach des Kühlschranks.
■ Wollen Sie den Grünkohlgeschmack zusätzlich intensivieren und verfeinern, sollte der Kohl nach dem Kochen erneut einge-

ESSEN UND TRINKEN

froren werden. Zum endgültigen Verbrauch unaufgetaut in den Topf geben, nur einen Moment aufkochen lassen und sofort servieren.

Gummieinmachringe
Die Ringe bewahrt man am besten in einem großen Schraubglas auf, in das man etwas Talkumpuder gestreut hat.

Gurkensalat
Gurken, die zu Salat verarbeitet werden sollen, kann man nach dem Schälen mit heißem Wasser überbrühen, mit kaltem Wasser abschrecken und dann erst schneiden. Der Gurkensalat wird dadurch bekömmlicher.

Grütze, Haut bei
Soll sich auf der Grütze keine Haut bilden, legt man auf die heiße, in eine Schüssel gefüllte Grütze ein Stück Plastikfolie oder Cellophan, so daß die gesamte Oberfläche bedeckt ist. Vor dem Servieren zieht man die Folie einfach ab.

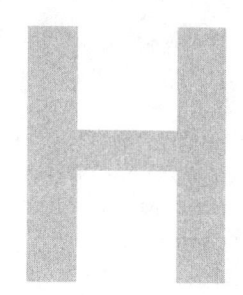

H

Hackbraten
Hackbraten brennt unten nicht an, wenn man auf den Topfboden ein Stück Aluminiumfolie und außerdem eine Speckschwarte unter den Braten legt.

Hähnchen, knusprige
■ Zum Knusprigbraten eines Hähnchens wird die Temperatur des Backofens oft zu hoch eingestellt. Die Haut ist zwar knusprig, das Fleisch aber trocken. Garen Sie das Hähnchen langsamer, bei nur 180 Grad, bleibt es saftig.
■ Eine schöne Bräune erreichen Sie, wenn Sie das fast fertige Hähnchen mit einer starken Salz- oder Zuckerlösung oder mit Bier bepinseln. Die letzte Viertelstunde bleibt die Backofentür mit Hilfe eines Holzlöffels einen Spalt geöffnet.

Handelsklassen
Durch das Handelsklassen-Gesetz erlassene Normen für Lebens-

mittel. Die Klassifizierung erfolgt nach bestimmten Merkmalen (z. B. Aussehen, Größe/Gewicht, Sortierung, Sauberkeit), wobei die Anforderungen in den Handelsklassen-Verordnungen festgelegt sind.

Handelsklassen für Eier
Güteklassen: Extra = besonders frisch; A = frisch; B = 2. Qualität, haltbar gemacht. Kühlung und Art der Haltbarmachung müssen angegeben sein; C = aussortierte Eier, kommen nicht zum Verbraucher.
Gewichtsklassen (gilt für alle Güteklassen):
1 = 70 g und darüber;
2 = 65 bis unter 70 g;
3 = 60 bis unter 65 g;
4 = 55 bis unter 60 g;
5 = 50 bis unter 55 g;
6 = 45 bis unter 50 g.
Eier, die auf dem Wochenmarkt oder direkt vom Hof des Erzeugers verkauft werden, unterliegen nicht dieser Regelung.

Handelsklassen für Kartoffeln
Bei Kartoffeln gelten die folgenden Handelsklassen: Extra = Spitzenqualität; I = gehobene Qualität; II = durchschnittliche Qualität.
Bei den Kartoffeln wird nach Größe und Anteil der Knollen mit äußeren und inneren Qualitätsmängeln die Einordnung getroffen. Zudem muß neben der Sortenbezeichnung der Kochtyp angegeben werden:
festkochend (Salatware)
vorwiegend festkochend
mehlig festkochend

Handelsklassen
für Obst und Gemüse
Bei Obst und Gemüse gelten folgende Handelsklassen:
Extra = hervorragende Qualität, ohne Mängel
I = gute Qualität, leichte Mängel zugelassen
II = mittlere Qualität, Mängel zugelassen
III = Eigenschaften wie Klasse II, jedoch Mängel in größerem Umfang zugelassen
Die Handelsklasse (Qualitätsklasse) muß bei allen bedeutenden Obst- und Gemüsearten, bei den übrigen kann sie angegeben sein.

Handelsklassen
für tiefgefrorenes Geflügel
Für Hähnchen wurde eine gesonderte Handelsklasse geschaffen:
Extra A = Spitzenqualität
A = gute Qualität
Die Handelsklasse B kommt selten, C gar nicht in den Handel.

Hefe
Hefe soll frisch sein. Wenn Sie nicht wissen, ob die Hefe noch zu verwenden ist, geben Sie ein kleines Stück in heißes Wasser. Sinkt die Hefe zu Boden, ist sie nicht mehr zu verwenden.

ESSEN UND TRINKEN

Hefegebäck

■ Das Gebäck wird schön locker, wenn man die Hefe mit Buttermilch oder Kefir anrührt.

■ Die Oberfläche von Hefegebäck wird glänzend, wenn man es kurz vor dem Bräunen mit Eiweiß oder mit Milch bestreicht.

Heringe entgräten

Mit einem Küchenmesser den Bauch von hinten nach vorn aufschneiden und die Eingeweide herausnehmen. Die Haut am Kopf einritzen und nach hinten ziehen. Mit einer Schere Kopf, Schwanz und Flossen abschneiden. Den Hering mit der Innenseite auf ein Brett legen und mit der Handfläche auf den Rücken drücken. Den Hering umdrehen, die Mittelgräte vorn fassen und nach hinten abheben. Restliche, verbliebene Gräten mit einem scharfen, schräg gestellten Messer von vorne nach hinten abschaben.

Holzlöffel

■ Holzlöffel lassen sich nur schwer reinigen, weil sich Fettspuren in allen Rillen festsetzen. Überspült man sie vor der Benutzung mit kaltem Wasser, haftet das Fett nicht an.

■ Stark verschmutzte Holzlöffel werden wieder sauber, wenn man sie ein paar Tage in Sodawasser legt. Danach gut trocknen lassen.

Honig ohne Kristalle

Wenn Honig kristallisiert ist, kann man ihn bei nicht zu starker Hitze im Wasserbad erwärmen.

Hülsenfrüchte und Kohl kochen

Hülsenfrüchte und Kohl werden schneller weich, wenn man pro Liter Wasser einen Teelöffel »Bullrich-Salz« dazugibt. Die Speisen werden damit auch bekömmlicher, und außerdem ist der Kochgeruch nicht so streng.

KAKAO

Joghurt
Sie können Joghurt problemlos selbst herstellen. Dafür erwärmen Sie Trinkmilch auf 36 Grad und geben einen Eßlöffel fertigen Joghurt als Starter hinzu. Das Ganze wird gut durchgerührt, bevor Sie es in den auf 50 Grad vorgeheizten Backofen stellen. Den Ofen ausschalten, und den Joghurt sechs bis acht Stunden reifen lassen. Achten Sie unbedingt darauf, daß der Joghurt, den Sie zum Animpfen verwenden, nicht wärmebehandelt wurde, denn sonst haben Sie keinen Erfolg. Sie können als Starter aber auch ein spezielles Joghurtferment verwenden, das in Bio- und Naturkostläden, Reformhäusern oder Apotheken angeboten wird.

Kaffeearoma
Gemahlener Kaffee verliert schnell sein Aroma, auch wenn man ihn in einer gut verschließbaren Dose aufbewahrt. Stellen Sie die Kaffeedose in den Kühlschrank, so bewahrt der Kaffee sein Aroma wesentlich länger.

Kaffeegeschmack verbessern
Kaffee läßt sich geschmacklich verbessern, wenn man eine Messerspitze Kakao in den frisch gebrühten Kaffee einrührt.

Kaffeekanne, wenig benutzte
Wenig benutzte Kaffeekannen vor Gebrauch gründlich mit heißem Wasser ausspülen. Der Kaffee schmeckt dann frisch und nimmt keinen dumpfen Geschmack an.

Kakao kochen
■ Wird Kakao mit heißer Milch übergossen, klumpt er leicht zusammen. Man verhindert dies, in-

ESSEN UND TRINKEN

dem man den Kakao vorher mit Zucker mischt und mit einem Eßlöffel kalter Milch anrührt.

■ Wollen Sie verhindern, daß sich nach dem Umfüllen in die Trinkgefäße eine Haut bildet, geben Sie einen kleinen Eiswürfel hinzu.

Kartoffelbrei
Kartoffelbrei wird besonders glatt und geschmeidig, wenn man zunächst die heißen gekochten Kartoffeln mit der Butter und dem Salz verrührt, am besten mit einem elektrischen Handrührgerät, und dann erst die erwärmte Milch dazugibt.

Kartoffelbrei, dünner
Ist der Kartoffelbrei zu dünn geraten, gibt man eßlöffelweise Püreepulver oder Trockenmilch hinzu und schlägt das Ganze mit dem Schneebesen.

Kartoffelklöße
Bevor Sie Kartoffelklöße formen, reiben Sie Ihre Handflächen mit Salatöl ein. Die Klöße lassen sich dann leichter formen.

Kartoffeln
■ Alte und neue Kartoffeln haben einen unterschiedlichen Stärkegehalt und müssen deshalb auch unterschiedlich behandelt werden. Alte Kartoffeln werden in kaltem Wasser aufgesetzt, während man neue Kartoffeln in kochendem Wasser aufsetzt.

■ Angebrannte Kartoffeln verlieren den Brandgeschmack, wenn man die nicht angebrannten Kartoffeln in einen anderen Topf gibt und sie hier mit kaltem Wasser und etwas Salz kurz aufkocht.

■ Angebrannte Kartoffeln können Sie auch retten, wenn Sie die angebrannten Stellen abschneiden. Zerlassen Sie in einem anderen Topf etwas Butter, und schwenken Sie die Kartoffeln darin mit etwas gehackter Petersilie.

■ Angefrorene Kartoffeln haben einen süßlichen Geschmack. Man kann sie entsüßen, wenn man sie einen Tag vor dem Kochen in kaltes Wasser legt und in einen kühlen Raum stellt.

■ Kartoffeln müssen dunkel, luftig und frostfrei gelagert werden. Nach Möglichkeit nicht über einen halben Meter übereinanderschichten und wenigstens einmal im Winter umschichten.

■ Um gebackene Kartoffeln herzustellen, kocht man die rohen Kartoffeln in Salzwasser etwa zehn Minuten vor, wickelt sie dann erst in Alufolie und legt sie in den Backofen.

■ Kartoffeln sollte man immer erst kurz vor dem Kochen schälen. Geschälte Kartoffeln darf man

KARTOFFELPÜREEPULVER

nicht zu lange im Wasser liegen lassen, weil sonst die Nährstoffe ausgelaugt werden.
■ Kochen Sie Kartoffeln, auch Pellkartoffeln, immer mit Salzzugabe, weil dann die Nährstoffe nicht so ausgelaugt werden.
■ Lagerkartoffeln, die im Frühjahr zu keimen anfangen, müssen beim Schälen gründlich von allen Keimen befreit werden, weil die Keime giftige Substanzen enthalten.
■ Kartoffeln kochen nicht über und dampfen auch nicht so, wenn dem Wasser vor dem Kochen etwas Milch zugegeben wird.
■ Beim Reiben von Kartoffeln für Puffer und Klöße kann man die Finger vor Verletzung schützen, wenn man Fingerhüte aus dem Nähkasten benutzt.
■ Geriebene rohe Kartoffeln mit ein bis zwei Messerspitzen Ascorbinsäure (aus der Apotheke) mischen. Die Kartoffeln bleiben dann schön weiß.
■ Kartoffeln sollte man möglichst ungeschält kochen. So ist der Nährstoffverlust geringer.
■ Kartoffeln vom Tage vorher werden in kochendem Salzwasser erwärmt, worauf sie wieder wie frisch schmecken.
■ In feuchten Jahren fällt die Kartoffelernte gelegentlich nicht gut aus; die Kartoffeln sind seifig und schlüpfrig. Haben Sie solche Kartoffeln gekauft, dann sind sie noch genießbar, wenn man sie ohne Salz kocht.
■ Welke Kartoffeln lassen sich gut schälen, wenn man sie vor dem Schälen eine kurze Zeit in kaltes Wasser legt.
■ Gekochte Kartoffeln für Kartoffelsalat oder Bratkartoffeln können Sie ganz schnell mit einem Eierschneider schneiden.
■ Kartoffeln kochen schneller, wenn man einen Teelöffel Margarine in das kochende Wasser gibt. Dadurch erhöht sich der Siedepunkt, die Flüssigkeit wird heißer, die Kartoffeln kochen schneller.

Kartoffelpuffer
■ Kartoffelpuffer werden lockerer und leichter verdaulich, wenn man an den Teig eine Messerspitze Natriumhydrogencarbonat (»Bullrich-Salz«) gibt.
■ Die Kartoffelpuffer in dem heißen Fett braten lassen, bis sie einen groldbraunen Rand haben. Erst dann wenden, sonst bleiben sie am Pfannenboden kleben.
■ Kartoffelpuffer bekommen eine besonders schöne Farbe beim Braten, wenn Sie unter die geriebenen Kartoffeln einige geriebene Möhren mischen.

Kartoffelpüreepulver
Sind Eintopf oder Gemüse zu dünn geworden, rühren Sie etwas Kar-

ESSEN UND TRINKEN

toffelpüreepulver in das Essen. Der Geschmack bleibt erhalten, und die Speise wird schön sämig.

Käse
■ Bewahren Sie Käse immer in einem gut schließenden Behälter im Kühlschrank auf. Wenn Sie ein Stückchen Würfelzucker dazugeben, hält sich der Käse noch länger.
■ Nehmen Sie den Käse etwa eine Stunde vor Gebrauch aus dem Kühlschrank, damit sich Aroma und Duftstoffe besser entwickeln können.

Käsefondue
Der geschmolzene Käse für das Fondue wird lockerer und bekömmlicher durch die Zugabe einer Prise Natriumhydrogencarbonat (»Bullrich-Salz«).

Käse reiben
Frischer Käse läßt sich besser reiben, wenn man ihn zuerst im Gefrierfach einfriert und dann in gefrorenem Zustand reibt. Die Reibe verklebt dadurch nicht so stark, und man kann den Käse ohne Rest verbrauchen.

Kasseler Rippenspeer
Wenn Kasseler Rippenspeer zu stark gepökelt ist, legt man das Fleisch vor dem Braten in eine Mischung aus Milch und Wasser. Den Braten mit Küchenkrepp gut trockentupfen, damit es beim Braten nicht spritzt.

Kefirpilz
Selbst hergestellter Kefir schmeckt am besten. Doch was macht man mit dem Pilz, wenn man in Urlaub fahren möchte? Nach einer gründlichen Reinigung kann man ihn in Alufolie wickeln und einfrieren. So gefroren, kann man ihn nach der Rückkehr in Milch legen. Der Pilz hat die »kalte Urlaubszeit« gut überstanden, wächst und liefert wieder Kefir.

Kekse, altbackene
Altbackene Kekse werden wieder knusprig und frisch, wenn man sie kurz in Milch taucht und dann etwa 15 Minuten im Backofen erhitzt.

Kekse aufbewahren
■ Hartes Gebäck (Springerle, Makronen, Eiweißgebäck, Honig- und Lebkuchengebäck) wird luftig und kühl aufbewahrt. Dafür eignen sich ein großer Tontopf, eine Holzkiste oder ein Pappkarton, der eine Luftzufuhr ermöglicht. Durch die Aufnahme von Luftfeuchtigkeit wird das Gebäck während der Lagerung mürber.

KINDERERNÄHRUNG

■ Für weiches Gebäck eignen sich gutschließende Blech- oder Kunststoffdosen.

■ Knuspriges Gebäck, das auch so bleiben soll, muß luftdicht verschlossen aufbewahrt werden.

Der Öko-Tip:
Kinderernährung

■ Versuchen Sie, Ihr Kind zu stillen. Muttermilch ist nicht nur die beste Ernährung, die Sie Ihrem Kind geben können, sie enthält auch Stoffe, die das Immunsystem des Säuglings stärken. Gestillte Kinder zeigen weniger häufig Erkrankungen des Verdauungstraktes und leiden weniger oft an Infektionskrankheiten. Außerdem ist das Risiko einer Überernährung geringer.

■ Wenn Sie nicht stillen wollen oder können: Verwenden Sie zur Zubereitung der Flaschenmilch Leitungswasser oder ein Mineralwasser, das entsprechend gekennzeichnet ist (»für die Säuglingsernährung geeignet«). Nur solches Mineralwasser hält die erforderlichen Grenzwerte für Natrium, Nitrat und Sulfat ein. Beim Trinkwasser sollten Sie Ihr Wasserwerk nach diesen Werten fragen. Achten Sie auch auf Gehalte an Blei, Kupfer oder Zink aus Ihrer Wasserleitung. Lassen Sie bei Verdacht auf diese Stoffe Analysen machen. Verwenden Sie morgens nicht das Wasser, das über Nacht in der Leitung gestanden hat (auch nicht für Ihren Kaffee oder Tee!). Dieses Wasser eignet sich hervorragend als Gießwasser für Ihre Pflanzen. Ebenso sollten Sie nach längerer Abwesenheit erst das Wasser, das in den Leitungen gestanden hat, ablaufen lassen, bevor Sie es zum Kochen und Trinken verwenden.

■ Achten Sie bei Gläschennahrung auf die Deklaration der Inhaltsstoffe. Produkte mit Zucker, Fructose, Glucose oder Maltose sollten Sie meiden.

■ Bereiten Sie die Beikost für Ihr Kind möglichst selber zu. Das ist zwar zuerst etwas aufwendiger, doch vermeiden Sie dadurch die frühe Gewöhnung an bestimmte Ernährungsgewohnheiten (Zucker, Salz). Sie haben zudem die Gewähr, daß Sie wissen, was Ihr Kind ißt. Außerdem ist selbstzubereitete Beikost billiger als Gläschenkost.

■ Wenn Sie mit Beikost beginnen, sollten Sie Ihr Kind langsam an Vollwertkost gewöhnen. Entsprechende Produkte für Klein(st)kinder sind im Handel (z. B. im Reformhaus) erhältlich.

■ Geben Sie Ihrem Kind nur selten Spinat – und dann auch nur geringe Mengen! Wärmen Sie die Reste für das Kind auf keinen Fall wieder auf! Spinat enthält zumeist hohe Gehalte an Nitrat. Beim Aufwärmen kann daraus das giftige Nitrit gebildet werden. Der gute Ruf des Spinats, er sei durch seinen hohen Eisenanteil so gesund, ist inzwischen

ESSEN UND TRINKEN

widerlegt: Diese Annahme beruhte auf einem Kommafehler und in Wirklichkeit enthält Spinat in gekochtem Zustand nicht mehr Eisen als andere Gemüsesorten auch.

■ Geben Sie Ihrem Kind keine gezuckerten oder süßen Getränke. Zucker ist der wichtigste Risikofaktor für Karies und begünstigt zudem Übergewicht und Fehlernährung.

Klebriges schneiden
Klebrige Nahrungsmittel lassen sich besser schneiden, wenn man sie vorher etwas mit Mehl bestäubt.

Klöße
■ Klöße werden nicht so fest, wenn man den Teig vor dem Formen etwa eine Stunde stehen läßt.
■ Klöße zerfallen nicht beim Kochen, wenn man sie beim Formen stets in eine Richtung dreht.

Knäckebrot
Weichgewordenes Knäckebrot wird im Toaster knusprig frisch. Stellen Sie den Thermostat auf die niedrigste Stute, damit das Knäkkebrot nicht zu dunkel wird.

Knickeier kochen
Knickeier lassen sich kochen, wenn man sie fest in Seidenpapier oder Alufolie wickelt und dem Wasser etwas Salz zugibt.

Knoblauch
Knoblauchzehen trocknen nicht aus, wenn man sie geschält in einer Tasse mit Öl aufbewahrt. Nach dem Verbrauch des Knoblauchs kann man das aromatisierte Öl gut für Marinaden verwenden.

Knoblauchgeruch
■ Knoblauchgeruch können Sie stark mildern, wenn Sie einen halben Teelöffel Natriumhydrogencarbonat (»Bullrich-Salz«) in einem halben Glas warmem Wasser auflösen und diese Mischung trinken.
■ Wer trotz des oft störenden Mundgeruchs nicht auf Speisen mit Knoblauch verzichten möchte, kaut nach dem Essen einige Minuten lang Kardamonkerne.
■ Der unangenehme Knoblauchgeruch wird ein wenig gelindert, wenn man nach dem Essen eine Kaffeebohne zerkaut.

Der Öko-Tip:
Kochen
■ Wenn Sie die Wahl haben: Kochen Sie lieber mit Gas als mit Strom. Sie verbrauchen vergleichsweise weniger Primärenergie. Dadurch sinkt die Umweltbelastung

durch Schadstoffe bei der Umwandlung von Primär- in Nutzenergie.
■ Wenn Sie einen neuen Elektroherd kaufen wollen, vergleichen Sie den Stromverbrauch der angebotenen Geräte. Mikrowelle, Halogenstrahler und Induktionskochplatten helfen Strom sparen, letztere sogar 20–40 % gegenüber einem Normalherd.
■ Garen Sie nicht zuviel auf einmal in der Mikrowelle. Die Mikrowelle spart nur dann Energie, wenn Sie sie mit relativ kleinen Portionen (250 bis 500 Gramm) beladen. Bei größeren Portionen liegt der Energieverbrauch sogar über dem eines normalen Elektroherdes.
■ Kochen Sie mit dem Dampfkochtopf, denn so wird die Kochzeit verkürzt, und das spart Energie.
■ Kochen Sie immer mit Deckel. Mit dem Dampf steigt Wärme auf, die für den Kochvorgang verlorengeht.
■ Schalten Sie bei Elektroherden die Platte vorzeitig ab. So können Sie die gespeicherte Restwärme der Heizplatte noch nutzen.
■ Achten Sie darauf, daß die Kochplatte nicht größer ist als der Topf. Über den unbedeckten Teil der Kochplatte geht sehr viel Energie verloren.

Kohlgerichte
■ Kohlgerichte werden bekömmlicher, wenn Sie einige Körner Kümmel oder ein Gläschen Kümmelschnaps dazugeben.
■ Kohlgerichte schmecken nicht so streng, wenn Sie den Kohl vor dem Zubereiten mit kochendem Wasser überbrühen.
■ Kohlgeruch in der Küche kann gemildert werden, indem man während des Garens eine Scheibe Brot auf das Gemüse gibt.

Kokosmakronen
Fügen Sie beim Anfertigen von Kokosmakronen einen Tee- oder Eßlöffel (je nach Menge) Honig hinzu. Die Makronen bleiben länger frisch und locker und bekommen einen angenehmen Geschmack.

Kokosnüsse öffnen
Eine Kokosnuß – und vor allem ihre Milch – ist eine Delikatesse. So öffnet man die Nuß: Mit einem spitzen Gegenstand (Korkenzieher oder Handbohrer) die »Augen« anbohren und die Kokosmilch ablaufen lassen. Nun mit einer Säge die Schale in der Längsachse einsägen und mit einem Hammer vorsichtig darauf schlagen. So teilt sich die Nuß, und zum Teil löst sich der Kern von der Schale.

ESSEN UND TRINKEN

Konservendosen
Kaufen Sie keine Konservendosen, die eingedellt oder aufgebläht sind. Bei eingedellten Dosen kann Zink auf den Inhalt übergehen, bei aufgeblähten Dosen besteht dringender Verdacht, daß der Inhalt verdorben ist. Wer verdorbene Dosenware ißt, kann eine schwere Lebensmittelvergiftung bekommen!

Kopfsalat
Nehmen Sie den frischen Salatkopf aus der Plastiktüte, wickeln Sie ihn in feuchtes Zeitungspapier, und bewahren Sie ihn im Gemüsefach des Kühlschranks auf. Auf keinen Fall in Plastiktüten aufbewahren!

Kopfsalat, welker
Geben Sie den geputzten Kopfsalat in eine Schüssel mit kaltem Zitronenwasser, die Sie für eine halbe Stunde in den Kühlschrank stellen.

Korken
Korken sitzen oft sehr fest in der Flasche. Legen Sie ein feuchtes Handtuch um den Flaschenhals, und reiben Sie ihn damit warm. Der Korken läßt sich jetzt ganz leicht aus der Flasche ziehen.

Koteletts
■ Koteletts werden schön saftig, wenn man sie vor dem Würzen und Panieren durch Essigwasser zieht.
■ Koteletts wellen sich nicht, wenn man sie am Rand ein paarmal einschneidet.
■ Koteletts bekommen einen pikanten Geschmack, wenn sie vor dem Panieren mit scharfem Senf bestrichen werden.

Krabben
■ Krabben und Garnelen schält man, indem sie in der Mitte durchgebrochen werden. Während eine Hand den Schwanz festhält, zwirbelt man zwischen Daumen und Zeigefinger der anderen die Schale etwas auf, bis das Fleisch hervorschaut. Jetzt das Fleisch fassen und die Krabbe auseinanderziehen.
■ Damit Krabben bei der Zubereitung nicht zäh werden, läßt man sie nur kurz aufkochen.

Kräuter einfrieren
Nach dem Waschen die Kräuter gut trocknen lassen. Fein hacken, dann in den Eiswürfelbehälter geben und einfrieren. Wenn die Kräuter vollständig gefroren sind, aus dem Behälter herausnehmen und in kleine Plastikbeutel umfüllen. Im Gefrierschrank gelagert, haben Sie jederzeit frische Kräuter.

KUCHENTEIG

Kräuter einlegen
Kräuter kann man nicht nur einfrieren und trocknen, sondern auch einlegen. Der Geschmack hält sich dann besonders intensiv. Und so wird es gemacht: Kräuter waschen, trocknen, in kleine Gläser füllen und mit Weinessig oder Olivenöl übergießen.

Kräuter, frische
■ Damit Kräuter frisch und schnittfest bleiben, bewahrt man sie in einem Glas mit weiter Öffnung und Schraubverschluß im Kühlschrank auf. Plastikbehälter mit Vakuumverschluß erfüllen den gleichen Zweck. Legen Sie zwischen jede Kräuterlage ein Blatt Küchenpapier.
■ Petersilie können Sie ungehackt einfrieren; sie läßt sich in gefrorenem Zustand leicht zerbröseln.
■ Frische Kräuter behalten besser ihren Saft, wenn man sie auf einem angefeuchteten Holzbrett schneidet oder hackt, da so der Saft nicht in das trockene Holz eindringt.

Kräuter, getrocknete
■ Getrocknete Kräuter verändern ihren Geschmack und ihren Geruch durch den Einfluß von Licht und Sauerstoff. Deshalb sollten Sie sie immer luftdicht verschlossen in dunklen Gläsern aufbewahren.

■ Küchenkräuter lassen sich im Mikrowellenherd problemlos trocknen.

Kuchenteig
■ Kuchenteig muß immer in der gleichen Richtung gerührt werden, da durch einen Wechsel das spätere Aufgehen oder Gären gefährdet wird.
■ Die Eidotter vor dem Hinzufügen stets schaumig schlagen und ein wenig Essig hinzufügen.
■ Kuchenteig wird lockerer, wenn man einige Tropfen Essig unter den Teig rührt.
■ Ein Kuchenteig aus vielen Eiern und viel Fett ist oft fest. Man bekommt ihn auf einfache Art locker, wenn man einen Teil der vorgesehenen Menge Mehl durch Stärkemehl ersetzt.
■ Um ein Ankleben des Teiges beim Ausrollen zu verhindern, bearbeiten Sie den Teig zwischen zwei Lagen Pergamentpapier oder Klarsichtfolie.

ESSEN UND TRINKEN

L

Der Öko-Tip:
Lebensmittelverpackungen
- Meiden Sie nach Möglichkeit Kunststoffverpackungen. Gemischte Kunststoffabfälle sind derzeit nicht wirtschaftlich und umweltschonend wiederzuverwerten.
- Nehmen Sie wiederbefüllbare Gefäße mit, z. B. die Eierschachtel für lose Eier, Gefrierboxen für Hackfleisch, das Sie sowieso einfrieren wollten usw. Dadurch verringern Sie das Abfallvolumen z. B. an Folien.
- Bevorzugen Sie bei den übrigen Lebensmittelverpackungen Glas und Papier oder Pappe, denn diese Abfälle lassen sich wiederverwerten.
- Kaufen Sie Obst und Gemüse, Fleisch und Aufschnitt, Brot und Kuchen möglichst lose ein. Abgepackte und verschweißte Ware verursacht mehr Abfall, und Sie können die Frische und das Aroma nicht überprüfen.

Leber
- Leber darf vor dem Braten nicht gesalzen werden, da sie sonst hart wird. Deshalb erst nach dem Braten würzen.
- Besonders zart wird Leber, wenn Sie sie vor dem Braten etwa eine halbe Stunde in Milch einlegen, danach gut abtrocknen, in Mehl wenden und braten.

M

Mais kochen
Dem Kochwasser sollten Sie kein Salz zufügen, weil das die Maiskörner zäh macht. Ein Schuß Zitronensaft im Kochwasser erhält die schöne gelbe Farbe der Maiskörner.

Maiskolben putzen
Die etwas klebrigen Fäden an den Maiskolben lassen sich leicht mit einer alten Zahnbürste entfernen.

Mandeln enthäuten
Mandeln lassen sich leicht enthäuten, wenn man sie für einige Zeit in heißes Wasser legt und anschließend mit kaltem Wasser abschreckt.

Marmelade einfüllen
Beim Einfüllen von frischgekochter Marmelade verkleben die Gläser leicht. Mit einem kleinen Trick kann man dies verhindern. Man schneidet eine Kaffeefiltertüte auf und gibt sie als Trichter in das Marmeladenglas. So kann man mühelos die Marmelade einfüllen, und die Gläser bleiben sauber.

Marmelade, eingetrocknete
■ Eingetrocknete Marmelade wird durch kurzes Aufkochen in heißem Wasser wieder verwendbar.

■ Geben Sie etwa zwei Eßlöffel Rum, Wodka, Cognac oder Calvados über die angetrocknete Oberfläche. Nach einigen Stunden wird die Marmelade gut durchgerührt. Nicht für Kinder geeignet!

Marmeladen und Gelees einmachen
■ Marmeladen werden immer heiß in gutgespülte und getrocknete Gläser eingefüllt und sofort verschlossen.

■ Gelees müssen immer erst abkühlen, bevor sie verschlossen werden, da sich sonst Kondenswasser bildet und den Gelierprozeß verhindert.

■ Marmeladen und Gelees gelieren besser, wenn man dem Einkochobst einige unreife Früchte beifügt.

Margarine, spritzende
Das Spritzen von Margarine beim Braten wird weitgehend vermie-

ESSEN UND TRINKEN

den, wenn man sie in die kalte Pfanne oder den kalten Topf gibt und zusammen mit Topf oder Pfanne erhitzt.

Das Erhitzen sollte nach Möglichkeit sehr schnell geschehen, da dabei die Wassertröpfchen in der Margarine verdunsten und sich nicht zu größeren Tropfen zusammenschließen können, die das Spritzen verursachen.

Marzipan
Um das Austrocknen von Marzipan zu verhindern, schlägt man es in ein feuchtes Tuch ein.

Mayonnaise
Bei der Zubereitung von Mayonnaise sollten Sie nur gut gekühlte Eier direkt aus dem Kühlschrank verwenden, weil sie so schneller dick wird.

Mayonnaise, geronnene
Geronnene Mayonnaise kann man noch retten, wenn man wieder von vorne anfängt, das heißt, wieder ein Eigelb mit einigen Tropfen Öl verrührt und dann nach und nach, teelöffelweise, die geronnene Mayonnaise dazugibt. Ist sie immer noch nicht glatt, etwas Zitronensaft, Salz und Senf hineingeben.

Mayonnaise verlängern
Ist die Mayonnaise nicht dick genug geworden, dann reibt man eine kalte gekochte Kartoffel hinein.

Meerrettich
Damit Ihnen beim Meerrettichschneiden nicht die Tränen kommen, hängen Sie ein nasses Tuch über zwei Töpfe und reiben darunter den Meerrettich.

Meerrettich einfrieren
Geriebener Meerrettich wird mit geschlagener süßer Sahne gemischt und eingefroren, beispielsweise in Eiswürfelbehälter. Eine feine Beilage zu Fleisch, Wurst und Fisch sowie zum Verfeinern von Saucen.

Mehl
■ Mehl nimmt leicht fremde Gerüche an. Es muß deshalb von stark riechenden Lebensmitteln getrennt gelagert werden. Es ist darauf zu achten, daß keine Feuchtigkeit an das Mehl gelangt, weil es sonst verklumpt.

■ Mehl klumpt nicht beim Binden von Suppen oder Saucen, wenn man dem Mehl vorher etwas Salz untermischt.

Melonen

■ Netzmelonen: Die Frucht ist reif, wenn sie bei Druck in der Nähe des Stielansatzes leicht nachgibt; überreife Früchte geben an jeder Stelle nach. Sie sollten aromatisch duften.

■ Wassermelonen: Die Frucht ist gut, wenn sie beim Abklopfen einen dumpfdunklen Ton abgibt. Klingt der Ton hohl, sollten Sie auf den Kauf verzichten. Die Melone ist trocken oder noch nicht reif.

Messer

■ Messer dürfen Sie nicht in heißes Fett tauchen, weil sie sonst schneller stumpf werden.

■ Alte, nicht rostfreie Messer wischt man nach der Benutzung sofort mit Papier ab, um Rostansatz zu verhindern.

■ Scharfe Messer nicht mit anderem Besteck zusammen in die Schublade legen, da man sich beim Herausnehmen Schnittwunden zufügen könnte. Scharfe Messer gesondert aufbewahren. Noch besser ist es, die Messer gut sichtbar in einer hölzernen Halterung, in die die Klingen versenkt werden, aufzubewahren, beispielsweise in einem Messerblock.

■ Messer kann man, wenn man keinen Wetzstahl zur Hand hat, auch am unteren Rand eines unglasierten Tellers schärfen.

Mikrowelle richtig genutzt
Anwärmen

■ 250 g Butter aus dem Kühlschrank werden bei 180 Watt in 30 Sekunden streichfähig.

■ 1/2 l Speiseeis wird bei 180 Watt in 30 bis 45 Sekunden cremig und läßt sich leichter aus der Packung herausnehmen.

■ Zwei flache Teller, mit etwas Wasser angefeuchtet, sind nach 1 Minute bei 600 Watt angewärmt.

■ Ihre Salatsauce, besonders wenn sie mit getrockneten Kräutern gewürzt ist, entfaltet nach 20 bis 30 Sekunden bei 600 Watt ihren vollen Geschmack.

■ Haben Sie vergessen, den Käse aus dem Kühlschrank zu nehmen? Eine Platte mit etwa 500 g Käse entwickelt bei 180 Watt nach 50 bis 60 Sekunden ihr volles Aroma.

■ Zitrusfüchte geben mehr Saft, wenn sie bei 600 Watt 30 Sekunden angewärmt werden.

■ Hefeteig bei geringster Stufe 5 bis 7 Minuten abgedeckt gehen lassen.

■ 2 EL Tiernahrung aus dem Kühlschrank sind bei 600 Watt in 15 bis 20 Sekunden angewärmt.

Babykost

■ Den Metalldeckel vor dem Erwärmen im Mikrowellengerät entfernen und das Glas mit Mikrowellenfolie abdecken.

■ 200 g sind bei 600 Watt in 2 Minuten erwärmt.

ESSEN UND TRINKEN

■ Vor dem Füttern den Inhalt gut durchrühren und auf jeden Fall die Temperatur prüfen.

■ Babyflasche mit 200 ml Inhalt bei 600 Watt 1 bis 1 1/2 Minuten erwärmen, gut schütteln und die Temperatur prüfen.

Blanchieren von Gemüse

■ 500 g geputztes Gemüse mit 1/8 l Wasser abgedeckt bei 600 Watt 5 bis 7 Minuten erhitzen, abschrecken.

■ Spinat und Wirsingblätter feucht in ein Geschirrtuch wickeln, auf einen großen Teller legen und bei 600 Watt 3 bis 5 Minuten blanchieren.

■ Von einem festen Kohlkopf lassen sich die einzelnen Blätter leichter lösen, wenn Sie den Kohlkopf in ein feuchtes Geschirrtuch einschlagen, auf einen großen Teller legen und bei 600 Watt 3 bis 6 Minuten erhitzen.

■ Das Gemüse auf jeden Fall im Gerät einige Minuten ruhen lassen, damit sich die Wärme besser im Kochgut verteilen kann.

Bräunen und Braten

■ Appetitlich krosser Braten und leckere, knusprige Aufläufe gelingen problemlos in einem Kombinationsgerät mit Grill, Ober- und Unterhitze und/oder Umluft. In einem Solo-Mikrowellengerät müssen Sie schon ein paar einfache Tricks anwenden, sollen Braten und Aufläufe eine braune Oberfläche erhalten:

■ Verwenden Sie ein Bräunungsgeschirr; es wird im Mikrowellengerät nach Angaben des Herstellers einige Minuten aufgeheizt. Geben Sie etwas Butterschmalz und/oder Öl ins Geschirr, und legen Sie das Bratgut ein. Nach ein bis zwei Minuten das Bratgut wenden und auf eine unbenutzte Stelle des Bräunungsgeschirrs legen, Mikrowellengerät wieder einschalten und das Fleisch fertigbraten.

■ Das aufgeheizte Bräunungsgeschirr können Sie auch für fertige Pizzen, Pfannkuchen, Steaks und belegte Toastbrote verwenden.

■ Wenn Sie mindestens einmal pro Woche eine (tiefgekühlte) Pizza zu Hause servieren, dann sollten Sie sich einen speziellen, flachen Pizzabräuner besorgen. Die Pizza ist schnell heiß, der Belag bleibt saftig, und der Boden wird knusprig.

■ Ohne Bräunungsgeschirr bekommen Geflügel, Rinder- oder Schweinebraten, Frikadellen, Schnitzel, Steaks usw. eine schöne braune Färbung im Solo-Mikrowellengerät, wenn Sie das Fleisch mit folgenden Bräunungsmitteln (mit Hilfe eines Backpinsels) bestreichen:

zerlassene Butter oder Öl mit Paprikapulver vermischt; Sojasauce; Barbecue- und andere dunkle Fertigsaucen; Bratensaucenpulver mit

Wasser vermischt; Honig oder Orangenmarmelade mit etwas Wasser verrührt; gemahlene dunkle Gewürze wie Zimt, Nelken, Lebkuchengewürz u. a.

■ Aufläufe bestreuen Sie nach der Hälfte der Garzeit mit geriebenem Käse, Schafskäsewürfeln, gerösteten Mandeln, Haselnüssen, Kokosflocken, zerbröselten Cornflakes, Kartoffelchips oder kleinen Speckwürfelchen.

■ Speck läßt sich besonders leicht und kroß in der Mikrowelle braten.

■ Legen Sie Speckwürfel oder Speckscheiben zwischen Küchenkrepp, und garen Sie den Speck auf einem Teller bei 600 Watt in 1 bis 3 Minuten – je nach Menge. Kleine, krosse Speckwürfelchen schmecken gut über grünen Salaten mit Zitrone/Walnußöl-Dressing und dünnen Birnenscheiben. Heiße, krosse Speckscheiben passen gut zu Gemüseaufläufen.

Enthäuten

■ 200 g Mandeln in einem Gefäß eben mit Wasser bedecken und bei 600 Watt 3 bis 4 Minuten erhitzen, einige Minuten ruhen lassen, abgießen und schälen.

■ Tomaten und Paprikaschoten mit kaltem Wasser abspülen, die Haut mit einer Gabel mehrmals einstechen, in Mikrowellenfolie wickeln und bei 600 Watt (pro Tomate 40-50 Sekunden, 1 Paprika je nach Größe 3-5 Minuten) erhitzen, abschrecken, anschließend die Haut abziehen.

Erhitzen

■ 1 Glas Milch oder Tee, 1 Becher Kaffee, 1 Glas Wasser für den Grog oder 1 Tasse Brühe erhitzen Sie in einem hitzebeständigen Gefäß zusammen mit einem Teelöffel oder einem Glasstab (um ein plötzliches heftiges Übersprudeln zu vermeiden) bei 600 Watt in 1 bis 3 Minuten. Vor dem Servieren bitte umrühren!

■ 250 g Trockenfrüchte mit 1/2 Tasse Wasser begießen und bei 360 Watt 10 Minuten erwärmen. Die Früchte müssen nicht mehr stundenlang eingeweicht werden.

■ Getrocknete Pilze mit etwas Wasser bei geringster Stufe 10 bis 15 Minuten ziehen lassen.

■ Wollen Sie während des Garens weitere Flüssigkeiten nachgießen, so müssen Sie diese Flüssigkeit zuvor erwärmen, sonst wird der Garvorgang unterbrochen.

Marinieren

Rindfleisch in gutem Burgunder (Boeuf bourguignon), Sauerbraten, Schweinefleisch in Weißwein, Wild in Rotwein – diese würzigen Braten müssen Sie nicht mehr tagelang in der Marinade ziehen lassen. Stellen Sie das Fleisch mit der Marinade abgedeckt bei geringster Leistung für maximal 30 Minuten (bei einem 1 kg schweren Braten) in das Mikrowellengerät. Nach der Hälfte der Zeit das Fleisch wenden. Anschließend trocknen und wie gewünscht braten.

Pudding

▪ Verrühren Sie in einem hohen Gefäß 1/2 l Milch mit 2 EL Zucker und dem Puddingpulver (oder 6 EL Grieß). Abgedeckt bei 600 Watt 6 bis 8 Minuten erhitzen, zwischendurch öfter umrühren. Nach Geschmack mit einem Eigelb, einem geschlagenen Eiweiß, etwas Rum oder etwas frischer Sahne verfeinern. Im selben Gefäß erkalten lassen oder in Schälchen umfüllen.

▪ Auch die besonders bei Kindern so beliebte Götterspeise läßt sich leicht im Mikrowellengerät herstellen: 1/2 l Wasser (oder Fruchtsaft, verdünnt oder unverdünnt) bei 600 Watt 5 bis 6 Minuten erhitzen, Pulver nach Packungsvorschrift mit oder ohne Zucker mit etwas kaltem Wasser oder Saft verrühren, 10 Minuten quellen lassen, in das heiße Wasser rühren. Im Kühlschrank erstarren lassen.

▪ Heute wird dieses göttliche Gelee nicht nur in den altbekannten Geschmacksrichtungen Waldmeister, Kirsch, Zitrone, Himbeer angeboten, sondern man findet auch Maracuja, Aprikose, Johannisbeere, Ananas. Kochen Sie Ihre Lieblingsgötterspeise anstatt mit Wasser mit dem (eventuell verdünnten) Saft von eingemachten Früchten wie Kirschen, Aprikosen, Pfirsichen usw. »Füllen« Sie die Götterspeise vor dem Erstarren mit einigen eingemachten Früchten oder frischen Bananenscheiben.

Rösten

100 g Mandeln, Haselnüsse, Pinienkerne, Weißbrotwürfel oder Kokosflocken lassen sich auf einem Teller ausgebreitet bei 600 Watt in 2 bis 4 Minuten rösten.

Schmelzen

▪ 100 g Schokolade, in Stücke zerbrochen, sind bei 360 Watt in 4 bis 5 Minuten geschmolzen.

▪ Köstliche Knabberflocken stellen Sie so her: 50 g Schokolade schmelzen, mit 1 TL Butter vermengen. 1 Tasse Cornflakes mit 30 g Mandelblättchen mischen, mit der flüssigen Schokolade verrühren und kleine Häufchen auf Pergamentpapier zum Trocknen setzen.

▪ 100 g Butter werden bei 600 Watt in 4 bis 6 Minuten flüssig, 20 g = 1 EL Butter schmelzen bei 600 Watt in 25 bis 30 Sekunden.

▪ 1 Beutel (6 Blatt Gelatine) mit 5 EL kaltem Wasser anrühren, 10 Minuten quellen lassen, bei 600 Watt in 20 bis 30 Sekunden auflösen.

▪ 1/4 l Flüssigkeit mit 1 Päckchen Tortenguß und Zucker nach Geschmack bei 600 Watt 2 bis 3 Minuten erhitzen, zwischendurch zweimal umrühren.

■ Käsefondue: 500 g geriebenen Käse mit 1 Gläschen Weißwein, 1 EL Kirschgeist, 1 TL Speisestärke und Knoblauch nach Geschmack verrühren. Bei 600 Watt in 8 bis 10 Minuten erhitzen, zwischendurch mehrmals umrühren.

■ Kristallisierter Honig wird bei 180 Watt in 2 bis 4 Minuten wieder flüssig.

■ Karamel: 100 g Puderzucker (oder braunen Zucker) mit 1 EL Wasser verrühren, bei 600 Watt 4 bis 5 Minuten karamelisieren lassen. Karamel mit 1 TL Honig und/oder 1 EL süßer Sahne und/oder 1 EL Butter verrühren und mit 300 g zerkleinerten Nüssen (Mandelstifte, Haselnüsse, Walnüsse, Pinienkerne, Pistazien usw., gemischt oder einzeln) vermengen, kleine Häufchen auf Backpapier setzen und erstarren lassen.

Trocknen

■ Zum Aromatisieren von Gebäck, Desserts und Getränken die Schale von unbehandelten Zitronen oder Orangen fein abreiben, auf einem Teller ausbreiten und je nach Menge bei 600 Watt 5 bis 10 Minuten trocknen, etwas lockern und luftdicht in Gläsern verschließen.

■ Pilze und Kräuter: Blättrig geschnittene Pilze auf einem Teller zwischen Küchenkrepp ausbreiten und je nach Menge zwischen 3 und 8 Minuten bei 600 Watt trocknen lassen. Kräuter waschen und trocknen, zerkleinert zwischen Küchenkrepp legen und bei 600 Watt 2 bis 4 Minuten trocknen, etwas lockern und luftdicht in Gläsern verschließen.

■ Speckwürfel und Speckschwarten in einem Gefäß mit etwas Wasser bei 600 Watt 5 bis 7 Minuten trocknen. Anschließend zerbröseln und als Würze für Aufläufe, Braten oder Salate verwenden. In Schraubgläsern luftdicht aufbewahren.

■ Wenn Sie statt Rosinen kernlose Weintrauben im Haus haben: 200 g gewaschene, trockene Trauben auf einem Teller ausbreiten, bei 360 Watt 15 bis 25 Minuten trocknen lassen, zwischendurch öfter wenden, entstandene Flüssigkeit abgießen. Achten Sie darauf, daß die Früchte keine Farbe annehmen, lieber das Gerät eine Stufe niedriger einstellen. Die gedörrten Weintrauben (mit dem aufgefangenen Saft) verfeinern Obstsalate, schmecken im Sauerkraut, zu Sauerbraten oder in Wildsaucen.

Milch

■ Das Ausgießen aus gerade geöffneten Milchpackungen in viereckiger Form ist gar nicht so einfach, denn oft »schießt« die

ESSEN UND TRINKEN

Milch heraus. Wenn man nach dem Abschneiden der Ecke auf der gegenüberliegenden Seite ein Loch einsticht, passiert dies nicht.

■ Wenn man den Topf vor dem Kochen der Milch kalt ausspült, brennt die Milch nicht an.

■ Oder lassen Sie ein kleines Stückchen Margarine im Topf schmelzen, so daß der ganze Boden damit überzogen ist.

■ Die Milch schmeckt nicht mehr angebrannt, wenn Sie etwas Natron dazugeben und sie in einem neuen Topf noch einmal aufkochen.

Milchreis
Den Reis mit viel Wasser (leicht salzen) für ein paar Minuten vorkochen; Wasser abgießen und erst dann mit der Milch auffüllen. So klebt er nicht.

Milchtöpfe reinigen
Milchtöpfe müssen nach dem Milchkochen immer zuerst mit kaltem Wasser ausgespült werden. Wird ein Topf sofort mit heißem Wasser ausgespült, fällt die Reinigung viel schwerer, weil das Eiweiß der Milch gerinnt.

Milch, übergekochte
Wenn die Milch übergekocht ist, sofort den Topf von der Herdplatte nehmen, die Milch mit einem feuchten Tuch wegwischen und einige kräftige Spritzer Essig auf die noch heiße oder warme Herdplatte geben. Nicht für Glaskeramik-Kochfelder geeignet!

Der Öko-Tip:
Minipäckchen
Vermeiden Sie die besonders abfallträchtige Miniportiönchen! Bevorzugen Sie stattdessen wiederverschließbare größere Behälter (z. B. bei Kaffeesahne oder Marmelade), möglichst aus Glas. Süßwaren in Miniportionen hinterlassen viel unnötigen Verpackungsabfall. Außerdem sind sie nicht preiswert.

Mohn
■ Mohn wird aufgrund seines hohen Ölgehalts leicht ranzig; sie sollten immer nur kleine Mengen einkaufen und direkt verarbeiten.

■ Gemahlener Mohn kann 3 Monate eingefroren und bei Bedarf einfach in kleinen Portionen entnommen werden.

Mühle absichern
Ein Plastikbeutel sorgt dafür, daß beim Zerkleinern von Nüssen, Mandeln, Schokolade oder Paniermehl in der Handmühle oder der elektrischen Küchenmaschine nichts mehr daneben fällt. Den

NUDELN

Beutel dazu an der Öffnung mit einem Gummiband befestigen. Wenn der Beutel voll ist, wird er einfach über einer Schüssel ausgeleert.

Mürbeteig
■ Oft wird Mürbeteig beim Durchkneten krümelig. Mit ein paar Tropfen geschmacksneutralem Öl wird der Teig wieder geschmeidig und läßt sich ohne Mühe weiterverarbeiten.
■ Mürbeteig läßt sich leicht zwischen Pergamentpapier oder Klarsichtfolie ausrollen. Sie brauchen kein Mehl, und es klebt kein Teig am Ausroller.
■ Beim Backen wirft Mürbeteig keine Blasen, wenn Sie ihn vorher mit der Gabel ein paarmal einstechen.

Muscheln
Vor dem Kochen geöffnete oder verletzte Muscheln wegwerfen. Die guten Exemplare ohne Flüssigkeit, aber mit klein geschnittenem Gemüse (Suppengrün, Tomaten, Zwiebeln, Knoblauch usw.) aufsetzen; sie sondern beim Erhitzen selbst genug ab. Nach dem Garen werden die Muscheln, die sich nicht geöffnet haben, ebenfalls fortgeworfen.

Napfkuchen
Napfkuchen fällt beim Backen häufig zusammen. Um das zu verhindern, steckt man vor dem Backen ein Stück Makkaroni in den Teig, das als »Kamin« wirkt. So geht der Kuchen prächtig auf.

Napfkuchen aus der Form lösen
■ Napfkuchen, der aus dem Ofen kommt, muß noch für einige Minuten in der Form bleiben. Danach stürzen Sie ihn auf ein Kuchengitter und entfernen die Form.
■ Läßt sich die Form nicht lösen, so legen Sie auf die Form ein feuchtes und kaltes Tuch, danach läßt sie sich leicht abheben.
■ Leichter läßt sich der Kuchen auch aus der Form lösen, wenn Sie sie nach dem Fetten mit Semmelbröseln, Grieß oder gemahlenen Nüssen ausstreuen.

Nudeln
Nudeln kleben nicht aneinander, wenn man in das Kochwasser ei-

nige Eßlöffel Öl gibt (was auch das Abschrecken der garen Nudeln mit kaltem Wasser überflüssig macht). Außerdem sollte die Wassermenge immer reichlich bemessen sein, etwa 1 Liter Wasser auf 100 Gramm Nudeln.

Nüsse
■ Nüsse schimmeln, wenn sie nicht an einem ganz trockenen Ort aufbewahrt werden. Am besten hängt man sie in einen luftdurchlässigen Beutel oder in Netzen, in denen Apfelsinen verpackt waren, an einem trockenen Ort auf.
■ Die braune Haut von entkernten Nüssen können Sie leicht abziehen, wenn Sie die Nüsse eine Viertelstunde in warme Milch legen.

Nüsse knacken
Soll vermieden werden, daß beim Öffnen der Kern zerquetscht wird, legt man die Nüsse für etwa eine halbe Stunde in kochendheißes Wasser.

Nußgebäck
Nüsse, Mandeln und Kokosraspel können bei langer Lagerung ranzig oder seifig werden. Der Geschmack verstärkt sich beim Backen noch daher immer vor dem Backen die Zutaten vorkosten.

Obst, gefrorenes
Während angefrorene Zitrusfrüchte ungenießbar geworden sind, läßt sich alles andere Obst noch retten. Wässern Sie die Früchte in paar Stunden in Salzwasser; anschließend sofort verarbeiten.

Obst, geschältes
Damit Äpfel und Birnen nach dem Schälen und Vierteln nicht braun anlaufen, beträufelt man sie sofort mit Zitronensaft und deckt die Stücke mit einem Teller zu.

Obst, gespritztes
■ Essen Sie nie ungewaschenes Obst! Waschen Sie das Obst gründlich mit lauwarmem Wasser, aber lassen Sie es nicht im Wasser liegen, weil sonst Vitamine ausgelaugt werden können.
■ Verwenden Sie nie die Schale von gespritzten Zitronen oder Orangen zum Kochen und Backen. Kaufen Sie dafür Früchte, die aus-

ORANGEN

drücklich als »unbehandelt« deklariert sind, am besten im Bioladen oder Reformhaus.

Obstsalat
Etwas kleingeschnittener Ingwer oder in Rum eingelegte Rosinen verleihen dem Obstsalat eine besondere Note.

Obstkuchen schneiden
Beim Schneiden von Obstkuchen mit dünnem Mürbeteigboden rutschen die Früchte oft herunter. Creme oder Marmelade auf dem Boden hilft, dieses Malheur zu vermeiden. Außerdem weicht der Teig dann nicht durch.

Obsttortenboden
Flüssigkeit aus dem Obst weicht den Tortenboden auf. Dies können sie verhindern, wenn Sie den Tortenboden gleichmäßig mit Sahnesteif bestreuen oder mit Backoblaten belegen. Man kann den Tortenboden auch mit steifgeschlagenem Eiweiß bestreichen.

Der Öko-Tip:
Ökologische Nahrungsmittel
Die Produkte der nachfolgend aufgeführten Erzeuger sind besonders schadstoffarm durch den Verzicht bzw. weitgehenden Verzicht von Kunstdünger und Pflanzenschutzmitteln. Die anerkannten Verbände der ökologischen Landwirtschaft heißen Demeter (biodyn), Bioland, Biokreis Ostbayern, Naturland, Anog und Ecovin.

Öl
■ Öl wird nicht ranzig, wenn man die Flasche mit einem Leinenlappen verschließt und dunkel aufbewahrt.
■ Öl hält sich länger frisch, wenn man einige Körnchen Salz dazugibt und die Flasche an einem dunklen Ort aufbewahrt.

Orangen
Zum Entfernen der weißen Schalenreste werden die Orangen vor dem Schälen für ein paar Minuten in kochendes Wasser gelegt.

ESSEN UND TRINKEN

P

Pellkartoffeln schneiden
Für Kartoffelsalat oder Bratkartoffeln erhält man schön gleichmäßige Scheiben, wenn man die gepellten Kartoffeln mit einem Eierschneider schneidet. Außerdem geht das oft schneller als mit dem Messer.

Panieren ohne Ei
Wer ohne Ei kochen muß oder will, muß deshalb nicht auf Paniertes verzichten. Es gibt folgende Möglichkeiten:
■ Das Fleischstück kurz unter kaltes Wasser halten und dann sofort in Paniermehl wälzen.
■ Sehr feines Paniermehl mit Kondensmilch mischen und darin die zu panierenden Stücke wälzen. Eventuell etwas Paniermehl nachstreuen.

Paniertes Fleisch würzen
■ Paniertes Fleisch läßt sich gut würzen, wenn man die Gewürze dem geschlagenen Ei zugibt.
■ Mischen Sie unter das Paniermehl geriebenen Käse, getrocknete Kräuter oder Kokosflocken.

Paprikapulver
Paprikapulver darf niemals schon beim Anbraten zum Fleisch gegeben werden, da es verbrennt und das Fleisch bitter macht.

Perlzwiebeln
Perlzwiebeln lassen sich leichter schälen, wenn man sie vorher mit Salzwasser übergießt.

Petersilie
Petersilie bleibt länger frisch, wenn man sie in einem sauberen Schraubglas aufbewahrt. Man kann die Petersilie auch waschen, abtropfen lassen und dann in einem Frischhaltebeutel im Kühlschrank aufheben oder kleingehackt einfrieren.

Pfannkuchenteig
Pfannkuchen werden besonders locker, wenn man anstelle der vorgeschriebenen Flüssigkeit Mineralwasser verwendet oder dem Teig einen Schuß Bier oder eine Messerspitze Natriumhydrogencarbonat (»Bullrich-Salz«) zufügt und außerdem das Eiweiß zu steifem Schnee schlägt und vorsichtig unterzieht.

Pfannkuchen warmhalten
Pfannkuchen schmecken am besten frisch aus der Pfanne. Wenn dennoch alle Familienmitglieder gemeinsam essen wollen, müssen die Pfannkuchen warmgehalten werden. Den Backofen auf 80 Grad stellen und die fertigen Pfannkuchen auf einem Teller hineingeben. Damit sie nicht austrocknen, den Pfannkuchenberg mit einem zweiten Teller abdecken.

Pflaumenmus
■ Wenn Sie Pflaumenmus selber einmachen, empfiehlt es sich, die Pflaumen, nachdem sie entkernt worden sind, durch den Fleischwolf zu drehen. Sie bekommen dann besonders lockeres und streichfähiges Pflaumenmus.
■ Die obere Schicht mit Zimt bestreuen. Das hält das Pflaumenmus länger frisch.

Pilze zubereiten
■ Pilze bereiten Sie am besten in emaillierten Töpfen oder in Glasgeschirr zu. Eisen- oder Aluminiumgeschirr kann zu Geschmacksveränderungen oder zu Verfärbungen der Pilze führen.
■ Frische Pilze sollten schnell verbraucht werden und dürfen nicht längere Zeit gelagert werden, weil sie sonst ein Gift absondern und ungenießbar werden.

■ Dunkel verfärbte Pilze sind in der Regel schon verdorben und dürfen nicht mehr zubereitet werden.
■ Pilze möglichst sofort nach dem Sammeln verarbeiten. Höchstens einen Tag, luftig ausgebreitet, kühl und dunkel lagern.
■ Zum Säubern darf man Pilze niemals in Wasser legen, weil sie zuviel Wasser aufnehmen. Stattdessen die Pilze unter fließendes Wasser halten und abspülen.
■ Pilze dürfen immer nur zubereitet genossen werden, mit Ausnahme von frischen Champignons, die man roh in Scheiben schneiden und unter Salate mischen kann.
■ Wenn man Alkohol zu und nach Pilzgerichten trinkt, kann das manchmal zu Übelkeit bzw. Magenbeschwerden führen.
■ Zubereitete Pilzgerichte auf keinen Fall länger als einen Tag aufheben; es können sich Giftstoffe bilden.

Pommes frites aufwärmen
Pommes frites sollen nicht wieder in Fett erwärmt werden. Auf ein Backblech auslegen und im Backofen erwärmen.

Pudding, Haut bei
Pudding bildet keine Haut, wenn man auf die Pudding-Oberfläche etwas Zucker streut.

ESSEN UND TRINKEN

Puderzuckerglasur
Mit Wasser angerührter Puderzucker wird leicht zu einer grauen Glasur. Schneeweiß und appetitlich wird die Glasur dagegen, wenn man statt Wasser Milch zum Anrühren verwendet.

Puderzucker selber machen
Fehlt einmal Puderzucker im Vorratsschrank, kann man ihn auch selbst herstellen: Die Kaffeemühle gründlich reinigen, gewöhnlichen Zucker hineingeben und darin ganz fein mahlen.

Radieschen und Rettiche
Radieschen und Rettiche bleiben länger frisch, wenn man sie mit dem Kraut nach unten in ein Gefäß mit Wasser stellt.

Ranziges Fett
Fette können durch Sauerstoffaufnahme aus der Luft ranzig werden. Dabei werden Fettsäuren abgespalten, die den ranzigen Geruch und Geschmack verursachen. Ranzige Fette sind arm an Vitamin A. Fette und Öle sollten immer kühl und dunkel aufbewahrt werden. Ranziges Fett wegwerfen.

Rinderbraten
Rinderbraten wird besonders saftig, wenn Sie ihn vor dem Braten kurz in kochendes Wasser tauchen. Danach gut abtrocknen.

Rosenkohl
■ Rosenkohl nicht im Aluminiumtopf kochen und immer einen

RÜHREI

Schuß Essig ins Kochwasser geben.
■ Rosenkohl wird gleichmäßig gar, wenn Sie schon beim Putzen den Strunk leicht einkerben.
■ Rosenkohl behält seine schöne Farbe, wenn man ihn in einem nicht zu kleinen Topf mit Fett, Salz und etwas Wasser ansetzt, den Topf gut verschließt und bei nicht zu hoher Temperatur etwa 30 Minuten garen läßt, ohne den Deckel zu heben.
■ Rosenkohl wird nicht grau und behält die schöne grüne Farbe, wenn er erst nach dem Kochen gesalzen wird.
■ Rosenkohl riecht beim Kochen nicht so stark, wenn man in das Kochwasser ein kleines Stückchen Schwarzbrot gibt.

Rosinen
■ Rosinen sinken beim Backen nicht nach unten in den Teig, wenn man sie wäscht, trocknet und in Mehl wälzt. Das gleiche Ziel wird erreicht, wenn man die Rosinen kurze Zeit in heißem Rum ziehen läßt.
■ Zusammengeklebte Rosinen lösen sich, wenn man sie für kurze Zeit in den warmen Backofen legt.

Rote Bete
Um ein Ausbluten zu verhindern, vor dem Kochen weder schälen noch die Wurzeln entfernen. Rote Bete können auch in Folie gegart werden; Garzeit etwa eine Stunde.

Rührei
■ Rührei wird besonders locker, wenn man zu den gut verquirlten Eiern einen Schuß kohlensäurehaltiges Mineralwasser gibt.
■ Einen besonders pikanten Geschmack bekommt Rührei durch die Zugabe von etwas geriebenem Parmesankäse.

ESSEN UND TRINKEN

S

Sahne, gerinnende
Das Gerinnen der Sahne in der Sauce oder Suppe wird durch vorheriges Anrühren mit etwas Kartoffelmehl oder Mehl verhindert.

Sahne schlagen
■ Süße Sahne wird sehr fest, wenn man ihr während des Schlagens einige Tropfen Zitronensaft hinzufügt sowie anstelle von Zucker Puderzucker verwendet.

■ Schlagsahne wird besser steif, wenn man das Gefäß, in dem sie geschlagen wird, vorher in den Kühlschrank stellt.

Sahne süßen
Den Zucker gibt man immer erst kurz vor dem Steifwerden zur Schlagsahne, oder man verwendet Zuckersirup.

Salamihaut
Die oft harte Haut französischer oder ungarischer Salami läßt sich einfach entfernen: Die Wurst kurz unter fließendes Wasser halten, abtrocknen und dann die Haut mit einem Messer entfernen. Der Geschmack der Wurst leidet dabei nicht.

Salat
■ Angewelkten Salat können Sie mit einer Auffrischungskur wieder ansehnlich machen: Geben Sie einige Scheiben einer rohen Kartoffel und den Saft einer halben Zitrone ins letzte Waschwasser. Den Salat zehn Minuten darin liegen lassen.

■ Grüner Salat hält sich im Kühlschrank einige Tage frisch, wenn Sie ihn geputzt und gewaschen in Frischhaltefolie verpacken und im Gemüsefach aufbewahren.

Der Öko-Tip:
Salmonellen
■ Reinigen Sie die Spüle und Arbeitsfläche gründlich, wenn Sie rohes Fleisch verarbeitet haben. So verhindern Sie eine Übertragung von Salmonellen.

■ Tauen Sie Tiefkühlhähnchen und anderes Fleisch in einem Sieb auf, das in einer Auffangschale steht und abgedeckt ist! Spülen Sie diese Geräte nach Gebrauch gleich heiß aus, und benutzen Sie sie nicht für die Zubereitung anderer Lebensmittel vor dem nächsten Spülen. Lassen

SAUCE

Sie keine zubereiteten Speisen in der Nähe des Abtaugutes offen stehen! So verhindern Sie, daß Spritzer oder Tropfen von Tauwasser auf andere Lebensmittel gelangen und sie mit Salmonellen infizieren.

■ Verwenden Sie bei der Zubereitung von Tiefkühlgeflügel und rohem Fleisch keine Holzbrettchen oder andere Gegenstände aus Holz, weil sich in deren poröser Oberfläche Salmonellen besonders gut halten können.

Salz

■ Salz bindet Feuchtigkeit. Um Klumpen zu vermeiden, sollte man das Salz mit ein paar Reiskörnern vermischen.

■ Beim Anbraten von Fleisch in der offenen Pfanne spritzt das Fett oft heraus. Dies kann man verhindern, wenn man etwas Salz in die Pfanne streut, bevor man das Fleisch hineinlegt.

Salzgebäck, weichgewordenes

Weichgewordenes Salzgebäck wird wieder knusprig, wenn man es im Backofen aufbackt.

Salzkartoffeln

■ Wenn Sie einen Teelöffel Öl ins Kochwasser geben, kochen Salzkartoffeln nicht über.

■ Hält man Salzkartoffeln längere Zeit warm, werden sie leicht wäßrig. Dies kann man verhindern, indem man über den Topf ein Küchentuch breitet. Das Tuch saugt den aufsteigenden Dampf auf, und die Kartoffeln bleiben trocken.

Salz meiden

Zu den Lebensmitteln, die zuviel Salz enthalten, gehören nicht nur Salzstangen, Kartoffelchips und gesalzene Erdnüsse, sondern auch viele Produkte mit »verstecktem« Salz. Hohe Salzgehalte haben z. B. viele Weich- und Streichkäsesorten, viele Wurstsorten, Schinken, Heringszubereitungen, Suppenwürfel, Sojasaucen und eingelegte Oliven. Salze, insbesondere das Natrium, können Mitverursacher von Bluthochdruck und seinen Folgekrankheiten sein.

Salzstreuer

Damit das Salz im Salzstreuer nicht feucht wird, gibt man ein paar Reiskörner mit in das Gefäß.

Sauce binden

Zum Binden einer Sauce eignen sich neben Mehl und Speisestärke helle und dunkle Saucenbinder, Saucenwürfel und Saucenpasten oder -pulver. Sie können Ihre

Sauce außerdem mit püriertem Gemüse (Suppengrün), Toast- oder Schwarzbrot, Paprikapulver, Tomatenmark, Mehlbutter (10 g Mehl mit 10 g Butter verknetet), dicker süßer Sahne, Crème fraîche, Eigelb und kalten Butterflöckchen binden. Zum Binden von 1/4 l Sauce benötigen Sie 1 bis 2 Eßlöffel Mehl oder etwa 1 gehäuften Eßlöffel Speisestärke oder 2 bis 3 Eßlöffel Saucenbinder. Die exakte Menge hängt von Ihrer Vorliebe für dick- oder dünnflüssige Saucen ab.

Saucenfarbe
■ Ist die Sauce etwas zu hell geraten, kann man mit etwas Tomatenmark oder Zuckercouleur nachhelfen.

■ Einen schönen Glanz bekommt die Sauce, wenn man sie zuerst durchsiebt und dann mit einem Schneebesen kräftig aufschlägt.

Sauce, gebundene
■ Die Sauce darf nicht zugedeckt hingestellt werden, weil der entweichende Wasserdampf sich am Deckel niederschlägt und beim Herabfallen die Sauce wieder verdünnt. Die Sauce darf auch nicht weiterkochen, weil sonst die Bindekraft wieder verlorengeht.

■ Weitere Tips finden Sie unter dem Stichwort »Bratensauce«.

Sauerbraten einlegen
Den besten Erfolg erzielen Sie, wenn Sie das Fleisch mit der Beize in einen Tiefkühlbeutel geben. Mit einem Rundgummi fest verschließen und für mindestens drei Tage in den Kühlschrank legen; im Zwölfstundenrhythmus wenden.

Sauerkraut
■ Sauerkraut sollten Sie nie in Plastiktüten oder -gefäßen kaufen, da sich durch die Säure giftige Stoffe aus der Plastikverpackung lösen können. Der Geschmack wird verdorben, und die Vitamine werden zerstört.

■ Mischen Sie vor dem Servieren des fertiggekochten Sauerkrauts eine Handvoll rohes Sauerkraut darunter. Das verbessert den Geschmack und ist gesund.

Sauerrahm
■ Sauerrahm ist kochfest. Gießen Sie jedoch nie kalten Rahm in kochende Saucen, er flockt sonst aus.

■ Besonders gut duftet Ihre Bratensauce, wenn Sie den Sauerrahm erst ganz kurz vor dem Servieren dazugeben.

Schaumomelett
Schaumomeletts fallen in Zugluft zusammen. Geben Sie eine Messerspitze Stärkemehl pro Ei in die

Masse, dann kann das verhindert werden.

Schimmelbildung auf Marmelade
Damit selbstgemachte Marmelade nicht schimmelt, legen Sie ein in Alkohol getränktes Stück Pergamentpapier auf die Marmelade und verschließen erst dann die Gläser. Verschimmelte Marmelade immer fortwerfen.

Schimmelbildung bei Brot
Ein Stückchen rohe Kartoffel, das Sie in das Brotfach geben, verhindert, daß das Brot schimmelt. Die Kartoffel öfter auswechseln. Brot mit Schimmel immer fortwerfen.

Schimmel im Brotkasten
Um Schimmel im Brotkasten zu vermeiden, wischt man ihn nach dem Reinigen mit Essigwasser aus. Danach gut trocknen lassen.

Schinken frischhalten
Angeschnittener Schinken bleibt frisch nach Überstreichen der Schnittfläche mit rohem Eiweiß.

Schinken mildern
Zu stark gesalzener Schinken wird milder, wenn man ihn für etwa eine Stunde in kaltes Wasser legt.

Schnecken und Insekten im Kohl
Um Schnecken und andere Kleintiere aus Kohlgemüsen zu entfernen, legen Sie den Kohl für etwa 15 Minuten in eine Schüssel mit hochkonzentriertem Salzwasser.

Schnittkäse, hartgewordener
Hartgewordener Schnittkäse wird wieder weich, wenn man ihn für einige Zeit in frische Milch legt.

Schwartenbraten
■ Die Schwarte am besten mit einem Teppichmesser bis fast aufs Fleisch kreuzweise einritzen. Den Schwartenbraten auf der Schwartenseite in wenig heißem Wasser anbraten, dann wenden und würzen. Die Schwarte eventuell zum Schluß etwa zehn Minuten bei 220 bis 240 Grad braten.
■ Die Schwarte vom Schweinebraten wird besonders knusprig, wenn man sie 10 bis 15 Minuten vor dem Ende Garzeit ab und zu mit Bier oder Salzwasser bestreicht und dann bei höherer Temperatur weiterbrät.

Schwarzwurzeln schälen
Die Schale von Schwarzwurzeln läßt sich besser entfernen, wenn man die Schwarzwurzeln vorher mit kochendem Wasser begießt.

ESSEN UND TRINKEN

Sekt
Angebrochener Sekt, den Sie aufbewahren wollen, wird nicht schal, wenn Sie einen Silberlöffel mit dem Stiel nach unten in die Sektflasche hängen und diese in den Kühlschrank stellen.

Senf
Haben Sie mal keinen Senf im Haus, können Sie sich einen hervorragenden Ersatz herstellen: Senfkörner in einem Mörser zu feinem Mehl zerstoßen, etwas Salz, Zucker und Weinessig zugeben und zu einem dicken Brei verrühren.

Senf, eingetrockneter
Eingetrockneten Senf mit Öl, Essig und ein wenig Zucker aufrühren.

Silberlöffel
■ Silberlöffel sollen nicht längere Zeit in sauren Speisen liegen. Da Silberbestecke immer mit einem Teil Kupfer legiert sind, können Giftstoffe an die Speise gelangen.
■ Silberlöffel nicht mit Ei und eihaltigen Speisen (Eiersalat usw.) in Berührung bringen. Silberlöffel laufen stark an und hinterlassen beim Essen einen unangenehmen Geschmack.
■ Kaviar nie mit Silberlöffeln servieren und essen. Benutzen Sie Löffel aus Kunststoff, Horn oder Gold.

Spargel
Spargel hält sich einige Tage frisch, wenn man ihn in ein feuchtes Tuch wickelt und im Kühlschrank aufbewahrt. Das Tuch bei Bedarf nochmals anfeuchten.

Spargeldosen
Damit beim Herausgleiten des Spargels die zarten Spargelköpfchen nicht zerstört werden, öffnet man Spargeldosen am Boden.

Spargelschalen
Die Schalen geschälter Spargel nicht wegwerfen, sondern als Fond für aromatische Suppen und Saucen verwenden.

Spargel schälen
Man setzt das Messer etwa zwei Zentimeter unterhalb des Kopfes an und schält nach dem Ende zu etwas dicker; holzige Teile unbedingt herausschneiden. Hinterher nicht wässern, sondern nur kurz spülen.

Spaghetti kochen
Lange Spaghetti brauchen Sie nicht zu brechen. Stellen Sie die

SÜDFRÜCHTE

Spaghetti ins Wasser; sie weichen auf und fallen von selbst in den Topf.

Speck braten
Speckscheiben schrumpfen beim Braten nicht so stark, wenn man sie nur langsam erhitzt.

Speiseeis aufbewahren
Speiseeis verdirbt nicht, wenn man Reste luftdicht verpackt und wieder ins Tiefkühlgerät legt. Noch besser ist es, die angebrochene Schachtel in Cellophanpapier zu wickeln und dann in das Tiefkühlgerät zu legen.

Speiseöl
Das Öl ist empfindlich gegen Licht und Sonne. Bewahren Sie deshalb Ihr Speiseöl an einem dunklen Ort auf. Kaufen Sie auch bevorzugt Speiseöl in dunklen Flaschen.

Spiegeleier ohne Fett
Will man für einen Kranken oder eine Diät ein Spiegelei ohne Fett braten und hat keine beschichtete Pfanne zur Hand, kann man sich folgendermaßen helfen: Man bringt in einer normalen Pfanne etwas Wasser zum Kochen und schlägt das Ei vorsichtig hinein.

Spiegeleier würzen
Bei Spiegeleiern wird nur das Eiweiß mit Salz und eventuell mit Pfeffer bestreut. Möglichst nichts auf das Eigelb geben, weil es sonst fleckig wird und an Appetitlichkeit einbüßt.

Spritzbeutel
Bevor Sie einen Spritzbeutel füllen, stellen Sie ihn mit der Tülle nach unten in ein Marmeladenglas oder ein hohes Trinkglas. Jetzt kann beim Einfüllen nichts mehr danebengehen.

Spritzkuchen
Wenn man Spritzkuchenteig in das heiße Fritierfett gleiten läßt, beginnt dieses oft zu spritzen. Verhindern kann man das, indem man den Brandteig zuerst auf einen eingefetteten Schaumlöffel spritzt und diesen in das Fett hält.

Strudelteig
Strudelteig reißt nicht so schnell, wenn Sie etwas Essig und Öl unter den Teig mischen.

Südfrüchte und Exoten
Wer findet es nicht verlockend, eine exotische Frucht, die plötzlich auf dem Markt auftaucht, zu probieren? Oft ist freilich die Enttäu-

schung groß: die Frucht war teuer und schmeckt nicht besonders. Gerade bei Mango, Kaki, Cherimoya und anderen kann das leicht passieren. Damit nämlich die Früchte auf dem langen Transport nicht verderben, werden sie unreif gepflückt und reifen auf der Reise unzureichend nach.

Wer auf einer Urlaubsreise eine echte, am Baum gereifte Mango gegessen hat, der wird hier auf die Frucht verzichten. Andere Exoten sind uns so selbstverständlich, daß wir sie kaum noch als solche betrachten, etwa Bananen oder Apfelsinen. Unbehandelte Südfrüchte gibt es bei uns nicht, denn die Früchte müssen für den Transport haltbar gemacht werden; abgesehen von der Behandlung mit Pestiziden, Insektiziden, Düngemitteln etc., die sie im Anbauland erfahren haben.

Trotzdem sollte man nicht völlig auf Südfrüchte verzichten, denn den Nachteilen stehen auch Vorteile für die Ernährung gegenüber. Achten Sie aber darauf, daß die Früchte einen verhältnismäßig kurzen Transportweg zurückgelegt haben. In einigen Mittelmeerländern werden Südfrüchte in ökologischem Landbau gezogen; sie sind im Handel entsprechend deklariert. Die Bezeichnung »unbehandelt« allerdings besagt nur, daß die Frucht nach der Ernte nicht weiterbehandelt wurde, sie besagt nichts über die Behandlung der Frucht am Baum.

Suppe, angebrannte
Eine angebrannte Suppe läßt sich retten, wenn man sie vorsichtig in einen anderen Topf umgießt, etwas kaltes Wasser hinzugibt und nochmals kurz aufkocht.

Suppe, versalzene
Daß man eine Suppe versalzt, kann immer mal passieren. Um die Suppe noch zu retten, läßt man ein paar Scheiben geröstetes Brot oder mehrere rohe Kartoffeln eine knappe Viertelstunde darin ziehen. Anschließend wieder herausnehmen – die Suppe schmeckt prima.

Suppenfleisch
■ Das Fleisch wird schneller gar und schmeckt prima, wenn Sie einen Schuß Cognac ins Kochwasser geben.

■ Suppenfleisch wird zart, wenn Sie einen Eßlöffel Essig ins Kochwasser geben.

Suppenfleisch aufwärmen
Das kalte Fleisch in die heiße Fleischbrühe geben und nur noch ziehen lassen. Nicht weiter aufkochen, da sonst der Geschmack verlorengeht.

Suppen in der Dose
Wenn Sie die Dose vor dem Öffnen kräftig schütteln, dann läßt sich die Suppe leichter in den Topf schütten.

Süßkartoffeln
Süßkartoffeln luftig, kühl, aber nicht im Kühlschrank lagern. Süßkartoffeln eignen sich bestens zum Grillen und Backen. Zu Fleisch passen sie weniger gut.

Süßstoffe
Süßstoffe sind chemisch hergestellte Stoffe, deren Süßkraft weit über der normalen Zuckers liegt. Über gesundheitliche Schäden ist bisher wenig bekannt; der Genuß von Süßstoff begünstigt aber bei manchen Menschen Sonnenallergien. Getränke und Speisen, die mit ihrem geringen Kalorienwert werben und als »Diät«-Produkte und »Schlankmacher« angeboten werden, enthalten solche rein chemischen Süßstoffe statt des Zuckers.

Tee-Ei
Um Gewürzkörner, wie Senf- und Pfefferkörner oder Wacholderbeeren, nach dem Kochen wieder leicht aus den Speisen zu entfernen, kann man sie in ein Tee-Ei geben, das man in die kochenden Gerichte hängt.

Teewasser
Guter Geschmack beim Tee hängt von der Qualität des Wassers ab. Nehmen Sie immer nur frisches Wasser, das heißt kein Wasser aus dem Boiler. Auch hartes Wasser beeinträchtigt den Geschmack. Wenn Sie häufig Tee trinken, ist ein spezieller Wasserenthärter angebracht.

Teewasser kochen
Wenn Sie für sich mal eben eine Tasse Tee kochen, benutzen Sie lieber einen Tauchsieder; für geringe Mengen Wasser verbraucht der Tauchsieder weniger Strom als die Herdplatte.

ESSEN UND TRINKEN

Teig klebt am Mixer
Ist der Teig so schwer, daß die Rührbesen sich nicht mehr drehen und der Motor überlastet ist, dann versuchen Sie es doch mal mit nur einem Rührbesen oder zunächst mit dem Knethaken.

Teigwaren erwärmen
Teigwaren bleiben warm, wenn man sie nach dem Kochen in einem Sieb über einen Topf mit kochendem Wasser hängt.

Tiefgekühltes Fischfilet
Der Fisch muß gefroren in der Pfanne zubereitet werden. Niemals erst auftauen, weil er sonst unansehnlich wird und an Geschmack verliert.

Tiefkühlen siehe unter dem Stichwort Einfrieren in diesem Kapitel

Tintenfisch
Tintenfisch wird zart, wenn Sie ihn kleingeschnitten ohne irgendwelche Zutaten in einer völlig trockenen beschichteten Pfanne so lange erhitzen, bis er keine Flüssigkeit mehr abgibt und eine leicht rötliche Färbung angenommen hat. Alles, was Sie anschließend an Zutaten dazugeben, muß vorher erhitzt worden sein.

Toastbrot
Das Schimmeln von Toastbrot läßt sich dadurch verhindern, daß man das geschnittene Toastbrot im Gefrierfach aufbewahrt. Die einzeln herausgenommenen Brotscheiben werden unaufgetaut in den Toaster gegeben.

Tomaten
Wenn die Tomaten wegen ungünstiger Witterung im Garten nicht mehr reifen wollen, nimmt man sie grün ab und hebt sie, in Zeitungspapier, Stroh oder Sägemehl eingepackt, an einem dunklen Ort auf.

Tomaten enthäuten
Man kann die Haut von Tomaten auf zweierlei Art abziehen:
■ Man ritzt die Früchte mit einem kleinen scharfen Küchenmesser etwas ein, legt sie in eine Schüssel und gießt kochendes Wasser darüber. Nach einigen Sekunden läßt sich die Haut leicht abziehen.
■ Man kann aber auch die kreuzweise eingeritzten Tomaten aufspießen und über einer Gasflamme wenden, bis sie sich leicht verfärben. Dann läßt sich die Haut leicht abziehen.

Torten schneiden
Einfach und glatt lassen sich Torten schneiden, wenn Sie das Mes-

ÜBERKOCHEN

ser immer wieder in heißes Wasser tauchen.

Tortenboden teilen
So können Sie einen Tortenboden in ein oder zwei Platten teilen: Sie ritzen den Boden am Rand ringsherum gleichmäßig ein, legen einen Zwirnsfaden in die Schnittlinie und ziehen die Enden des Fadens über Kreuz zusammen.

Trockenfrüchte
■ Trockenfrüchte eignen sich hervorragend zum Süßen von vielerlei Süßspeisen. Damit können Sie zusätzliche Gaben von Zucker vermeiden und erhalten neben der Süße auch noch Vitamine und Nährstoffe.
■ Vermeiden Sie aber geschwefelte und anderweitig konservierte Trockenfrüchte.

Überkochen
Kartoffeln, Reis und Nudeln kochen nicht mehr über, wenn Sie eine Messerspitze Margarine oder einige Tropfen Öl in das kochende Salzwasser geben.

ESSEN UND TRINKEN

V W

Vanillesauce
Die Vanillesauce schmeckt besser, wenn ihr etwas mit Milch verquirltes Eigelb zugegeben wird.

Vanillezucker
■ Vanillezucker können Sie ganz einfach selbst herstellen. Geben Sie einige der Länge nach aufgeschnittene Vanilleschoten in ein Schraubglas mit Zucker.
■ Nach Belieben können Sie auch das Vanillemark aus den Schoten herausschaben und mit dem Zucker mischen. Dadurch wird der Vanillegeschmack noch intensiver.

Waffeln
Fügen Sie dem Waffelteig eine Prise Backpulver zu, und lassen Sie den Teig eine Stunde stehen, dann werden die Waffeln schön locker.

Der Öko-Tip:
Wassersparen beim Kochen
■ Erhitzen Sie zum Kaffee- oder Teekochen nur so viel Wasser, wie Sie wirklich benötigen. Messen Sie die Anzahl der Tassen vorher ab.
■ Verwenden Sie Kochwasser von Gemüse oder Kartoffeln für die Zubereitung von Saucen. Das gibt häufig einen besseren Geschmack und spart Wasser und Energie, da diese Flüssigkeit praktisch nicht mehr erhitzt werden muß.
■ Kühlen Sie Getränke oder Nahrungsmittel nicht unter fließendem Wasser! Statt dessen stellen Sie sie in den Kühlschrank, in den Keller oder in eine Schale mit wenig kaltem Wasser, das Sie danach noch beispielsweise zum Blumengießen verwenden können. Heiße Nahrungsmittel auf keinen Fall in den

Kühlschrank stellen: das überfordert die Kühlung und führt zur Bildung von viel Kondenswasser, wodurch der Kühlschrank dann viel schneller vereist und entsprechend öfter abgetaut werden muß.

Weihnachtsgebäck
Weihnachtsgebäck wird nicht hart, wenn man in die Gebäckdose eine angeschnittene Möhre mit hineinlegt. Ist das Gebäck dennoch hart geworden: Dose geöffnet mit einem feuchten Tuch bedecken.

Weinkauf
Wenn Sie Wein lieben, aber keinen Wein in Pfandflaschen bekommen: viele Weinhändler füllen Wein in mitgebrachte Flaschen ab. Das schont die Umwelt, und Sie können den Wein vorher in Ruhe probieren.

Weinreste
Weinreste kann man in einem Eiswürfelbehälter einfrieren, im Gefrierfach aufheben und zu gegebener Zeit damit Saucen verfeinern.

Weintrauben lagern
Die Stielenden mit flüssigem Wachs versiegeln und die Trauben an einem kühlen, luftigen Ort aufhängen.

WÜRZEN

Würste richtig erhitzen
■ Würste platzen nicht, wenn man sie, bevor sie ins Kochwasser oder in die Pfanne kommen, einen Augenblick lang in heißes Wasser taucht.
■ Nach dem Aufkochen sofort den Deckel entfernen und die Würstchen nur noch ziehen lassen.
■ Würstchen bleiben wohlschmeckend, auch wenn sie längere Zeit warmgehalten werden müssen. Man legt sie dazu in heißes Salzwasser und läßt sie bei geringer Temperatur nur ziehen.

Würzen
Grundregel: Unzerkleinerte und grobe Gewürze möglichst früh, feingemahlene möglichst spät zum Gericht geben.
■ Wenn man keinen Mörser und keine Gewürzmühle besitzt, um etwa Pfefferkörner zu zerkleinern, gibt man die Gewürze in ein Küchenhandtuch, dreht es fest zu und schlägt mit dem Fleischklopfer mehrmals darauf.
■ Um das unangenehme Herausfischen von Pfefferkörnern, Lorbeerblättern usw. aus Speisen zu vermeiden, füllt man die Gewürzzutaten in ein Tee-Ei und hängt es in den Kochtopf.
■ Pikante Gerichte benötigen zu ihrer Vollendung eine Prise Zukker. Ebenso gilt eine Prise Salz bei süßen Gerichten als Vollendung.

ESSEN UND TRINKEN

Zitronen

■ Um das Austrocknen einer angeschnittenen Zitrone zu vermeiden, legt man sie mit der Schnittfläche nach unten in eine mit Zucker bestreute Tasse.

■ Zitronen werden ergiebiger, wenn man sie vor der Verwendung in heißes Wasser legt oder auf dem Tisch unter leichtem Druck hin und her rollt.

■ Manchmal braucht man nur ein paar Tropfen Zitrone und will deshalb nicht die ganze Frucht aufschneiden. Stechen Sie ein kleines Loch in die Zitrone. Dann können Sie den Saft tröpfchenweise auspressen.

Zitronen- und Orangenschalen

■ Wenn Sie zum Würzen etwas Zitronen- oder Orangenschale benötigen, legen Sie über die Reibe einen Bogen Butterbrotpapier. Dann können Sie das Abgeriebene leichter verwenden, und es bleiben keine Schalenreste an der Reibe hängen.

■ Die Schalen unbehandelter ausgepreßter Zitronen oder Orangen nicht wegwerfen, sondern im Gefrierfach aufheben. Man kann sie noch zum Backen oder Kochen verwenden.

■ Reiben Sie die Schale der gewaschenen, ungespritzten Zitronen oder Orangen, geben Sie den Abrieb in ein Marmeladenglas mit Schraubverschluß und fügen Sie pro Frucht drei Teelöffel Zucker hinzu.

Zucker

■ Zucker verliert an Süßkraft, wenn er längere Zeit mitgekocht wird. Man gibt deshalb den Zucker erst an die fertiggekochte Speise und läßt sie nur noch einmal kurz aufkochen.

■ Versuchen Sie, möglichst weitgehend auf Zucker zu verzichten. Er enthält nur Kalorien, keine Vitamine oder Mineralien und ist deshalb häufig mitverantwortlich für Übergewicht. Außerdem ist Zucker sehr schlecht für die Zähne, denn er verursacht Karies.

Zuckerguß

■ Damit Zuckerguß nicht nur süß schmeckt, rühren Sie den Puderzucker mit Orangen- oder Zitronensaft an. Den Guß auf das abgekühlte Gebäck streichen, damit er gut trocknet.

■ Rosa färben Sie den Zuckerguß, indem Sie ihn mit etwas Kirsch-, Granatapfel- oder Rote-Bete-Saft anrühren.

■ Der Zuckerguß glänzt schön, wenn Sie den gesiebten Puderzucker mit etwas Eiweiß anrühren; mit Saft oder Likör nach Geschmack aromatisieren.

■ Rühren Sie den Guß auch einmal mit starkem Kaffee oder Kakaopulver an.

■ Wollen Sie Torten oder Kleingebäck hübsch verzieren, dann formen Sie sich aus zwei Blatt Butterbrotpapier eine Tüte und schneiden die Spitze leicht ab. Füllen Sie den Guß ein, und verschönen Sie Ihr Gebäck nach Belieben.

Zunge kochen
Rinder- und Schweinezunge langsam kochen. Sonst wird sie bitter.

Zu süße Speisen
Ein Teelöffel Zitronensaft, eventuell auch Apfelessig, bindet den Zucker und rundet zudem den Geschmack der Speisen ab.

Zwiebelgeruch
■ Zwiebelgeruch an den Händen hält sich besonders hartnäckig. Sie können ihn beseitigen, indem Sie Ihre Hände mit einer gekochten Kartoffel, Essig oder mit Salz abreiben. Hinterher sollten Sie sie gut eincremen, vor allem, wenn Sie Salz verwendet haben.

■ Zwiebelgeruch an Küchenmessern können Sie entfernen, indem Sie das Messer mehrmals hintereinander durch eine große rohe Mohrrübe ziehen.

Zwiebelgrün
Stellen Sie eine Zwiebel in ein gefülltes Wasserglas. Das herauswachsende Grün würzt Suppen, Salate, Saucen, Quark und Eierspeisen.

Zwiebeln
■ Zwiebeln werden bekömmlicher, wenn man sie nach dem Schälen kurz in heißes Wasser taucht.

■ Länger gelagerte Zwiebeln fangen oft an zu treiben. Dies kann man verhindern, indem man die Zwiebeln einzeln in Alufolie oder Seidenpapier einwickelt.

■ Angeschnittene Zwiebeln kann man aufheben, indem man die Schnittfläche mit Butter einreibt und die Zwiebelstücke in Alufolie im Kühlschrank lagert. So bleiben sie einige Tage lang frisch.

■ Zwiebelwürfel bekommen beim Braten eine schöne goldgelbe Farbe, wenn sie vorher etwa fünf Minuten in kaltes Wasser gelegt werden.

ESSEN UND TRINKEN

Zwiebeln schneiden
Es gibt verschiedene Möglichkeiten, beim Zwiebelschneiden Tränen zu vermeiden:

■ Schneiden Sie die Zwiebeln unter fließendem Wasser (allerdings nur in grobe Stücke); da können sich die ätherischen Öle nicht gut entfalten.

■ Schneiden Sie die Zwiebeln bei geöffnetem Fenster.

■ Legen Sie die Zwiebeln vor dem Schneiden für einige Zeit in den Kühlschrank; die Kälte verhindert die Entwicklung der ätherischen Öle.

■ Beim Zwiebelschneiden möglichst nur durch den Mund atmen.

Gesundheit und Körperpflege

Machen Sie mit bei gesunder und natürlicher Körperpflege und Gesunderhaltung: Zwischen A wie Abkühlung und Z wie Zwielicht finden Sie in diesem vierten Kapitel über 222 praktische Gesundheitstips und die einfachsten und wirkungsvollsten Tips zur Körperpflege.

Wir sagen Ihnen, wie Sie Ihre empfindliche Haut gegen rote Äderchen schützen können, was Sie bei Allergien beachten müssen, wie ein geriebener Apfel Ihre Haut verbessert und Apfelschalen Ihre Nerven beruhigen.

Sie erfahren, was bei einer sinnvollen Babypflege zu berücksichtigen ist, ob ein Deo für Sie wichtig ist oder nicht. Wir haben für Sie die besten Tips für glänzendes Haar und gesunde Haut zusammengetragen.

Auf den folgenden Seiten erfahren Sie außerdem (fast) alles über Insektenstiche und Knoblauchgeruch, Kosmetika und die Reparatur abgebrochener Lippenstifte.

Wir wissen, wie Ihr Parfüm besser hält und wie der hartnäckige Zigarettenrauch von der letzten Party verschwindet. Schluckauf, Schnuller und Schwangerschaft werden hier ebenso behandelt wie synthetische Kleidung, Teerflecken an den sommerlichen Füßen und richtige Zahnpflege. Wassersparen, Windeln und Wundbehandlung sind weitere Themen, die Sie sicherlich interessieren.

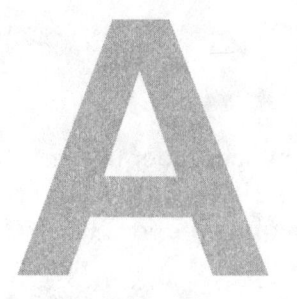

GESUNDHEIT UND KÖRPERPFLEGE

Abkühlung
Bei heißem Wetter finden Sie schnell Abkühlung durch ein kaltes Armbad oder wenn Sie den Puls unter kaltes Wasser halten.

Abnehmen
- Machen Sie keine Radikalkuren. Je schneller Sie abnehmen, desto schneller werden Sie auch wieder zunehmen.
- Versuchen Sie, pro Woche 500 Gramm abzunehmen.
- Um ein Kilogramm abzunehmen, müssen Sie 7000 Kilokalorien einsparen.
- Treiben Sie regelmäßig Sport: Schwimmen, Dauerlauf, Fahrradfahren, Wandern, Gymnastik, Tennis usw.
- Vermeiden Sie Süßes, Salziges, Alkohol und Fett. Essen Sie mehr Frischkost und Vollkornprodukte, trinken Sie mindestens zwei Liter, am besten Mineralwasser oder ungesüßten Kräuter- bzw. Früchtetee, am Tag.
- Gehen Sie nie mit leerem Magen einkaufen!
- Wenn nach einem kulinarischen Wochenende der Rock- oder Hosenbund einmal kneift: Essen Sie zwei Tage hintereinander drei bis vier frische Ananas, und trinken Sie pro Tag mindestens zwei Liter Mineralwasser. Lenken Sie sich ab durch einen Kino- oder Theaterbesuch, gehen Sie zum Friseur oder zur Kosmetikerin, gehen Sie spazieren, sehen Sie fern, lesen Sie ein spannendes Buch. Nach zwei Tagen werden Sie durch ein strahlendes Aussehen und passende Röcke und Hosen belohnt. Machen Sie diese Kur aber nicht länger als zwei Tage!

Achselnässe
Achselschweiß macht unsicher. Dagegen hilft nur häufiges Waschen und ein pudriges Deo-Mittel. Dies ist für die Haut am verträglichsten. Bei übermäßiger Transpiration sollte der Arzt um Rat gefragt werden.

Äderchen schützen
Bei roten Äderchen handelt es sich um »geplatzte« Äderchen, die von zuviel Frost, Wind und Sonne herrühren können. Sie befinden sich vornehmlich auf der Wange.

Wenn sie erst einmal entstanden sind, kann man gegen sie nichts mehr unternehmen. Wer in seiner Familie »rote Bäckchen« sieht, sollte sich besonders vor Kälte, Wind und Sonne schützen. Es gibt genügend Mittel, um die Haut einzucremen. Vornehmlich sollten Fettcremes, deckendes und cremiges Make-up, Puder und für den Sommer Sonnenschutzpräparate verwendet werden.

Alkoholkater
■ Bei »Kater« einen halben Teelöffel Natriumhydrogencarbonat (»Bullrich-Salz«) in einem Glas lauwarmem Wasser auflösen und trinken (bei Bedarf auch ein zweites und drittes Glas).
■ Auch schwarzer Kaffee mit einem Schuß Zitronensaft kann gegen einen Kater helfen.

Allergien
■ Wenn Sie ein neues Kleidungsstück tragen und es treten an empfindlichen Hautpartien plötzlich Hautreaktionen auf (Rötung, Schwellung, Ausschlag, Juckreiz), wechseln Sie so schnell wie möglich die Kleidung! Die Ursache hierfür können Rückstände von Textilhilfsmitteln sein; gegen die Fasern selbst reagiert man sehr selten allergisch. Sollten diese Hautreaktionen nicht bald zurückgehen, sollten Sie einen Arzt aufsuchen.
■ Tragen Sie keine Metallteile direkt auf der Haut, insbesondere wenn Sie keinen Modeschmuck vertragen! Modeschmuck und Metallteile in Textilien (Jeansknopf, Nieten) sind häufig vernickelt. Nickel ist ein starker Allergieauslöser und kann bei ständigem Hautkontakt zu Ausschlägen und Entzündungen führen.
■ Meiden Sie Waschmittel mit allergieverdächtigen Inhaltsstoffen. Allergiker reagieren oftmals auf Duftstoffe, optische Aufheller oder andere Inhaltsstoffe. Für sie gilt: keine Experimente! Wenn Sie ein Produkt vertragen, bleiben Sie dabei. Bevorzugen Sie Produkte, die bekannte Allergene nicht enthalten, also Waschmittel, die frei von Duftstoffen und frei von optischen Aufhellern sind. Auch Enzyme können bei empfindlichen Personen Hautreaktionen hervorrufen, also auch hier: Vorsicht! Vielfach sind Konservierungsstoffe Allergieauslöser. Wäßrige Produkte sind oft konserviert, also lieber Waschpulver verwenden.
■ Tragen Sie bei der Handwäsche Schutzhandschuhe. Bei der Handwäsche tritt ein unmittelbarer Kontakt zwischen Haut und möglichem Allergen auf. Tragen Sie daher bei der Handwäsche Gummi-, darunter am besten Baumwoll- oder Seidenhandschuhe.

GESUNDHEIT UND KÖRPERPFLEGE

■ Waschen Sie neue Textilien vor dem ersten Tragen. Textilien sind heute vielfach mit Kunstharzen ausgerüstet, um sie bügel- und knitterfrei oder waschmaschinenfest zu machen. Die Bausteine der Harze, aber auch Farbstoffe können Allergien auslösen. Durch ein- oder zweimaliges Waschen vor dem ersten Tragen wird dieses Risiko deutlich reduziert.

Angina
Bei Halsentzündung helfen Halswickel mit Magerquark; Gurgeln mit Salbeitee, Heidelbeer- oder Kamillentee; Heilerde.

Apfelpackung
Eine Apfelpackung tut jeder Haut gut, da die in Äpfeln enthaltenen Pektine die Feuchtigkeitsaufnahme der Haut steigern. Reiben Sie einen Apfel auf einer Glasreibe, und verrühren Sie ihn mit einem Eßlöffel Stärkemehl. Die Masse auf Gesicht und Hals auftragen und etwa 20 Minuten einwirken lassen.

Apfelschalentee
Apfelschalen sollten Sie nicht wegwerfen. Man kann daraus einen guten, nervenberuhigenden Tee zubereiten.

Atemwegskatarrhe
Bei Husten helfen Brustwickel mit Senfmehl; Kamillendampfbad; außerdem sollten Sie Salbei- und Thymiantee trinken.

Aufstoßen
■ Bei saurem Aufstoßen hilft sofort ein halbes Glas lauwarmes Wasser mit einem halben Teeöffel Natriumhydrogencarbonat (»Bullrich-Salz«).
■ Man kann es auch mit dem Verzehr eines kleinen Stücks einer rohen Kartoffel versuchen.

Augenbrauenstifte anspitzen
Augenbrauenstifte und andere Schminkstifte lassen sich leichter anspitzen, wenn man sie vorher für einige Zeit in das Gefrierfach des Kühlschranks legt.

Augenbrauen zupfen
Damit das Augenbrauenzupfen nicht so weh tut, reiben Sie die Augenbrauen vorher kräftig zwischen Daumen und Zeigefinger.

Augen-Make-up
■ Augen-Make-up haftet besser und zerläuft nicht, wenn Sie die Lider vorher leicht pudern.
■ Ihr Kunstwerk hält auch länger als sonst, wenn Sie nach dem

BABYPFLEGE

Schminken ein mit Mineralwasser getränktes Papiertaschentuch leicht auf die Augenpartie tupfen.

■ Brillengläser verkleinern bei Kurzsichtigkeit oder vergrößern bei Weitsichtigkeit. Dies sollten Sie beim Schminken der Augen unbedingt berücksichtigen. Kurzsichtige dürfen also ruhig etwas großzügiger verfahren als Weitsichtige. Dabei sollten Kurzsichtige ein helles Make-up benutzen, denn helle Farben lassen die Augen optisch größer erscheinen. Bei Weitsichtigkeit sind eher Zurückhaltung und dunklere Farbtöne zu empfehlen.

Babyflaschen reinigen

Normalerweise reicht es, wenn Sie Babyflaschen mit einer Kochsalzlösung auswaschen und gründlich mit klarem Wasser nachspülen. Wollen Sie die Flaschen jedoch keimfrei machen, so kochen Sie sie in klarem Wasser aus und geben ein bis zwei Eßlöffel Natron in das Spülwasser. Sehr praktikabel ist das Sterilisieren über Wasserdampf im Dampfdrucktopf.

Babyöl

Ist das Babyöl ausgegangen, können Sie auch Sonnenblumenöl verwenden. Es ist nicht nur ein vollwertiger und wesentlich billigerer Ersatz, sondern es hat sich auch bei Wundsein ausgezeichnet bewährt.

Der Öko-Tip:
Babypflege, sinnvolle

■ Cremen Sie Ihr Baby nicht zu oft ein. Die Haut kann sich selbst regenerieren und die nötige Zufuhr an Fett und Wasser selbst regeln. Wenn

GESUNDHEIT UND KÖRPERPFLEGE

sie ständig von außen mit diesen Stoffen versorgt wird, verliert sie langsam ihre Fähigkeit zur Selbstregulation. Außerdem beinhalten Cremes ein Allergierisiko hinsichtlich der verwendeten Konservierungs- und Duftstoffe!

■ Lassen Sie Ihr Kind häufiger an geeigneter Stelle (warm, trocken, keine Zugluft) unbekleidet liegen. Installieren Sie beispielsweise einen Infrarotstrahler über dem Wickeltisch. Die Haut braucht Licht und Luft. Diese bekommt sie kaum bei der in unseren Breiten notwendigen Verpackung in Windeln und Kleidung.

■ Sterilisieren Sie Flasche, Sauger, Nuckel und Beißring durch Auskochen. Ein zehnminütiges Auskochen reicht vollkommen aus, um diese Artikel zu sterilisieren. Sie sollten die sterilisierten Dinge danach auf einem frischen, sauberen Baumwoll- oder Leinentuch trocknen lassen. Lassen Sie das gerade Sterilisierte nicht in der Nähe der Spüle stehen und vor allem nicht in der Nähe von rohem oder auftauendem Fleisch und Geflügel.

■ Verzichten Sie auf die Kaltsterilisation der Babygerätschaften mit den gängigen Produkten, die Natriumhypochlorit enthalten. Dieses Verfahren ist nicht nur teuer, sondern belastet auch die Umwelt und kann bei unsachgemäßer Anwendung gesundheitsschädlich sein.

■ Wenn Sie selbst krank sind, sollten Sie den Säugling nicht anhauchen oder mit bloßen Händen anfassen! Tragen Sie z. B. beim Stillen oder Füttern einen Mundschutz oder Baumwollhandschuhe. Die meisten Erkrankungen werden durch Tröpfcheninfektion (Atem) oder durch direkten Hautkontakt übertragen. Dieses Risiko läßt sich nicht ganz vermeiden, aber durch die oben geschilderten Maßnahmen reduzieren.

■ Baden Sie Ihr Kind nicht jeden Tag und waschen Sie seine Haare nicht täglich mit Shampoo. Waschaktive Substanzen entfetten die Haut und den Haarboden. Rückfettende Substanzen mildern diesen Effekt, können ihn aber nicht ausgleichen. Je mehr Fett der Kopfhaut entzogen wird, desto mehr neues Fett produziert sie, mit dem Resultat, daß häufig gewaschene Haare immer öfter gewaschen werden müssen, weil sie immer schneller fettig werden.

■ Wickeln Sie Ihr Kind möglichst häufig, kontrollieren Sie noch häufiger, ob die Windel voll ist. Urin und Stuhl greifen die Haut an, die zusätzlich durch den ständigen Feuchtigkeitskontakt quillt und damit anfälliger für Keime ist.

■ Wenn Sie Mullwindeln nehmen: verzichten Sie auf eine Desinfektion. Die 60-Grad-Wäsche reicht in der Regel aus.

BLÄHUNGEN

■ Wenn Sie Höschenwindeln verwenden, sollten Sie nach Möglichkeit ungebleichte Produkte kaufen, denn ihre Herstellung belastet die Umwelt weit weniger als die der gebleichten, vor allem der chlorgebleichten.

Badegeräusche dämpfen

Wenn Sie spät am Abend noch baden möchten, Ihre Nachbarn aber nicht stören wollen, ziehen Sie über den Wasserhahn einen alten Perlonstrumpf; die plätschernden Geräusche beim Einlaufen des Wassers werden so gedämpft.

Baden

■ Für die tägliche Körperreinigung ist das Vollbad nicht nur unnötig, es ist auch ökologisch von Nachteil, denn es verbraucht unverhältnismäßig viel Wasser und Energie. Duschen Sie statt dessen. Ein Wannenbad sollte man nur nehmen, wenn man damit eine zusätzliche gesundheitliche Wirkung erzielen will.

■ Wenn Sie gern gelegentlich ein Vollbad zur Entspannung nehmen, verzichten Sie dabei auf Schaumbäder. Sie enthalten große Mengen synthetischer Tenside, die mit dem Abwasser in die Gewässer gelangen und diese dadurch sehr stark belasten. Auch für die Haut sind diese Substanzen nicht gut. Verwenden Sie lieber Badeöle, Tees oder Kräuter als Badezusatz.

Bauchschmerzen

Wenn Verdacht auf eine Blinddarmentzündung ausgeschlossen ist, können Kamillen-, Kümmel- oder Melissentee helfen, auch eine Mischung dieser drei Tees sowie Kompressen mit Kamille oder Schafgarbe.

Bienen- und Wespenstiche

■ Zuerst sollten Sie den Stachel herausziehen und kalte Umschläge machen, Eiswürfel auflegen oder durch kaltes Wasser laufen.

■ Um das Gift aus der Wunde herauszubekommen, hilft ein einfaches Hausmittel: Legen Sie ein angefeuchtetes Stück Würfelzucker auf den Stich. Der Zucker zieht Flüssigkeit und damit auch das Gift aus der Wunde. Auch der Juckreiz läßt nach dieser Behandlung rasch nach.

■ Bei sehr starker Schwellung zum Arzt gehen!

Blähungen

Ein altes Hausmittel empfiehlt, aus je 1 Teelöffel Fenchel oder gemahlenem Kümmel sowie Pfefferminze, Anis, Koriander oder Alantwurzel einen Tee zuzubereiten und diesen vor dem Schlafen-

GESUNDHEIT UND KÖRPERPFLEGE

gehen zu trinken. Außerdem helfen Kompressen mit Kümmelöl.

Blasen
Blasen an Händen und Füßen heilen schneller, wenn man ein weiches, alkoholgetränktes Tüchlein um die betroffenen Stellen bindet und über Nacht einwirken läßt.

Blasenentzündung
Tee aus Bruchkraut und Bärentraubenblättern oder Tee aus Goldrutenkraut kann bei einer Blasenentzündung helfen. Wenn die Beschwerden nicht bald verschwinden, sollten Sie unbedingt den Arzt aufsuchen.

Blutungen stillen
Ein Papiertuch (Taschentuch oder Küchenkrepp) mit heißem Wasser tränken und auf die Verletzung legen. Die Hitze läßt das Bluteiweiß gerinnen, die Blutung kommt zum Stillstand.

Braun bleiben
Pflegen Sie Ihre gebräunte Haut mit frischer Milch und Karottensaft. Das tut ihr gut, nährt sie und verlängert das Braunsein auf natürliche Weise.

Brennesselblasen
■ Wer mit Brennesseln in Berührung gekommen ist, sollte die betroffenen Hautpartien mit einer Fettcreme einreiben. Die Schwellungen gehen dann schneller zurück.

Brennesselsaft
■ Gegen Schuppen und für den Haarwuchs hilft Brennesselsaft: Kochen Sie ein Pfund Brennesseln in einem halben Liter Wasser auf, lassen es erkalten und gießen es dann durch ein Sieb. Den Haarboden damit gut einreiben.

Brillengläser
■ Brillengläser beschlagen nicht mehr, wenn man sie ab und zu mit ganz wenig Glyzerin einreibt. Anschließend mit einem feinen Lederläppchen nachreiben.
■ Zum Reinigen der Brillengläser genügt ein Tropfen Spülmittel und lauwarmes Wasser; gut trockenreiben.

DESINFEKTIONSMITTEL

Dauerwellen und Haare färben
Experimentieren Sie nicht mit Chemikalien, um sich selbst eine Dauerwelle zu machen oder die Haare zu bleichen und zu färben. Sie können nicht nur unangenehme Überraschungen erleben in bezug auf das gewünschte Ergebnis, sondern auch Ihre Gesundheit gefährden. Lassen Sie diese Arbeiten vom geschulten Personal eines Friseursalons vornehmen.

Deodorants
■ Schweiß als solcher hat keinen unangenehmen Geruch; Körpergeruch bildet sich erst, wenn Bakterien den Schweiß zersetzen. Deodorants (kurz Deos) töten die Bakterien ab und hemmen so die Bildung des Geruchs; freilich können sie nicht zwischen nützlichen und weniger nützlichen Bakterien unterscheiden, beseitigen also auch die Bakterien, die die Haut zu ihrem Schutz benötigt.
Der Wirkstoff Triclosan wird noch häufig in Deos eingesetzt. Eine gesundheitsschädigende Wirkung, die von diesem Stoff ausgeht, ist jedoch nicht auszuschließen. Es wird deshalb empfohlen, Produkte ohne diesen Wirkstoff zu benutzen. Den meisten Deos sind Duft- oder Parfümstoffe sowie Konservierungsstoffe beigemengt, die ihr Schadstoffkonto weiter erhöhen.
■ Antitranspirante hemmen die Schweißbildung, indem sie die Porenausgänge mit Aluminiumsalzen verstopfen oder verengen. Auf diese Präparate sollten Sie völlig verzichten!
■ Deosprays sollten aus dem Haushalt verbannt werden, auch wenn ausgewiesen ist, daß das Treibmittel keine FCKW enthält. Wenn es denn sein muß, ist Pumpzerstäubern, Sticks, Rollern oder Cremes der Vorzug zu geben. Spraydosendeos gehören in den Sondermüll.
■ Auf Deos können Sie getrost verzichten, wenn Sie sich täglich waschen (oder duschen) und dabei maßvoll eine schwach alkalische Seife benutzen. Fühlen Sie sich trotzdem unsicher, bereiten Sie sich einen Aufguß aus Rosmarin oder Thymian zu, mit dem Sie nach dem Waschen die Achselhöhlen betupfen.

Desinfektionsmittel
Chemische Desinfektionsmittel haben in einem normalen Haushalt

GESUNDHEIT UND KÖRPERPFLEGE

nichts verloren! Der Schaden, der durch sie angerichtet werden kann, ist erheblich größer als ihr Nutzen. Geraten flüssige Desinfektionsmittel in das Abwasser, stören sie den Betrieb der Kläranlagen mit biologischer Reinigungsstufe, weil sie die darin enthaltenen Bakterien und Pilze abtöten.

Durchfall

■ Versuchen Sie es mit schwarzem Tee; Blutwurztee; Tee von echtem Thymian; Heidelbeertee; Heublumenpackung; Kohletabletten. Durch den Flüssigkeitsverlust gehen dem Körper Elektrolyte, vor allem Kochsalz und Kalium, verloren, die rasch ersetzt werden müssen!

■ Den Arzt aufsuchen, wenn die Beschwerden länger als drei Tage anhalten, Blut oder Schleim mit ausgeschieden werden, der Durchfall von Fieber und Erbrechen begleitet wird.

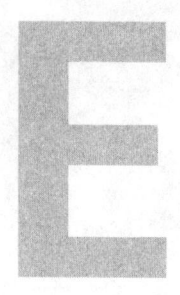

E

Ellenbogen pflegen

Unschöne Rötung oder Hornhautbildung an den Ellenbogen muß nicht sein. Erwärmen Sie in einem Wasserbad zwei Kompottschüsselchen mit jeweils etwa 70 Gramm Öl aus der Küche auf annähernd 38 Grad. Tauchen Sie dann die Ellenbogen ein, und lassen Sie das Öl zehn Minuten einwirken. Wiederholen Sie dieses Bad etwa eine Woche lang.

Erfrierungen vermeiden

Damit Ihre Ohrläppchen auch strenge Kälte unbeschadet überstehen, sollte ihre Durchblutung nicht gestört oder gar unterbrochen werden. Verzichten Sie deshalb im Winter auf Ihre Ohrclips.

Erkältung

Tee aus Lindenblüten oder Spitzwegerich (danach eine Schwitzkur) helfen gut; außerdem ist eine Inhalation mit Kamille oder Eukalyptusöl zu empfehlen.

F

Fieberbekämpfung
Bei Fiebererkrankungen sind kalte Wadenwickel hilfreich, denn sie senken das Fieber. Dieses alte Hausmittel kann man jetzt in modernisierter Form anwenden. Man feuchtet Handtücher an und legt sie in einer Plastiktüte in die Tiefkühltruhe. Wenn sie nach Gebrauch wieder warm sind, wird der Vorgang wiederholt.

Fingernägel
■ Nach dem Baden, Duschen oder Geschirrspülen die Fingernägel niemals feilen. Die Nägel sind aufgeweicht und könnten sich beim Feilen spalten.
■ Die Hausarbeit greift Fingernägel an. Ihre Pflege ist deshalb sehr wichtig. Bei trockenen Fingernägeln hilft tägliches Einfetten und abendliches Baden in Olivenöl.
■ Bei zu weichen Fingernägeln hilft tägliches Baden der Fingerkuppen in Rizinusöl, dem ein paar Tropfen Zitronensaft zugegeben wird.

Fliegen vertreiben
■ Fliegen mögen den Duft verschiedener Gewächse nicht. Pflanzen Sie deshalb im Frühjahr entweder Pfefferminze, Lavendel oder Tomaten in Ihre Balkonkästen. So halten Sie den ganzen Sommer die Fliegen fern und sparen das Insektenspray.
■ Fliegen in der Küche werden vertrieben, wenn Sie einige Tropfen Essigessenz auf eine warme Herdplatte geben.
■ Fliegen meiden auch die Farbe Blau. Es ist also ratsam, die Küche blau zu fliesen oder zu tapezieren.
■ In geschlossenen Räumen vertreibt man Fliegen wirkungsvoll durch mit Gewürznelken gespickte Zitronen oder Zitronenscheiben, die man an verschiedenen Stellen im Zimmer aufhängt oder auslegt.

Fliegenflecken
Die unangenehmen Flecken an Spiegeln, Fenstern, Lampen usw. lassen sich vermeiden, wenn man das Fensterleder mit einigen Tropfen Essig besprengt und die Glasfläche damit abreibt. Die Fliegen meiden jedes auf diese Weise behandelte Glas.

Frischer Duft
In Zimmern duftet es angenehm, wenn man die Blütenblätter von einigen stark duftenden Rosen in ein

GESUNDHEIT UND KÖRPERPFLEGE

dicht schließendes Gefäß gibt und etwas Salz und Alkohol zufügt. Wird das Gefäß nun geöffnet, so entströmt der herrlichste Rosenduft, den man sich so für den Winter konservieren kann.

Fußpilz
■ Häufig erfolgt eine ständige Wiederansteckung durch nicht desinfizierte Strümpfe. Etwas Fleckensalz zum Waschmittel in die heiße Lauge geschüttet, desinfiziert während des Waschvorgangs.
■ Füße stets gut abtrocknen; Pilze gedeihen nur in feuchtem Milieu. Strümpfe täglich wechseln; nie in Räumen barfuß laufen.

Gallenschmerzen
Haben Sie beim Essen einmal »gesündigt« und kündigen sich Beschwerden an, bereiten Sie sich schleunigst einen Wermuttee. Einen gehäuften Teelöffel Wermutkraut mit einem Viertelliter kochendem Wasser aufbrühen, zugedeckt fünf Minuten ziehen lassen und abseihen. Schon eine Tasse reicht meist aus, die Gallenblase zu beruhigen.

Gerstenkorn vertreiben
Die beginnende Entzündung des Augenlids erkennt man schon früh an auftretender Rötung und einem »reibenden« Gefühl beim Augenschließen. Erwärmen Sie vorsichtig eine halbe Tasse Rosenwasser, der Sie eine Messerspitze Borax zugesetzt haben. Das Augenlid regelmäßig mit der Flüssigkeit betupfen; ein Gerstenkorn wird sich gar nicht erst entwickeln.

Gesichtsdampfbad
Eine Gesichtsmaske wirkt viel intensiver, wenn Sie vorher ein Gesichtsdampfbad machen. Gießen Sie sehr heißes Wasser in eine Schüssel, halten den Kopf darüber und legen über Kopf und Schüssel ein Handtuch. Probieren Sie bitte vorher aus, ob der Dampf auch nicht zu heiß ist, damit es nicht zu Verbrennungen kommt.

Gesichtspflege
Auffallend weiche und schöne Haut erzielen Sie, wenn Sie sich täglich einige Male mit einer Lösung aus je einem Eßlöffel Glyzerin, Honig und Zitronensaft in einem Liter warmem Wasser waschen.

Gesichtsrötung
Warmes Wasser mit Kamillenextrakt versetzen, ein Tuch damit tränken und für eine Minute auf das Gesicht legen. Dann ein zweites Tuch mit kaltem Wasser – möglichst Eiswasser – tränken, auflegen und ebenfalls für eine Minute dort belassen. Das Ganze jeweils dreimal wiederholen, mit einer kalten Kompresse abschließen.

Gesichtswasser aus Rosenblättern
Lassen Sie 200 g frische Rosenblütenblätter in einem Topf mit einem Liter Wasser etwa 15 Minuten leicht kochen. Die Mischung abkühlen lassen und durch ein Sieb geben. Füllen Sie diese Lotion in Flaschen ab, und verwahren Sie sie im Kühlschrank. Sie wirkt glättend und straffend auf die Gesichtshaut, darf allerdings nicht zu lange aufbewahrt werden.

Glassplitter
Mit einem feuchten Wattebausch ist es kein Problem, die feinen gefährlichen Glassplitter zu entfernen, die bei Glasbruch entstehen.

Gummiwärmflaschen aufbewahren
Wird die Gummiwärmflasche längere Zeit nicht gebraucht, hängt man sie mit der Öffnung nach unten auf. Der Verschluß muß offen bleiben. Innen mit etwas Glyzerin ausschwenken, dann wird sie nicht brüchig.

Gräte im Hals
Versuchen Sie in einem solchen Fall, je einen Eßlöffel Essig im Abstand von zwei bis drei Minuten hinunterzuschlucken. Die Säure wird die Gräte so weit aufweichen, daß sie darauf beim Essen eines mit viel Schmalz oder Butter bestrichenen Brotes (am besten Weißbrot) weiterrutscht.

GESUNDHEIT UND KÖRPERPFLEGE

Gurken für die Schönheit
Gurken schmecken nicht nur sehr gut, sondern sind gleichzeitig auch ein bewährtes und preiswertes Schönheitsmittel.
■ Sind Ihre Augen geschwollen oder gerötet, so legen Sie frische, kalte Gurkenscheiben darauf.
■ Ihre Haut wird wieder frisch und gut durchblutet, wenn Sie sich eine Gurkenmaske leisten. Legen Sie Gurkenscheiben auf Ihr Gesicht, und lassen Sie sie zehn Minuten einwirken.

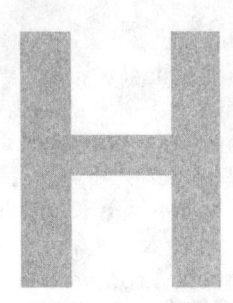

Haarbürsten reinigen
■ Wenn Sie Haarbürsten waschen wollen, so reiben Sie vorher polierte Holzgriffe mit Vaseline ein, die Sie später leicht entfernen können. Dadurch werden Holz und Politur geschützt. Die Bürsten selbst waschen Sie am besten mit Haarshampoo, danach gut ausspülen.
■ Haarbürsten werden schnell wieder sauber, wenn man sie mit Rasierschaum besprüht und diesen kurz einwirken läßt. Danach die Bürste in klarem Wasser gut ausspülen.

Haare, fettige
Ihr Haar wird locker und duftig, wenn Sie es nach dem Waschen mit starkem Pfefferminztee spülen.

Haare, glänzende
Ihre Haare bekommen einen schönen Glanz, wenn Sie sie mit Essig- oder Zitronensaftwasser spülen.

HAARPFLEGE

Haare, stumpfe
Gegen trockene Kopfhaut und glanzloses Haar hilft eine Kur mit Klettenwurzelöl, die eine Nacht einwirken muß und dann gründlich ausgewaschen wird.

Haare, trockene
Ist Ihr Haar sehr trocken und glanzlos, versuchen Sie es mit dieser Packung: Verquirlen Sie ein Eigelb mit zwei Eßlöffeln Olivenöl oder Mandelöl und einem Teelöffel Zitronensaft, und tragen Sie diese Packung scheitelweise, am besten mit einem Pinsel, auf das trockene Haar auf. Lassen Sie die Packung eine gute halbe Stunde einwirken, am besten unter einer alten Duschhaube, und waschen Sie sie danach gründlich mit Ihrem gewohnten Shampoo aus. Danach spülen Sie das Haar gründlich aus und geben in die letzte Spülung etwas Zitronensaft bei hellen Haaren und etwas Essig bei brünetten und roten Haaren.

Haare waschen
Haare werden nach dem Trocknen lockerer, wenn man sie über Kopf wäscht und auch so ausspült.

Der Öko-Tip:
Haarpflege
Haarfestiger
Festiger werden in allen möglichen Formen und Arten als Fertigprodukt angeboten. Umweltfreundlicher und gesünder für Ihr Haar sind natürliche Festiger. Ganz normales helles Bier beispielsweise gibt dem Haar natürlichen Halt und dazu einen feinen Glanz. Geben Sie einfach nach der Haarwäsche ein Glas Bier über die Haare und lassen Sie sie trocknen – der Biergeruch verflüchtigt sich vollständig. Auch mit Honig lassen sich die Haare gesund und umweltfreundlich festigen. Erwärmen Sie einen Viertelliter Wasser auf 40 Grad, und lösen Sie einen Teelöffel reinen Bienenhonig darin auf; geben Sie zum Schluß einen Spritzer Obstessig an die Mischung.

Haarfärbung
Chemische Haarfärbemittel greifen die Haare an und können Allergien auslösen. Es gibt aber auch natürliche Mittel (reine Pflanzenfarben), mit denen man die Haare tönen oder färben kann, ohne sie in ihrer inneren Struktur zu belasten. Die beste Wirkung erzielt man bei naturbelassenen Haaren, die weder eine Dauerwelle noch eine nicht herausgewachsene Tönung haben. Mit einer intensiven Kamillenspülung beispielsweise kann man blonde Haare aufhellen. Eine solche Spülung wirkt zusätzlich gegen fet-

GESUNDHEIT UND KÖRPERPFLEGE

tiges Haar, entzündliche Kopfhaut und Schuppen.
Zu feinem Pulver vermahlene Walnußschalen, mit einem Spritzer Pflanzenöl und etwas heißem Wasser zu einer Paste verrührt, die etwa eine Viertelstunde lang ziehen muß, ergeben einen Färbebrei für eine sehr schöne, intensive Braunfärbung.
Einen ganz leichten Blauschimmer, wie man ihn gern bei weißgrauem Haar hat, verleiht eine Kornblumenspülung. Dazu läßt man zwei Handvoll getrocknete Kornblumen, die man mit einem halben Liter kochendem Wasser übergossen hat, drei Stunden ziehen. Dann siebt man die Flüssigkeit ab und setzt ihr einen Spritzer Zitronensaft zu.

Haarwasser
Bei schuppender, fettender Kopfhaut, bei Haarausfall und Kopfjucken werden Haarwässer empfohlen. Wie alle Kosmetika enthalten auch sie Konservierungsstoffe, auf die man getrost verzichten kann. Einfach und billig ist ein wirkungsvolles Haarwasser selbst herzustellen: Geben Sie 60 g Hamameliswasser, 40 g Brennesseltinktur und einen halben Teelöffel Arnikatinktur in eine Flasche, und schütteln Sie sie kräftig durch. Die Zutaten zu diesem Haarwasser, das man tropfenweise auf die Kopfhaut gibt und gut einmassiert, bekommt man in der Apotheke.

Schuppen
Die im Handel befindlichen Schuppenshampoos enthalten Stoffe, die antibakterielle Wirkung entfalten. Dazu gehören zum Beispiel Zinksalze. Fein verteilter Schwefel ist das klassische Mittel im Haarshampoo. Ehe man den Schuppen mit diesen Mitteln zu Leibe rückt, sollte man es mit alten Hausmitteln wie dem oben erwähnten Haarwasser oder folgendem Trick versuchen: Ein verquirltes rohes Eigelb, vor der Haarwäsche gut einmassiert (etwa 15 Minuten einwirken lassen), verringert die Schuppenbildung. Mehr als zwei Eigelbkuren wöchentlich wären allerdings zuviel des Guten.

Haarspray
Verzichten Sie auf Sprays, auch wenn es sie mittlerweile ohne FCKW gibt. Die anderen Treibgase belasten die Umwelt auch unnötig. Wenn Sie auf Spray nicht verzichten wollen, verwenden Sie einen Pumpzerstäuber. Diese sind auch ungefüllt im Handel und können mit dem jeweiligen Produkt problemlos gefüllt werden.

Hände, rauhe
Rauhe Hände mit einem halben Teelöffel Haushaltszucker und ein wenig Babyöl gründlich einreiben und anschließend unter klarem Wasser abspülen.

HUSTEN

Hände, strapazierte
Haferflocken in Wasser kochen und diesen Brei auf die Hände streichen. Etwa eine Viertelstunde einwirken lassen, lauwarm abspülen und abtrocknen. Nicht eincremen!

Hände, verfärbte
Um das Verfärben der Hände beim Zubereiten von Obst oder Gemüse zu verhindern, taucht man sie vorher in Essig. Anschließend lassen sich die Hände mit Zitronensaft reinigen.

Hautjucken lindern
Bereiten Sie sich ein Bad, dem Sie, wie bei einem Babybad, Kamillenextrakt zugeben; oder kochen Sie aus 100 Gramm Kamille einen Tee, den Sie, durchgeseiht, dem Badewasser zusetzen. Badtemperatur etwa 35 Grad, Baddauer nicht länger als zwölf Minuten.

Haut und Haar
Halten Sie Ihre Haut und Haare gesund durch eine gesunde und vitaminreiche Ernährung und die Förderung der Durchblutung (Sport, Sauna). Vermeiden Sie übertriebene Sonnenbäder.

Heiserkeit
Nehmen Sie teelöffelweise eine Mischung aus einem steifgeschlagenen Eiweiß, dem Saft einer Zitrone und einem Eßlöffel Bienenhonig; das vertreibt die Heiserkeit.

Hexenschuß siehe unter Ischias

Holzbock (Zecke)
Diese blutsaugenden Schmarotzer können Entzündungen hervorrufen. Einzelne Arten übertragen sogar die gefährliche Hirnhautentzündung! Man sollte sie also entfernen. Dabei darf man sie keinesfalls einfach abreißen! Bestreichen Sie die Zecke dick mit Butter, Margarine, Öl oder Vaseline, oder tupfen Sie vorsichtig mit einem Wattebausch Alkohol darauf. Sie können sie auch mit einem Eiswürfel bestreichen. Hierdurch löst die Zecke den Biß, und man kann sie leicht drehend herausziehen.

Husten
Rettichsaft mit Honig; mit Honig gesüßter Sud von gekochten Zwiebeln; Tee aus Isländisch Moos, Huflattisch und Thymian; Tee aus Süßholzwurzel, Huflattich und Spitzwegerich können gegen Husten helfen. Bleibt der Husten bestehen, suchen Sie Ihren Arzt auf!

GESUNDHEIT UND KÖRPERPFLEGE

I K

Insektenstiche
Gegen juckende Insektenstiche hilft das Auflegen von frischen Zwiebel-, Zitronen- oder Meerrettichscheiben.

Ischias
Schmerzende Stellen mit Trieben der Großen Brennessel bestreichen – das anfängliche Brennen geht in wohltuende Wärme über. Die betroffenen Partien dürfen Sie dann nicht mehr mit kaltem Wasser in Berührung bringen, das Brennen setzt sonst neu ein.

Kakteenstachel entfernen
Ist ein Kakteenstachel in der Haut steckengeblieben, läßt man auf die entsprechende Stelle Kerzenwachs tropfen und taucht sie in kaltes Wasser, damit das Wachs erstarrt. Wenn man das harte Wachs dann abzieht, geht der Stachel leicht mit heraus.

Knoblauchgeruch
■ Es gibt verschiedene Möglichkeiten, den intensiven Knoblauchgeruch zu mildern, den man verströmt, nachdem man rohen Knoblauch gegessen hat.

■ Trinken Sie nach dem Essen ein Glas Milch, essen Sie einen Apfel, einen Becher reinen Joghurt oder ein Stück Schokolade; zerkauen Sie frische Petersilie, ein paar Dillstengel oder auch eine Gewürznelke.

■ Da der roh genossene Knoblauch auch durch die Haut ausdünstet, sollte man nach einem Knoblauchessen ein gründliches Duschbad nehmen.

KOSMETIKA

■ Knoblauchgeruch an den Händen wird man ganz leicht mit feuchtem Kaffeesatz los. Werfen Sie also die Filtertüte mit dem Satz des Frühstückskaffees nicht gleich weg; heben Sie sie in einer Tasse auf und verreiben Sie den feuchten Kaffeesatz auf den Händen, nachdem Sie Knoblauch oder Zwiebeln geschnitten haben. Danach einfach mit kaltem Wasser abspülen.

Kopfschmerzen
■ Kopfschmerzen können unter Umständen durch das Kauen von frischer Petersilie verschwinden. Man sollte dieses Mittel gleich zu Beginn der Kopfschmerzen ausprobieren.
■ Wenn ein Spaziergang in frischer Luft keine Linderung bringt, versuchen Sie es mit einer Tasse schwarzem Bohnenkaffee, dem Sie etwas Zitronensaft zusetzen. Leiden Sie häufiger unter Kopfschmerzen, suchen Sie unbedingt einen Arzt auf.

Der Öko-Tip:
Kosmetika
■ Brauchen Sie Kosmetika schnell auf; lassen Sie angebrochene Ware nicht zu lange lagern. Gerade an den Öffnungen, wo Luft an die Reste der Kosmetika gelangt, siedeln sich schnell Keime an. Diese können harmlos, aber auch problematisch sein. Dies gilt vor allem für Produkte, die laut Deklaration frei sind von Konservierungsstoffen.
■ Bevorzugen Sie Kosmetika in Glasverpackungen. Kunststoffverpackungen bedeuten mehr Müll, Glasverpackungen können Sie in die Altglassammlung geben.
■ Tragen Sie Kosmetika nur so lange wie nötig. Wenn Sie sich zu gegebenem Anlaß kosmetisch verschönern wollen, dann gehen Sie sparsam mit Ihren Kosmetika um, und entfernen Sie alles wieder, bevor Sie sich zu Bett begeben. Dadurch senken Sie die Belastung für Ihre Haut.
■ Wenn Hautprobleme auftreten (Bläschen, Rötungen, Ekzeme), sollten Sie einen Arzt aufsuchen. Diese Reaktionen können, müssen aber nicht, eine Allergie auf bestimmte Inhaltsstoffe Ihrer Kosmetika sein.
■ Seien Sie vorsichtig bei neuen Produkten. Wenn Sie bislang etwas gut vertragen haben, sollten Sie die Marke nicht ohne Not wechseln. Ob Sie auf einen oder mehrere Inhaltsstoffe allergisch reagieren, erfahren Sie meistens erst, wenn es zu spät ist. Auch eine einmalige Anwendung kann ausreichen, daß Sie in Zukunft vermehrt Hautprobleme bekommen – und zwar dann auch mit den Produkten, die Sie bislang problemlos vertragen haben.
■ Wenn Sie unbedingt ein neues Mittel ausprobieren wollen, lassen Sie sich im Fachhandel eine kleine

GESUNDHEIT UND KÖRPERPFLEGE

Probe geben, und testen Sie sie in der Ellenbeuge. Damit ist Ihr Risiko geringer, als wenn Sie das Mittel gleich großflächig auftragen.

■ Seien Sie vorsichtig bei Sonderangeboten von sonst eher teuren Marken! Hier handelt es sich vermutlich um ältere Ware, die schnell aus den Regalen muß, damit sie nicht verdirbt. Falls angegeben, achten Sie auf das Haltbarkeitsdatum!

■ Wenn Sie Ihre Kosmetika selbst herstellen, dann bedenken Sie, daß diese Produkte weniger lange haltbar sind und schnell verkeimen können, wenn Sie nicht sehr sauber arbeiten! Bereiten Sie selbstgemachte Kosmetika nur immer in kleinen Mengen frisch zu, und bewahren Sie sie im Kühlschrank auf. Bedenken Sie, daß auch natürliche Grundstoffe Allergien auslösen können, und machen Sie deshalb stets einen Test in der Ellenbeuge, wenn Sie ein neues Rezept ausprobieren möchten.

Kreislaufmittel
Frischgepreßter Zwiebelsaft mit Honig belebt Ihren Kreislauf.

L

Lippenpflege
■ Trockene und spröde Lippen bürstet man am besten ein- bis zweimal täglich mit einer weichen Zahnbürste. Das fördert die Durchblutung und macht eine Anwendung weiterer Mittel meist unnötig.

■ Will man auf eine Lippenpflege nicht verzichten, sind Produkte aus den Pflegeserien für Babys und Kleinkinder empfehlenswert.

Lippenstift
■ Einen abgebrochenen Lippenstift brauchen Sie nicht gleich wegzuwerfen. Versuchen Sie erst, ihn mit einem Trick zu reparieren. Ist der abgebrochene Teil sehr weich, legen Sie die Hülle und diesen Teil eine Zeitlang in den Kühlschrank. Erhitzen Sie dann beide Bruchstellen kurz über einer Streichholz- oder Kerzenflamme, und pressen Sie die beiden Teile fest aufeinander. Legen Sie den Stift wieder in den Kühlschrank, und lassen Sie ihn gut kühlen.

M

■ Sehr viel Lippenstift sparen können Sie, wenn Sie einen Lippenpinsel zum Auftragen des Lippenstiftes verwenden; Sie können dann den ganzen Rest aus der Hülle herausholen, der sonst mit einem abgenutzten Stift einfach weggeworfen würde.

Magen- und Darmverstimmungen
■ Kochen Sie aus einem Liter Wasser und zwei Eßlöffeln Thymianblättern einen Tee, den Sie zehn Minuten ziehen lassen, durchseihen und ungesüßt trinken.
■ Probieren Sie Tee aus Wermut, Tausendgüldenkraut, Pfefferminze und Kamillenblüten; Tee aus zerstoßenen Kümmelkernen, Kamillenblüte und Melisse; bei Übersäuerung und Schleimhautentzündung hilft eine Rollkur mit Kamillentee oder Heilerde.
■ Sehr gut hilft auch Heilerde, aus Apotheke oder Reformhaus.

Make-up-Entferner
Nehmen Sie Pflanzenfett aus der Küche. Diese Methode ist ebenso preiswert wie wirksam. Das Fett einreiben und anschließend mit einem Papiertuch abwischen.

Medikamente
■ Medikamente bewahren Sie am besten in einer Hausapotheke auf,

GESUNDHEIT UND KÖRPERPFLEGE

die so angebracht sein sollte, daß kleine Kinder sie nicht erreichen können. So haben Sie alle Medikamente an einem Ort und müssen nicht erst lange suchen, wenn etwas gebraucht wird.

■ Medikamente dürfen nicht zu lange aufbewahrt werden. Wenn das Haltbarkeitsdatum nicht auf der Packung vermerkt ist, schreiben Sie das Kaufdatum auf die Packung.

■ Medikamente, deren Verfallsdatum erreicht ist, können Sie in der Apotheke oder bei einer Sondermüllsammelstelle abgeben.

Medizin schlucken
Wenn Kinder sich weigern, ihre Medizin zu schlucken, oder wenn Sie selbst bei der Einnahme Ihres Medikamentes ein Brechreiz überfällt – vorheriges Lutschen eines Eukalyptus- oder Pfefferminzbonbons hilft.

Milch zur Pflege
■ Milch hilft bei Sonnenbrand. Als Maske macht die Milch die Haut frisch: Ein Baumwolltuch mit Milch (oder Joghurt) tränken, zwanzig Minuten auf Gesicht und Hals legen. Danach strahlt die Haut wieder.

■ Kompressen mit milchgetränkten Wattebäuschen beleben gerötete, brennende Augen. Etwa zehn Minuten auf den Augenlidern liegen lassen.

■ Es schützt Ihre Haut, wenn Sie täglich das gereinigte Gesicht mit frischer Milch abspülen, dann noch einmal damit betupfen und einziehen lassen. Durch den hohen Säuregehalt schützt die Milch den natürlichen Säureschutzmantel der Haut. Anschließend können Sie eine pflegende Creme auftragen.

Mundgeruch
■ In einem Glas lauwarmem Wasser einen halben Teelöffel »Bullrich-Salz« auflösen und trinken.

■ Essen Sie öfters einen Apfel. Das hilft nicht nur, Mundgeruch zu vertreiben, sondern ist auch noch gesund.

Muskelkater
Gegen die unangenehmen Nachwirkungen einer ungewohnten, anstrengenden Bewegung hilft ein heißes Bad, ein Saunabesuch und/oder das Einreiben mit Franzbranntwein. Man erhöht die Wirkung des Bades, wenn man eine Handvoll Kochsalz oder Latschenkieferröl zusetzt.

Nägel, eingewachsene
Eingewachsene Nägel kuriert man, indem man sie mit einem ölgetränkten Läppchen umbindet. Schon am nächsten Morgen sind sie so weich, daß man sie bequem abschneiden kann.

Nägelkauen
Nicht immer sind seelische Probleme der Grund für das Nägelkauen. Ein Mangel an B-Vitaminen kann schuld daran sein. In diesem Fall sollte man den Arzt befragen.

Nagellackflaschen, zugeklebte
■ Damit Ihre Nagellackflasche nicht verklebt, geben Sie etwas Vaseline in den Deckel und auf das Gewinde der Flasche.
■ Verklebte Nagellackflaschen in heißes Wasser tauchen.

Nagellack haltbar machen
Viel länger gebrauchsfähig bleibt Nagellack, wenn man ihn im Kühlschrank aufbewahrt. Er trocknet dann nicht so schnell ein.

Nagelpflege
■ Nägel werden am schonendsten regelmäßig und in kurzen Abständen mit einer guten Nagelfeile gekürzt und in Form gebracht.
■ Damit sich die Fingernägel nach einer besonders schmutzigen Arbeit leichter reinigen lassen, greift man vor der Arbeit mit den Fingerspitzen in eine Cremedose. Durch das Fett unter dem Nagel kann der Schmutz leichter entfernt werden.

Nährcreme, selbstgemacht
Gönnen Sie Ihrem Gesicht ab und zu eine Maske aus folgenden Zutaten: Verrühren Sie zwei Eßlöffel Öl mit zwei Eßlöffeln Honig und zwei kleinen Eigelben. Tragen Sie diese Nährcreme auf Gesicht und Hals auf, und lassen Sie sie 20 Minuten einwirken.

Nasenbluten
Nasenbluten können Sie stillen, indem Sie einen kalten Gegenstand oder ein feuchtes, kaltes Tuch auf den Nacken legen und den Kopf nach hinten beugen. Kalte Umschläge auf dem Kopf und auf der Stirn helfen ebenfalls.

GESUNDHEIT UND KÖRPERPFLEGE

Naturkosmetika

■ Auch natürliche Stoffe können Allergien auslösen oder sensibilisieren. Daher ist auch hier die gleiche Vorsicht angebracht wie bei synthetischen Produkten.

■ Der Begriff »Biokosmetik« und die Angabe »ohne Tierversuche« sind nicht rechtlich geschützt. Welche Hersteller ökologischen und tierschützerischen Ansprüchen genügen, erfahren Sie aus der »Positivliste – Kosmetik ohne Tierversuche«, anzufordern beim Deutschen Tierschutzbund e.V., Bonn.

Nervosität

Tee aus Johanniskraut, Melissenblättern, Hagebutten und Hopfenzapfen kann gegen Nervosität helfen.

Parfümduft

■ Parfümduft hält sich auf fettiger Haut länger. Deshalb sollten Sie sich nach dem Baden oder Duschen mit einer Fettcreme einreiben und erst dann das Parfüm auftupfen. Die besten Stellen dafür sind hinter den Ohren, an den Handgelenken, in den Arm- und Kniebeugen.

■ Wer auf Parfüm allergisch reagiert, braucht auf den Duft dennoch nicht zu verzichten; man kann das Parfüm auch an nicht sichtbarer Stelle auf die Kleidung auftragen (Vorsicht, bei empfindlichen Stoffen, es kann Flecken geben!), etwa einen Tropfen auf eine Nahtstelle oder einen Saum träufeln.

■ Damit Ihr Kleiderschrank angenehm nach Ihrem Lieblingsparfüm duftet, stellen Sie das leere Parfümfläschchen offen in den Schrank oder geben Sie etwas Parfüm auf einen Wattebausch, den Sie dann in den Schrank legen.

Pickel und Mitesser

Wenn überschüssiges Hautfett die Poren verstopft, entstehen oft Pickel und Mitesser. Da hilft nur gründliche Reinigung mit einem besonders milden Gesichtswasser. Schmutz- und Fettpartikel werden schonend gelöst, die Haut wird porentief rein. Tägliche Anwendung beugt neuen Unreinheiten vor.

Poren, große

■ Einige Tropfen Zitronensaft mit Hautcreme verrühren und als Packung auftragen. Einwirken lassen und anschließend vorsichtig, ohne Zerren, mit lauwarmem Wasser abspülen.

■ Einen Teil Magerquark mit zwei Teilen Molke verrühren, dick auftragen und eine Viertelstunde einwirken lassen. Mit lauwarmem Wasser vorsichtig abspülen.

Rauchgeruch

■ Kalter Rauch riecht schlecht und hält sich lange in der Wohnung. Haben Sie eine Party mit vielen Rauchern gefeiert, so lüften Sie die Wohnung gründlich und stellen über Nacht eine flache Schüssel mit Essigwasser auf.

■ Hat sich der Rauch in Polstermöbeln und Teppichen festgesetzt, bürsten Sie diese mit Essigwasser.

Reiseapotheke

Für die Fahrt in den Urlaub sollten Sie sich auf jeden Fall eine kleine Reiseapotheke zusammenstellen. Am besten lassen Sie sich in Ihrer Apotheke beraten.

Rosenbad

Ihre Haut wird samtweich, wenn Sie sich ab und zu ein Rosenbad gönnen. Füllen Sie dazu fünf bis sechs Hände voll frische Rosenblütenblätter in ein Leinensäckchen, und geben Sie es mit in das Badewasser.

GESUNDHEIT UND KÖRPERPFLEGE

S

Schlafstörungen
Man ist manchmal zwar sehr müde, kann aber trotzdem nicht einschlafen. Einige Tricks helfen, den ersehnten Schlaf zu finden.
■ Ein entspannendes, wohlig warmes Bad mit Baldriantinktur wirkt Wunder.
■ Auch Melissenwein hilft beim Einschlafen: Eine Handvoll frische Zitronenmelisse in eine Flasche Weißwein geben. Die Flasche gut verschließen und 24 Stunden stehenlassen, danach abseihen. Eine Tasse vor dem Schlafen trinken.
■ Vor dem Schlafengehen eine Tasse Kamillentee trinken.
■ Gegen Schlaflosigkeit können auch ein Tee aus Baldrian, Johanniskraut, Melisse und Hopfenzapfen helfen, einige Tropfen Baldriantinktur in einem Glas Wasser oder ein Glas Milch mit Honig.
■ Ein weiteres Schlafmittel ist eine Schlafmaske. Die Schlafmaske wird aus weichem, vollkommen lichtundurchlässigem Stoff hergestellt. In der Dunkelheit entschlummert man im Nu.

■ Vor dem Zubettgehen sollte man am offenen Fenster, auf dem Balkon oder im Garten fünf Minuten lang ruhig durchatmen.

Schluckauf
Schluckauf können Sie auf verschiedene Art loswerden:
■ Versuchen Sie, die Luft so lange wie möglich anzuhalten.
■ Trinken Sie Eis- oder Essigwasser in möglichst kleinen Schlucken.
■ Trinken Sie Wasser in kleinen Schlucken, indem Sie sich im Stehen soweit wie möglich nach vorn beugen.

Schnuller
Als Einschlafhilfe oder Beruhigungsmittel haben Schnuller für das Baby eine durchaus wichtige Funktion. Bei einer gesunden Vollwerternährung sind Schäden durch Kieferverformungen nicht zu befürchten, die Gefahr ist hier geringer als durch das Daumenlutschen. Bis zum Zahnen sind die geruchs- und geschmacksneutralen Silikonschnuller den Latexschnullern vorzuziehen. Ab dem ersten Zahn sollten die Latexschnuller verwendet werden, da aus den Silikonsaugern rasch kleine Stückchen herausgebissen werden können.
Völlig schadstofffrei sind sie jedoch auch nicht. Deshalb sollten

die Latexschnuller ausgetauscht werden, sobald sie spröde und dunkler werden. Silikonschnuller halten durchaus ein paar Monate, Latexschnuller dagegen meist nur vier Wochen.

Schuppen siehe unter dem Stichwort Haar in diesem Kapitel

Schwangerschaft
Besorgen Sie sich schon vor der Entbindung eine freie Hebamme, die Sie besucht und berät. Die Kosten übernimmt in der Regel die Krankenkasse (erkundigen Sie sich aber zuvor). Ihre Hebamme ist dann nur für Sie da, ohne durch die Erfordernisse des Klinikalltags eingeengt zu sein.

Schwangerschaftserbrechen
Ein Eßlöffel reiner Bienenhonig auf nüchternen Magen wirkt hervorragend.

Schweißfüße
■ Gegen Schweißfüße helfen regelmäßige Fußbäder in warmem Wasser mit einer Zugabe von Salbeiaufguß. Anschließend die Füße kalt abspülen und sorgfältig frottieren. Ein solches Fußbad ist auch wirkungsvoll bei müden und schmerzenden Füßen.

■ Meiden Sie Schuhe aus Synthetikmaterial, zu enge Schuhe und synthetische Strümpfe.
■ Wechseln Sie Schuhe und Strümpfe mindestens täglich.
■ Laufen Sie möglichst oft im Freien barfuß.

Schweißgeruch
Kein Puder, Roll-on oder Spray wird das Übel letztlich beseitigen können. Zur Vorbeugung kann man trotzdem einiges tun:
■ Waschen Sie Füße und Achselhöhlen in täglichem Wechsel mit Eichenrindentee und verdünntem Essigwasser, bevor Sie die unterstützenden Mittel verwenden.
■ Tragen Sie weder Kunstfasern noch Schuhe mit Gummi- oder Kunststoffsohlen.
■ Wählen Sie Ihre Kleidung – vor allem Hemden, Blusen und Pullover – lieber etwas größer.
■ Trinken Sie weder eiskalte noch sehr heiße Getränke hastig.

Sodbrennen
Sodbrennen, das nur ab und zu auftritt, können Sie auch ohne ärztliche Hilfe abstellen. Ein geriebener Apfel, Kartoffelsalat, eine Tasse Kamillen- oder Thymiantee sind bewährte Hausmittel. Auch kohlensäurehaltiges, kochsalzarmes Mineralwasser kann helfen.

GESUNDHEIT UND KÖRPERPFLEGE

Sonnenbrand
Durch entsprechende Vorsichtsmaßnahmen (Sonnenschutzmittel, rechtzeitig aus der Sonne gehen usw.) sollte man einen Sonnenbrand nach Möglichkeit vermeiden können.

■ Ist es trotzdem passiert, dann muß die Haut zunächst vor allem gekühlt werden, zum Beispiel mit Milch oder einer Packung aus fettarmem Joghurt.

■ Auch kalte Umschläge mit Kamillenblütentee, Buttermilch oder Essigwasser oder auch rohe Kartoffelscheiben, auf die betroffenen Stellen gelegt, sind gute Methoden der Kühlung.

■ Lindernd wirken auch Einreibungen mit Johanniskraut- oder Pfefferminzöl oder Zitronensaft. Weitere Sonnenbestrahlung ist unbedingt zu vermeiden. Ein Sonnenbrand, der mit Blasenbildung, Kopfschmerzen, Erbrechen und/oder Fieber einhergeht, muß unbedingt vom Arzt behandelt werden!

Sonnenschutzmittel aufbewahren
Öle, Cremes und Sonnenmilch, die nach dem Sommer übrigbleiben, braucht man nicht fortzuwerfen. Da diese Produkte Konservierungsmittel enthalten, sind sie – gut verschlossen, kühl und dunkel gelagert – auch nach einem Jahr noch wirksam. Nicht aufgebrauchte Sonnenmilch eignet sich auch hervorragend zur täglichen Hautpflege.

Splitter in der Haut
■ Splitter werden mit einer Pinzette entfernt. Noch einfacher geht es, wenn Sie ein paar Tropfen warmes Wachs auf die Stelle geben und es unter fließendem kaltem Wasser abkühlen. So läßt sich der Splitter mühelos lösen.

■ Sie können den Splitter auch auf folgende Weise entfernen: Füllen Sie kochendes Wasser in eine Flasche. Um das Zerplatzen der Flasche zu vermeiden, hüllen Sie sie beim Einfüllen in ein nasses, kaltes Tuch. Halten Sie die Verletzung ganz dicht über die Öffnung der Flasche – der Dampf weicht die Haut auf, so daß man den Splitter leicht entfernen kann.

Stillen
Stillen ist immer noch die beste Art der Ernährung für Ihren Säugling. Versuchen Sie möglichst, Ihr Kind eine Zeitlang zu stillen, denn die Muttermilch enthält alle nötigen Nährstoffe sowie Antikörper gegen Krankheitserreger.

■ Ernähren Sie sich während des Stillens bewußt gesund, und verzichten Sie nach Möglichkeit auf Nikotin und Alkohol, weil diese schädlichen Stoffe durch die Milch auch auf das Kind übergehen.

TEERFLECKEN

■ Machen Sie, während Sie stillen, keine Diät.

Synthetische Kleidung
Kleidungsstücke, die überwiegend oder ausschließlich aus Synthetics bestehen, kaufen Sie besser eine Nummer größer. Dadurch gewährleisten Sie auch hier einen ausreichenden Wärmeaustausch, da der Schweiß durch die legere Kleidung besser verdunsten kann.

Tabletten
Tabletten wirken schneller, wenn man sie mit viel Wasser schluckt und sich dann etwa eine Viertelstunde auf die rechte Seite legt. Die Magenentleerung wird so beschleunigt, und das Medikament kann sehr bald zur vollen Wirkung kommen.

Tabletten zerdrücken
Zerdrückte und aufgelöste Tabletten sind oft bekömmlicher, als wenn man sie im ganzen schluckt. Legen Sie die Tablette zwischen zwei Löffel, und pressen Sie sie fest zusammen. Die Tabletten zerbröckeln, ohne daß die Teile dabei in alle Richtungen fliegen.

Teerflecken an den Füßen
Leider sind heute viele Strände mit Teer verschmutzt, so daß Sie sich beim Barfußlaufen oft Teerflecken an den Füßen zuziehen.
■ Die Flecken mit Butter oder Zahnpasta bestreichen, einwirken

GESUNDHEIT UND KÖRPERPFLEGE

lassen. Anschließend abreiben. Bei Bedarf nochmals wiederholen.
■ Wenn der Strand nicht einwandfrei gepflegt ist, tragen Sie bei Strandspaziergängen besser Badeschuhe. So können Sie sich auch vor Verletzungen schützen.

Thymiantee für die Haut
Thymiantee eignet sich hervorragend als Gesichtswasser gegen alle Entzündungen und Unreinheiten der Haut.

Verbrennungen
■ Es gibt nur eine sinnvolle Soforthilfe: Halten Sie die verbrannte Hautpartie so lange unter fließendes kaltes Wasser, bis der Schmerz nachläßt.
■ Bei größeren Verbrennungen sollten Sie sofort den Arzt aufsuchen oder den Notarzt rufen.

Verbrühungen im Mund
Die heftigen Schmerzen lassen sofort nach, wenn Sie einen Eiswürfel in den Mund nehmen und ihn dort langsam zergehen lassen.

Verstopfung
■ Verzichten Sie auf Abführpillen; der Darm gewöhnt sich mit der Zeit an sie, und die erhoffte Wirkung bleibt aus.
■ Legen Sie statt dessen ein größeres Augenmerk auf die Ballaststoffe wie Vollkorn- oder Leinsamenbrot bei Ihrer täglichen Ernährung. Der Erfolg stellt sich meist von selber ein.

WASSERSPAREN

■ Reduzieren Sie gleichzeitig den Konsum von Süßigkeiten (vor allem Schokolade), und ersetzen Sie Tee durch Bohnenkaffee.

■ Rotwein sollten Sie durch Weißwein ersetzen.

■ Vor dem Frühstück: Ein Glas lauwarmes Wasser trinken und/oder zwei am Abend zuvor eingeweichte Trockenpflaumen oder Feigen essen; einen Eßlöffel Weizenkleie, mit Wasser angerührt, und Leinsamen (Menge und Zubereitung sind auf der Packung angegeben). Wenn Sie Weizenkleie einnehmen, immer genügend Flüssigkeit dazu trinken, sonst erreicht man leicht das Gegenteil der gewünschten Wirkung: die Verstopfung wird schlimmer.

■ Vor der Mittagsmahlzeit: einen Eßlöffel Weizenkleie und Leinsamen.

■ Vor dem Abendbrot: einen Eßlöffel Weizenkleie und Leinsamen.

Wärmflaschen
Sie bleiben länger warm, wenn man dem Wasser etwas Salz, aufgelöst in Weinessig, zusetzt.

Der Öko-Tip:
Wassersparen bei der Körperreinigung

■ Wenn Sie Ihr Bad neu einrichten (lassen) oder wassersparend umrüsten wollen, achten Sie auf wassersparende Technologien. Verlangen Sie Produkte mit dem Umweltzeichen. Mittlerweile sind z. B. wassersparende Spülkästen, elektronisch gesteuerte Duscharmaturen, wassersparende Durchflußbegrenzer und Druckspüler mit dem Umweltengel ausgezeichnet. Eine Liste der ausgezeichneten Produkte und ihrer Anbieter erhalten Sie beim Umweltbundesamt in Berlin.

■ Verwenden Sie für Wasserhähne und Dusche Perlatoren. Perlatoren vermischen das Wasser mit Luftblasen, es kommt sprudelnd aus dem Hahn. Das Sprudeln erweckt den Eindruck einer normalen Wasser-

GESUNDHEIT UND KÖRPERPFLEGE

menge, die Einsparung (durch die Luftbläschen) beträgt aber bis zu 50 %.

■ Rüsten Sie Ihre Dusche mit einem Durchflußbegrenzer aus. Dadurch senken Sie den Wasserverbrauch bis zu 50 % und sparen noch Heizenergie.

■ Verwenden Sie Abstellventile für Zweihandmischbatterien (falls Sie nicht auf Einhandbatterien umstellen wollen oder können). Damit kann der Durchfluß bei konstant eingestellter Temperatur unterbrochen werden, z. B. fürs Einseifen zwischendurch. Dadurch sparen Sie wieder Wasser.

■ Rüsten Sie Ihre Armaturen auf Einhandmischbatterien oder auf Thermostatventile um. Bei Zweihandarmaturen verlieren Sie sehr viel Wasser, bis Sie Ihre optimale Dusch- oder Badetemperatur durch Mischen von kaltem und heißem Wasser eingestellt haben. Bei Einhandarmaturen stellt man den Hebel einmal auf die gewünschte Temperatur und braucht den Hahn in dieser Position nur noch zu öffnen und zu schließen. Thermostatventile haben den gleichen Effekt.

■ Verwenden Sie für Ihre Toilettenspülung Sparspülsysteme wie Spülstop- und Spartasten oder Spardruckspüler usw. Die Wasserspülung im WC benötigt pro Spülgang mindestens neun Liter, fürs »kleine Geschäft« sind aber drei bis sechs Liter ausreichend. Alte Spülkästen haben keine Möglichkeit, den einmal begonnenen Spülvorgang zu unterbrechen. Hierfür gibt es auf dem Markt verschiedene nachträglich einfach zu installierende Spülstopper. Der Wasserverbrauch kann damit auf die Hälfte bis ein Drittel reduziert werden.

■ Duschen Sie lieber, anstatt ein Vollbad zu nehmen. Der Wasserverbrauch für ein Vollbad liegt mit 180 bis 260 Litern drei- bis viermal so hoch wie für ein normales Duschbad.

■ Duschen Sie nie länger als nötig. Eine normale Reinigung unter der Dusche (einschließlich Haarewaschen) benötigt erfahrungsgemäß nicht mehr als 5 Minuten. Auch wenn es angenehm ist, unter der heißen Dusche zu stehen und das Wasser auf sich herabprasseln zu lassen: Längeres Duschen kann letztlich genauso wasserverbrauchend sein wie ein Vollbad. Außerdem ist es besser für die Haut, nicht zu lange und nicht zu heiß zu duschen.

■ Stellen Sie beim Duschen das Wasser während des Shampoonierens und Einseifens ab. Sie sparen dadurch nicht nur Wasser, sondern auch Shampoo und Seife/Duschgel, da diese nicht schon während des Auftragens teilweise wieder abgespült werden.

■ Verwenden Sie zum Zähneputzen einen Zahnputzbecher, anstatt das Wasser laufen zu lassen. Sie verbrauchen anstelle von zwei bis vier Litern nur rund 0,1 Liter.

Wimpern
Wimpern und Augenbrauen werden glänzend und geschmeidig, wenn man sie täglich mit Rizinusöl einreibt.

Der Öko-Tip:
Windeln
■ Hier sollte der Grundsatz lauten: Frisch gewickelt wird, wenn das Baby die Windeln voll hat. Wickeln und Mahlzeiten haben nichts miteinander zu tun.
■ Leidet das Baby an hartnäckigem Wundsein, sollten Sie es zum Arzt bringen; es könnte eine Pilzinfektion vorliegen.
■ Die heute gebräuchlichen Einmalwindeln sind ökologisch mehr als bedenklich. Zu ihrer Herstellung wird Zellstoff benötigt, der seinerseits nur unter Verwendung großer Mengen Frischwasser, Holz und Energie hergestellt werden kann. Der Zellstoff wird außerdem meistens mit Chlor gebleicht, was die Gewässer belastet. Die Wegwerfwindeln belasten die Umwelt, denn sie landen ebenfalls in ungeheuren Mengen auf den Deponien. Immerhin verbraucht jedes Kind ungefähr 6000 Windeln, bevor es auf das Töpfchen geht.
■ Ob die Mullwindel die ökologisch bessere Alternative ist, kann hier nicht abschließend diskutiert werden. Sie benötigt zumindest keinen Deponieraum.

Andererseits müssen die Mullwindeln bei 60 Grad gewaschen, manchmal auch bei 95 Grad gekocht werden, um gerade für Säuglinge hygienisch einwandfrei zu sein. Das wiederum belastet die Gewässer und verbraucht viel Energie.
■ Das über die Mullwindel gezogene Höschen sollte nicht aus Plastik, sondern aus hautfreundlicher Schafwolle sein. Am wohlsten fühlen sich Babys übrigens ganz ohne Windeln. Gönnen Sie Ihrem Kind diesen Genuß, wann immer und wo immer es möglich ist. Kinder, die in Kulturen aufwachsen, in denen Windeln unbekannt sind, werden im allgemeinen schon vor Vollendung des zweiten Lebensjahres »sauber«.
■ Verzichten Sie auf eine Wäschedesinfektion. Auch Mullwindeln müssen nicht desinfiziert werden. Es genügt, sie bei 60 Grad zu waschen und zu bleichen. Stark verschmutzte Windeln sollten Sie lieber vorher einweichen oder vorher schrubben. Bei Magen- und Darmerkrankung des Säuglings müssen Sie die verschmutzte Wäsche allerdings bei 95 Grad waschen.

Wundbehandlung
Kleine Wunden nach der Blutstillung mit in Wasser verrührtem Haushaltszucker bestreichen. Diese Mischung wirkt gegen Bakterien und beschleunigt die Heilung.

GESUNDHEIT UND KÖRPERPFLEGE

Zahnpflege
■ Grundsätzlich wären warmes Wasser und die richtige Bürste für die Zahnpflege ausreichend. Die Zahnbürste sollte dicht gesteckte, gleich lange, abgerundete Kunststoffborsten haben. Das beste und gesündeste Zahnputzmittel ist Salz oder eine salzhaltige Zahncreme.
■ Einen Kariesschutz durch Zahnpasta gibt es nicht; die beste Vorbeugung gegen Karies und Parodontose ist eine gesunde, vollwertige Ernährung.
■ Grundsätzlich sollte man die Zähne nach jeder Mahlzeit putzen. Zahnseide hilft bei der Reinigung der Zahnzwischenräume.
■ Beginnen Sie frühzeitig mit der Zahnreinigung und Mundhygiene bei Ihrem Kind. Mangelnde Mundhygiene ist der zweite wichtige Risikofaktor für Karieserkrankungen des Gebisses.
■ Vor allem nach dem Genuß von Süßigkeiten und von Zitrusfrüchten (auch Säften) sollten Sie nach Möglichkeit Ihre Zähne sofort putzen. Der Zucker und bei Zitrusfrüchten die Fruchtsäure greifen sonst die Zähne an. Achten Sie auch darauf, daß Ihre Kinder in diesen Fällen das Zähneputzen nicht vergessen!

Zahnprothesen
Zahnprothesen reinigen sich selbst und verlieren Geschmack und Geruch, wenn man sie über Nacht in einer Lösung aus einem Teelöffel Natriumhydrogencarbonat (»Bullrich-Salz«) in einem Glas Wasser aufbewahrt.

Zahnputzglas
■ Um den weißen Belag im Zahnputzglas zu entfernen, geben Sie einen Eßlöffel Salz in das Glas und füllen es mit heißem Wasser auf. Eventuell umrühren, damit sich das Salz ganz auflöst. Die Lösung einige Zeit einwirken lassen, danach ausspülen und mit einem weichen Lappen auswischen.
■ Eine andere Möglichkeit: Sie geben Essig in das Glas, lassen ihn etwas einwirken und wischen dann das Glas mit einem feuchten Lappen aus. Danach muß das Glas gut ausgespült werden.

ZWIELICHT

Zecke siehe unter dem Stichwort Holzbock in diesem Kapitel

Zigaretten- oder Zigarrenrauch
Lästiger Tabakgeruch, der überall in der Wohnung hängenbleibt, läßt sich auf einfache Weise beseitigen: Ein ins Zimmer gelegter, mit Wasser und einigen Spritzern Essig getränkter Schwamm nimmt mit seinen vielen Poren den Rauch verhältnismäßig schnell auf.

Zwielicht
Vermeiden Sie beim Lesen oder Arbeiten an der Nähmaschine gleichzeitiges Tageslicht und künstliche Beleuchtung, weil das die Augen zu sehr anstrengt.

Auto, Handwerk, Freizeit

Machen Sie mit beim umweltfreundlichen Autofahren, beim schadstoffarmen Handwerken in Haus und Hof und bei der gesunden Freizeitgestaltung: Zwischen A wie Abbeizen und Z wie Zinngießen finden Sie über 333 tolle Tips.

Bevor Sie Ihre Wohnräume renovieren, lesen Sie, wie Sie die Arbeitsgeräte am besten handhaben. Wir sagen Ihnen, welche Farben, Spanplatten, Tapeten, Lacke und Farben umweltfreundlich sind. Lesen Sie, wie Sie schnell und einfach einen Nagel in die Wand schlagen, ohne den Verbandskasten öffnen zu müssen. Und wenn der Holzwurm Sie wurmt, nehmen Sie das gute alte Stück mit in die Sauna, und machen Sie Dampf, denn die Holzwürmer fallen in der Hitze auf der Stelle tot um.

Im Namen unserer Umwelt: Bilden Sie Fahrgemeinschaften, ändern Sie Ihr Fahrverhalten, waschen Sie Ihr Auto nicht auf der Straße, rüsten Sie um; wir sagen Ihnen, wie's geht.

Schlagen Sie nach, welches Spielzeug und welche Hobbys für Sie und Ihre Kinder am ungefährlichsten sind. Stellen Sie die Knetmasse für die Kleinen selber her, und achten Sie auf unschädliche Fingerfarben und Buntstifte.

Wissen Sie, wie Sie Dellen am Auto und am Tischtennisball schnell und leicht herausbekommen? Wie Sie Ihre Hände wirkungsvoll bei schmutziger Arbeit schützen können, wie Sie den Urlaubskoffer richtig packen und die schrille Klingel dämpfen? Lesen Sie unsere Ratschläge.

AUTO, HANDWERK, FREIZEIT

nicht herumkommen. Arbeiten Sie mit solchen Mitteln nur im Notfall, möglichst im Freien, zumindest aber bei geöffnetem Fenster. Die anfallenden Abfälle, vor allem aber Reste von Laugen und lösemittelhaltigen Abbeizern, gehören in den Sondermüll.

Abbeizen
■ Muß man alte Farbaufträge und Lacke von Holzgegenständen und Möbeln entfernen, gibt es verschiedene Möglichkeiten. Besonders lösemittelhaltige Abbeizer und Laugen sollte man meiden, aber auch die Arbeit mit der elektrischen Schleifmaschine oder dem heißen Luftstrom des Föns ist nicht empfehlenswert.

■ Laugen sind aggressive Chemikalien, die die Haut angreifen. Ihre ökologische Entsorgung ist problematisch. Unter Heißlufteinfluß geben viele Lacke und Farben giftige Gase ab; beim Schleifen entwickelt sich gesundheitsschädlicher Staub, vor dem auch ein Mundschutz nicht genügend schützt.

■ Ein Abzieher, ein Werkzeug, das einem Handrasierer ähnlich sieht, ist eine ökologisch unbedenkliche Alternative. Vor allem große, glatte Flächen lassen sich gut bearbeiten, problematisch sind Kanten, Rillen, Verzierungen usw. Hier wird man um den Einsatz weniger umweltfreundlicher Mittel

Der Öko-Tip:
Altöl
■ Das beim Ölwechsel anfallende Altöl muß sachgerecht entsorgt werden, was in der Regel in Werkstätten geschieht, bei denen man einen Ölwechsel machen läßt. Nimmt man den Ölwechsel selbst vor, gibt man dem Händler beim Kauf des neuen Öls das Altöl zurück. Tankstellen, auch Supermärkte und Warenhäuser, die Motoröl verkaufen, müssen das verbrauchte Öl zurücknehmen und es einer umweltgerechten Beseitigung zuführen.

■ Altöl auf abgelegenen Parkplätzen oder sonstwo zu »entsorgen«, ist strafbar; zu Recht, denn schon ein Liter Altöl kann riesige Mengen Grundwasser verseuchen.

Aquarienfische
Wenn Sie in einer Zoohandlung Fische für Ihr Aquarium kaufen, sollten Sie den Plastikbeutel so transportieren, daß das Wasser im Beutel nicht zu sehr abkühlt. Entweder Sie tragen den Beutel in einer gut

isolierten Tasche oder unter Ihrer Kleidung, damit das Wasser über Ihre Körpertemperatur gleichmäßig warm gehalten wird. Auch sollten Sie zu Hause die Fische nicht sofort in Ihr Aquarium schütten, sondern den Plastikbeutel mit den Fischen erst einige Zeit im Aquarium hängen lassen. Das Wasser im Beutel erhält so langsam die Temperatur des Wassers im Aquarium. So erleiden die neuen Fische keinen »Schock«.

Aquarium auffüllen
Wenn Sie Ihr Aquarium auffüllen, sollten Sie das Wasser niemals aus einem Behälter direkt in das Aquarium schütten, weil der plötzliche Wassereinbruch weder den Fischen noch den Pflanzen gut bekommen könnte. Verwenden Sie für das Auffüllen einen Trichter. Haben Sie keinen zur Hand, dann können Sie auch ein sauberes Tuch oder ein Blatt weißes Papier auf die Wasseroberfläche legen und darauf das Wasser schütten.

Aquarium, Umzug mit dem
Der Umzug mit einem Aquarium ist oft ein großes Problem. Dabei sollte man versuchen, soviel Wasser wie nur möglich im Aquarium zu belassen. Schöpfen Sie zuviel Wasser ab, könnte es sein, daß Sie dadurch das im Aquarium bestehende Biotop zerstören und später Probleme haben, ein gesundes biologisches Gleichgewicht wieder aufzubauen. Die Fische sollten Sie nach Möglichkeit in einem gesonderten Behälter als Ihr »persönliches« Gepäck transportieren, um die Fische nicht unnötigen Strapazen, die durch das Schaukeln, Anfahren und Bremsen des Möbelwagens entstehen, auszusetzen.

Der Öko-Tip:
Arbeitsgeräte
■ Arbeitsgeräte zum Streichen wie Pinsel oder Rolle können Sie bei kurzer Arbeitsunterbrechung in wenig Wasser aufbewahren. Danach kann man ohne Probleme weiterarbeiten.
■ Verzichten Sie auf Pinselreiniger und Verdünner. Sie bestehen aus Lösemitteln und sind für Ihre Gesundheit und für die Umwelt besonders gefährlich. Wenn Sie die Arbeit mit lösemittelhaltigen Mitteln beendet haben, lassen Sie den Pinsel im Freien trocknen, und geben Sie ihn dann in den Hausmüll. Da dies, auf Dauer gesehen, eine kostspielige Methode ist, sollten Sie allerdings nach Möglichkeit nur noch wasserverdünnbare Produkte verwenden.
■ Wenn Sie Mittel, die mit Wasser verdünnbar sind, verwendet haben, sollten Sie die Arbeitsgeräte nicht unter fließendem Wasser reinigen, denn das kostet zuviel Wasser und belastet den Klärschlamm. Besser ist

AUTO, HANDWERK, FREIZEIT

es, die Geräte in einem Eimer oder einer Wanne im Wasserbad vorzureinigen, um die größten Reste an Farben und Lacken auszuspülen. Dieses Wasser enthält dann praktisch alle Lackbestandteile. Lassen Sie das Wasser nun stehen, bis sich die größeren Teile abgesetzt haben, dann gießen Sie es vorsichtig durch einen Filter (z. B. Kaffeefilter) und entsorgen den Filter mit dem Hausmüll. Das Wasser wird in den Abfluß gegossen. Die Endreinigung der Arbeitsgeräte können Sie dann mit möglichst wenig Wasser direkt am Ausguß durchführen.

Arbeitskleidung reinigen
Stark verschmutzte Arbeitskleidung sollten Sie erst einweichen, dann in die Waschmaschine geben. Wenn Sie eine halbe Tasse Salmiakgeist in das Waschwasser geben, wird die Arbeitskleidung ganz sauber.

Armaturenbrett reinigen
Um auch die schwer zugänglichen Stellen des Armaturenbretts in Ihrem Auto reinigen zu können, verwenden Sie einen angefeuchteten Schaumgummipinsel.

Autoantennen
■ Autoantennen lassen sich mühelos zusammenschieben und bleiben sauber, wenn sie ab und zu mit Kerzenwachs eingerieben werden.
■ Wurde Ihre Autoantenne abgebrochen, so können Sie sich fürs erste so behelfen: Biegen Sie sich einen Drahtkleiderbügel (aus der Reinigung) zurecht, und benutzen Sie ihn als provisorische Antenne.

Autoaufkleber
Aufkleber und Etiketten lösen sich leicht, wenn man sie mit dem Heißluftstrahl des Föns anbläst. Den Fön jedoch nicht zu nahe an die Etiketten halten und ständig bewegen. Klebereste können mit Spiritus abgewaschen werden.

Der Öko-Tip:
Autokauf
Wenn Sie sich einen neuen Wagen kaufen, sollten Sie darauf achten, daß er ausgestattet ist mit:
■ geregeltem 3-Wege-Katalysator
■ asbestfreien Brems- und Kupplungsbelägen
■ Start-Stop-Automatik
■ Fünfganggetriebe
■ Korrosionsschutz
■ Metalltank
■ schadstoffarmem Lack

Außerdem ist darauf zu achten, daß das Auto einen geringen Kraftstoffverbrauch, ein geringes Fahrzeuggewicht und einen günstigen Luftwiderstand hat. Durch die richtige Auswahl des Neuwagens haben Sie

Einfluß auf die Produktion, denn letztlich wird nur produziert, was auch gekauft wird. Je mehr Sie das Auto schonen, d. h. auch richtig warten und pflegen, desto länger hält es, und je länger es hält, desto geringer ist die Umweltbelastung.

Automatische Antenne

Die automatische Antenne Ihres Autos hin und wieder etwas einfetten, damit sie beim Einzug nicht steckenbleibt.

Auto parken im Winter

Parken Sie Ihr Auto im Winter immer so, daß Sie mit einem Starthilfekabel gut an die Batterie gelangen können, wenn es einmal nicht anspringt.

Autoscheiben

■ Verschmutzte Autoscheiben und besonders festgeklebte Insekten lassen sich mit einem feuchten Tuch und Natriumhydrogencarbonat (»Bullrich-Salz«) mühelos und schonend entfernen. Anschließend mit klarem Wasser nachspülen.

■ Um morgens wenigstens eine freie Scheibe zu haben, sollten Sie im Winter, wenn es friert, ein entsprechend großes Stück Pappe unter die Scheibenwischer Ihres Autos klemmen.

■ Saubere Autoscheiben beschlagen weniger schnell als schmutzige. Sorgen Sie dafür, daß Ihre Scheiben immer sauber sind, vor allem die Frontscheibe. Dies ist auch ein wichtiger Beitrag zur Sicherheit, denn auch das Blendrisiko durch tiefstehende Sonne und bei Dunkelheit durch entgegenkommende Fahrzeuge wird dadurch geringer.

Autoschmiere

■ Bevor man sich am Auto zu schaffen macht, sollte man die Hände mit einem Geschirrspülmittel einreiben und trocknen lassen, ohne sie abzuwaschen, denn der Seifenfilm schützt die Haut vor Schmutz und Fett. Nach der Arbeit die Hände wie gewöhnlich mit Wasser und Seife waschen.

■ Autoschmiere an den Händen läßt sich mit Backpulver und Wasser leicht entfernen. Machen Sie dazu die Hände naß, bestreuen Sie die betroffenen Stellen mit Backpulver, und reiben Sie die Schmiere mit einem feuchten Tuch ab.

Autotüren, zugefrorene

■ Damit die Gummidichtungen Ihrer Autotüren im Winter nicht aneinanderfrieren, reiben Sie sie mit Glyzerin ein. Das wirkt wasserabstoßend und hält außerdem die Gummidichtungen elastisch.

AUTO, HANDWERK, FREIZEIT

■ Um zu verhindern, daß die Autoschlösser einfrieren, kleben Sie im Winter bei feuchtem Wetter und ehe Sie durch die Waschstraße fahren Heftpflaster über die Türschlösser. So kann die Feuchtigkeit gar nicht erst eindringen.

■ Ist das Schloß bereits eingefroren, so verwenden Sie auf keinen Fall ein Enteiserspray! Greifen Sie zu folgendem einfachen Trick: Den Autoschlüssel mit einem Feuerzeug erwärmen, soweit wie möglich ins Schloß stecken und langsam hin und her bewegen. Die Prozedur eventuell wiederholen.

Autowäsche

Autos auf keinen Fall auf der Straße, auf dem Parkplatz oder in der freien Landschaft waschen. Das gilt besonders für die Motorenwäsche oder die Reinigung anderer Maschinenteile, bei denen Öl gelöst werden kann. Wer sein Auto unbedingt selbst waschen möchte, tue das an einem Autowaschplatz (etwa an einer Tankstelle), der über Öl- und Benzinabscheider verfügt. Ölrückstände und die tensidhaltigen Autowaschmittel gelangen ungeklärt über die Regenwasserkanalisation in die Gewässer.

Am umweltschonendsten sind Autowaschanlagen, besonders die abwasserarmen Anlagen, die mit dem Umweltengel ausgezeichnet sind. In diesen Anlagen werden alle Schadstoffe aus dem Waschwasser abgeschieden, und das Wasser wird so lange wiederverwendet, bis es einen bestimmten Verschmutzungsgrad erreicht hat. Der dabei anfallende Klärschlamm wird als Sondermüll entsorgt.

B

Bademützen
■ Bademützen aus Gummi werden nicht brüchig oder klebrig, wenn man sie vor dem Aufbewahren gründlich wäscht, trocknet und mit etwas Talkumpuder oder Maismehl bestäubt.
■ Ihre Bademütze schließt wasserdicht, wenn Sie die Ränder der Kappe mit Vaseline einreiben.

Badesachen
Badeanzüge und Badehosen sollten Sie nach dem Baden in Seewasser vor dem Trocknen mit klarem Wasser ausspülen. Seewasser greift das Gewebe an.

Batterie des Autos
Dabei handelt es sich eigentlich um einen wiederaufladbaren Akkumulator (Akku) oder Speicher für Elektrizität, der mit Hilfe von Säuren und Bleiplatten von der Lichtmaschine elektrische Energie aufnimmt und bei Bedarf, zum Beispiel beim Start, wieder abgibt.

Beim Kauf einer neuen Batterie sollte die verbrauchte unbedingt beim Händler zurückgegeben werden, der für die sachgerechte Entsorgung zuständig ist.

Batterien
■ Kaufen Sie sich für Ihre batteriebetriebenen Geräte nach Möglichkeit wiederaufladbare Akkus. Sie sind zwar teurer als die üblichen Batterien, können aber sehr oft wiederaufgeladen werden, und man vermeidet damit viel problematischen Müll.
■ Bevorzugen Sie beim Gerätekauf solche mit der Möglichkeit eines (zusätzlichen) Netzanschlusses, damit sparen Sie Batterien und schonen Ihre Akkus.

Der Öko-Tip:
Bauholz, »geschütztes«
■ Verwenden Sie Bauholz, das mit Holzschutzmitteln behandelt wurde, auf keinen Fall für Kinderspielgeräte (Sandkiste) oder Gartenmöbel. Dieses wurde früher gerne z. B. mit alten Bahnschwellen gemacht. Die schädlichen Wirkstoffe werden von den spielenden Kindern, etwa über die Haut, wieder aufgenommen.
■ Geben Sie mit Holzschutzmitteln behandeltes Bauholz, das Sie nicht mehr benötigen, in die Sondermüllsammlung. Die Holzschutzmittel-

AUTO, HANDWERK, FREIZEIT

wirkstoffe müssen in einer entsprechend dafür ausgerüsteten Anlage (z. B. Sondermüllverbrennung) unschädlich gemacht werden.

Benzin aufbewahren
Benzin sollte nach Möglichkeit immer dunkel und kühl aufbewahrt werden, also nicht in der Sonne oder in der Nähe starker Wärmequellen, weil es sonst schnell verdunstet und sich entzünden kann.

Benzinränder
Benzinränder, die nach Reinigungsarbeiten entstanden sind, kann man mit Terpentinöl ausreiben.

Blech sägen
Dünnes Blech läßt sich ohne Verformung nicht mit einer Blechschere schneiden. Benutzen Sie besser eine Säge. Damit sich die Sägeblätter aber nicht festhaken und reißen, legen Sie ein Sperrholzbrettchen unter, und sägen Sie es mit.

Bohren auf Fliesen
Damit der Bohrer nicht von der Kachel oder der Fliese abrutscht, kleben Sie vor Beginn der Arbeit Heftpflaster oder Kreppband auf die Bohrstelle.

Brandlöcher in Holz
Brandstellen in Holz kann man leicht mit einem Siegellackstift ausbessern. Die Stifte erhält man in Bastel- oder Schreibwarengeschäften. Mit einem spitzen Küchenmesser die verkohlte Holzschicht vorsichtig abnehmen, eine Messerspitze erhitzen und daran etwas Siegellack schmelzen. Diesen dann in das kleine Loch füllen und mit dem Messerrücken glattstreichen.

Bremsbeläge
Viele Brems- und auch Kupplungsbeläge enthalten noch immer krebserzeugendes Asbest. Beim Neukauf eines Wagens sollte man darauf achten, daß die Beläge aus Glas- oder Metallfasern sind. Die Anschaffungskosten sind zwar höher, doch die längere Haltbarkeit dieser Beläge und ihre gesundheitliche Unbedenklichkeit macht die Mehrausgabe wett. Viele Wagentypen und Motorräder lassen sich umrüsten. Lassen Sie sich im Fachhandel oder in einer Werkstatt beraten, für welche Marken es umweltschonende, asbestfreie Brems- und Kupplungsbeläge gibt.

Bremsen
Benutzen Sie beim Bremsen die Fußbremse, und schalten Sie erst später in den niedrigeren Gang.

CHROM

Bremsen kann, wenn der Fahrer mit dem Motor statt mit der Fußbremse abbremst, ziemlichen Lärm erzeugen. Ausnahme: Lange Gefällstrecken; hier könnte es bei der empfohlenen Bremsmethode zur Überhitzung der Fußbremse kommen; im schlimmsten Fall kann die Bremse sogar ausfallen.

Buntstifte

Auch Buntstifte sind in Kinderhand nicht ganz ungefährlich. Im Lacküberzug der gängigen Stifte können sich Schwermetalle befinden, und Kinder kauen nun auch mal auf den Stiften herum oder stecken die Minen in den Mund. Dennoch sind anspitzbare Buntstifte allen Fasermalern und Filzschreibern vorzuziehen. Am allerbesten sind rohhölzerne, naturbelassene Buntstifte.

Chrom

■ Die Chromteile des Wagens können unansehnlich werden und sogar Rost ansetzen. Chromputzmittel sind allerdings nicht unbedenklich, denn sie können gefährliche Lösemittel enthalten. Reiben Sie deshalb zur Vorbeugung solcher Schäden die verchromten Teile von Zeit zu Zeit mit Vaseline ein, waschen Sie sie dann mit warmem Wasser nach und polieren Sie sie trocken. Hierbei leistet ein mit Mehl eingestäubter Lappen besonders gute Dienste.

■ Die meist stärker verschmutzten Felgen reinigt man mit einer Lauge aus Schmierseife und Wasser. Anschließend spült man mit klarem Wasser nach und reibt die Felgen trocken.

AUTO, HANDWERK, FREIZEIT

Der Öko-Tip:
Dämmstoffe

▪ Bevorzugen Sie, soweit möglich, Produkte, die kein Formaldehyd, keine Isocyanate und keine kritischen Fasern enthalten! Diese Stoffe können nämlich trotz Verkleidungsmaßnahmen in die Raumluft gelangen.

▪ Wenn Sie Glasfasermatten verwenden, verarbeiten Sie sie nur unter dem Schutz einer Atemschutzmaske, sonst könnten Sie zuviel der gesundheitsschädlichen Glasfasern einatmen.

▪ Verzichten Sie sicherheitshalber auf Schäume aus Harnstoff-Formaldehyd (UF) oder Isocyanaten (PU), denn bei deren Verarbeitung können möglicherweise gefährliche Schadstoffe freigesetzt werden.

▪ Verkleiden Sie Isolierungen aus Glasfasern oder aus Schäumen am besten mit Aluminiumfolie. Sie verhindern oder reduzieren so das Ausdampfen von Schadstoffen in die Raumluft.

Dellen am Auto

Bei kleinen Dellen am Auto müssen Sie nicht sofort zur Werkstatt. Manchmal lassen sie sich auch herausziehen. Nehmen Sie dazu eine Gummipumpe, wie sie für verstopfte Abflüsse und Toiletten verwendet wird. Vor dem Ansetzen müssen Blech und Gummi gut angefeuchtet sein.

Der Öko-Tip:
Dichtungsmaterialien

▪ Viele Dichtungsmassen zum Füllen von Ritzen und Fugen enthalten Kunststoffe. Sie sind nicht nur bei der Verarbeitung schädlich, sie geben auch im Falle eines Brandes giftige Gase ab. Weniger schädlich sind Silicon und Silicon-Kautschuk, Ölkitt (nur für Einfachfenster), Naturkautschuk, Filzstreifen oder leinölgetränkte Watte, Lappen, Schnur oder Holzprofile. Bei Doppelfenstern muß man statt des Ölkitts Vorlegebänder verwenden. Empfehlenswert ist hier das Material EPM, ein Synthesekautschuk aus Ethylenpropylen.

▪ Für größere Hohlräume sind Schüttungen mit Isofloc, Kork oder Kokosdämmfilz empfehlenswerte Alternativen zu den üblichen Schäumen. Dichtungsmittel und Schäume auf Kunststoffbasis enthalten oder entwickeln bei der Verbrennung umweltschädliche Stoffe. Reste davon gehören in den Sondermüll.

EINKAUFSTASCHE

Dielen knarren
Wenn man knarrende Dielen zum Schweigen bringen will, braucht man nur Talkumpuder in die Ritzen zu streuen.

Dübellöcher
Wenn ein Zimmer neu tapeziert, die alten Dübellöcher hinterher jedoch wieder verwendet werden sollen, steckt man Streichhölzer in die Dübellöcher. Sie lassen sich leicht durch die feuchte Tapete drücken, und man findet das alte Dübelloch sofort wieder.

Doppelnaht
Diese Naht wird überall da angewandt, wo eine besonders saubere Naht gewünscht wird. Die Stoffteile werden links auf links gelegt, Schnittkanten gleich stehen lassen. Es wird auf der rechten Seite, und zwar drei bis vier Millimeter tief, gesteppt. Dann werden die Nahtränder möglichst kurz und gleichmäßig verschnitten und auseinandergestreift. Die Arbeit wird nun auf die linke Seite gewendet und genau an der Nahtlinie ein Bug gelegt. Dann wird so breit innerhalb des Bruches gesteppt, daß die innenliegenden Nahtränder völlig eingeschlossen und nicht erfaßt werden.

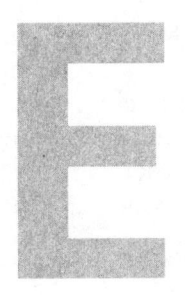

Einfädeln
Das Einfädeln von Garn können Sie sich erleichtern, wenn Sie das Garn über ein kontrastfarbenes Blatt durch die Öse führen. Bei einem schwarzen Garn also ein weißes Blatt verwenden.

»Einkaufstasche« fürs Auto
Nach einem Großeinkauf sind oft viele Einkaufstaschen (Plastiktüten sollten Sie nicht mehr im Laden kaufen oder, sofern kostenlos angeboten, mitnehmen) vom Auto in die Wohnung zu bringen. Einfacher geht es so:

▪ Man stellt sich einen – nicht zu großen – Wäschekorb in den Kofferraum, legt die eingekauften Sachen hinein und kann so mit einem Griff und einem Weg alles ausladen.

▪ Stapelbare Kunststoffcontainer sind ebenfalls sehr geeignet, Ihre Einkäufe im Kofferraum platzsparend aufzunehmen. Sie lassen sich leicht tragen, sind stabil und vielseitig verwendbar.

AUTO, HANDWERK, FREIZEIT

Eisenschrauben vor Rost schützen
Vor der Verwendung sollten Eisenschrauben mit einer Mischung aus Schmieröl und Graphitpulver bestrichen werden. Sie rosten dann nicht und lassen sich später auch wieder leicht herausdrehen.

Emaillieren
Emaillierte Gegenstände sind beliebte Geschenke, und Emaillieren ist ein schönes Hobby für künstlerisch veranlagte Kinder und Erwachsene. Damit die Freude daran ungetrübt bleibt, sollten Sie jedoch einige Vorsichtsmaßnahmen beachten:

■ Sorgen Sie für eine ausreichende Lüftung, atmen Sie weder Gase aus den zur Arbeit benutzten Chemikalien noch die bei der Ofenhärtung freigesetzten Gase ein, denn sie enthalten Schadstoffe, die gesundheitsgefährdend wirken können.

■ Lassen Sie Ihre Kinder nicht allein mit Emaille arbeiten. Das Risiko, sich durch Unachtsamkeit oder Unkenntnis mit Schadstoffen schwer zu belasten, ist für kleine Kinder sehr viel höher als für Erwachsene, außerdem kann man sich bei unachtsamem Umgang mit dem heißen Emailleofen verbrennen.

Der Öko-Tip:
Entwickeln von Fotos
■ Geben Sie gebrauchte Entwicklerlösungen und Fixierbäder nicht in den Ausguß, sondern in die Sondermüllsammlung oder zu einem Verwerter, der diese alten Lösungen wieder aufarbeitet. Fragen Sie beispielsweise in dem Geschäft, wo Sie Ihre Materialien einkaufen, ob Sie dort auch gebrauchte Bäder und Lösungen zurückgeben können.

■ Gewinnen Sie Silber aus alten Fixierbädern selbst zurück. Legen Sie dazu ein Zinkblech oder andere Dinge, die Sie versilbern wollen, in das Bad.

Essigbad
Haben Sie eine schmutzige Arbeit vor, eventuell eine Reparatur am Fahrrad, baden Sie sich die Hände vorher in Essig. Der Essig schließt die Poren, so daß die Hände danach leichter zu reinigen sind.

FARBE

Fahrgemeinschaften

■ Bilden Sie Fahrgemeinschaften, nicht nur für den täglichen Weg zur Arbeit, sondern auch für Fahrten zu Veranstaltungen, zum Einkauf, zum Sonntagsausflug.

■ Steigen Sie öfter mal auf den öffentlichen Nahverkehr um, nutzen Sie die Möglichkeiten von Park-and-Ride.

■ Gehen Sie kurze Strecken mal wieder zu Fuß, oder fahren Sie mit dem Fahrrad.

■ Achtung: Bei Fahrgemeinschaften unbedingt den Versicherungsschutz abklären!

■ Schließen Sie sich einem der neuen Autosharingvereine an, die sich zur Zeit in vielen größeren Städten bilden. Die Mitglieder kaufen gemeinsam mehrere Autos, und jedes Mitglied kann es benutzen, wenn es wirklich benötigt wird.

Fahrverhalten

■ Ein verantwortungsvolles Fahrverhalten kann die Umwelt deutlich entlasten. Hochtouriges Fahren, der sogenannte Kavaliersstart, das Warmlaufenlassen des Motors im Winter oder an der Ampel sowie hohe Geschwindigkeiten erhöhen den Schadstoffausstoß und kosten unnötig viel Kraftstoff.

■ Fahren Sie insgesamt ruhiger und langsamer. Fahren Sie möglichst maximal 100 km/h auf Autobahnen, 80 km/h auf Bundesstraßen, 30 km/h im Stadtverkehr. Sie reduzieren so die Stickstoffoxidabgabe um 15 bis 20 %.

■ Lassen Sie Ihrem Auto eine Chance zum Ausrollen.

■ Fahren Sie die Gänge nicht unnötig hoch aus, schalten Sie rechtzeitig, fahren Sie langsam an.

■ Schalten Sie den Motor bei langen Ampelzeiten aus.

■ Fahren Sie bei Smogalarm nur, wenn es unumgänglich ist und absolut keine andere Transportmöglichkeit besteht.

■ Kurzstreckenfahrten, die sogenannten Kaltstarts, kosten unnötig Kraftstoff, d. h. Ihr Geld. Erledigen Sie kurze Wege mit öffentlichen Verkehrsmitteln, mit dem Fahrrad oder zu Fuß.

Farbe entfernen

■ Farbspritzer auf der Haut entfernen Sie am schonendsten mit Baby- oder Speiseöl.

■ Ganz leicht können Sie Farbspritzer wieder abwaschen, wenn

AUTO, HANDWERK, FREIZEIT

Sie Ihre Haut großzügig mit Vaseline einreiben, bevor Sie mit dem Streichen beginnen.

Farben

■ Wand- und Deckenfarben werden als Binder-, Latex- oder Dispersionsfarben verkauft. Es handelt sich jeweils um eine wäßrige Dispersion auf Kunstharzbasis mit einem Lösemittelanteil von 1 bis 3 % (in Ausnahmefällen bis zu 10 %), Titandioxid, Konservierungsmitteln und Pilzbekämpfungsmitteln (Fungizide).

■ Wer auf Kunstharze und umweltbelastende »Weißtöner« verzichten möchte, kann auf Leim-, Mineral-, Naturharzdispersions- oder Silikatfarben zurückgreifen.

■ Kriterien der Auswahl sind neben der Umweltfreundlichkeit auch die Materialeigenschaften der Farben. So sind Leimfarben wischfest, aber wieder abwaschbar; Mineral- und Dispersionsfarben sind wasch- und Silikatfarben sogar wetterfest. Naturharzdispersionsfarben sind ergiebiger als Kunstharzwandfarben. Der anfangs höhere Preis gleicht sich also im Verbrauch aus.

Farbe umrühren

Farbe läßt sich leichter mit einem Teiglöffel mit Loch umrühren.

Farbspritzer

■ Entfernen Sie frische Farbspritzer und Kleckse sofort. Sie sind mit einem Lappen oder ähnlichem problemlos wegzuwischen, solange sie nicht angetrocknet oder ausgehärtet sind.

■ Reinigen Sie vor allem verschmutzte Hautpartien niemals mit Lösemitteln (Verdünner, Pinselreiniger), denn sie sind für Gesundheit und Umwelt besonders gefährlich. Lösemittel entfetten die Haut, reizen sie und gelangen außerdem über die Haut ins Blut und bis zum Gehirn.

Der Öko-Tip:
Farb- und Lackreste

■ Verschließen Sie Dosen mit Farb- und Lackresten gut, und stellen Sie sie auf den Kopf. Dadurch verschließen Sie die Dosen dampfdicht und verhindern, daß der Inhalt austrocknet oder verdirbt.

■ Bewahren Sie Farb- und Lackreste immer in ihren Originalgefäßen sowie kühl und trocken auf. Die Verwendung der Originalgefäße reduziert das Risiko von Verwechslungen. Eine kühle und trockene Lagerung verhindert das Risiko des Austrocknens und Verdampfens und damit auch eines Brandes.

■ Bewahren Sie Material und Werkzeug zum Lackieren und Streichen einschließlich der Reste kindersicher auf.

■ Farb- und Lackreste gehören weder ins WC noch in den Ausguß oder den Gulli, sondern in den Sondermüll. Die Inhaltsstoffe belasten die Kläranlage, den Klärschlamm und das Gewässer erheblich.
■ Lassen Sie Putzlappen und ähnliches, das mit Lösemitteln oder Resten von lösemittelreichen Lacken getränkt ist, immer erst austrocknen, bevor Sie es in den Hausmüll geben. Diese Reste sind leicht entzündlich; damit besteht das Risiko eines Brandes.
■ Lassen Sie die nicht mehr verwendbaren Reste von wasserverdünnbaren Lacken und Farben eintrocknen, und geben Sie sie dann erst in den Hausmüll.

Feilen reinigen
Feilen jeder Art lassen sich leicht reinigen, wenn man sie der Länge nach mit Klebefilm oder Wundpflaster beklebt, den Streifen fest andrückt und dann abzieht.

Fingerfarbe
Seit 1987 gibt es eine freiwillige Vereinbarung der Hersteller von Fingerfarben, in der sie sich verpflichten, gewisse Grenzwerte an schädlichen Inhaltsstoffen in den Farben nicht zu überschreiten. Außerdem werden nur Konservierungsstoffe verwendet, die auch in der Nahrungsmittelindustrie erlaubt sind, und die Farben werden nicht mit »positiven« Geschmacksstoffen versetzt, sondern bitter gemacht. Fingerfarben, die diese Voraussetzungen erfüllen, dürfen die Aufschrift tragen: »Entspricht der freiwilligen Vereinbarung über Fingerfarben von 1987«. Will man sicher sein, daß die Fingerfarbe nichts enthält, was dem Kind schaden könnte, macht man selbst welche: In einen Liter Wasser gibt man die entsprechende Menge Tapetenkleister und färbt die Masse mit Lebensmittelfarben. Die angegebene Menge reicht für sechs Portionen in verschiedenen Farben. Wenn Sie die Farbe im Kühlschrank aufbewahren, hält sie sich einige Wochen.

Fotos
Fotos, die Flecken haben oder verschmutzt sind, können Sie mit Spiritus reinigen. Befeuchten Sie einen Wattebausch mit etwas Spiritus, und reiben Sie die Bilder vorsichtig damit ab.

Frostschutzmittel
Stellen Sie Ihr Frostschutzmittel für die Scheibenwischanlage selbst her: Mischen Sie einen Liter Spiritus mit einer Tasse Wasser und zwei Eßlöffeln Spülmittel. Diese Mischung bleibt bis zu einer Temperatur von minus 37 Grad flüssig.

AUTO, HANDWERK, FREIZEIT

Gangschaltung
■ Benutzen Sie den 1. Gang nur zum Anfahren, schalten Sie dann so bald wie möglich in die höheren Gänge. Schalten Sie rechtzeitig, und fahren Sie im jeweils wirtschaftlichsten Gang. Legen Sie auch im Stadtverkehr den höchstmöglichen Gang ein, auch für kürzeste Streckenabschnitte.
■ Wem zuviel Schalten lästig ist, sollte auf ein Auto mit Automatikgetriebe umsteigen.
■ Sind Sie dagegen ein begeisterter »Schalter«, sollten Sie bei einem eventuellen Neukauf einen Wagen mit fünf Gängen wählen, der auch bei hoher Geschwindigkeit eine niedrige Drehzahl hat.

Gartentischdecken
Gartentischdecken werden vom Wind oft weggeweht. Dies kann man folgendermaßen verhindern:
■ Man zieht in den Saum ein langes Gummiband ein, das sich unter der Tischkante zusammenzieht.
■ Man beschwert die Tischdecke mit kleinen Gewichten, die man mit Klipsen am Saum befestigt (in Haushaltswarengeschäften erhältlich).

Gerüche nach der Renovierung
Nach dem Renovieren riecht die Wohnung noch tagelang nach Malerfarbe. Stellen Sie ein paar Schüsseln mit Kochsalz auf, denn das bindet den Geruch.

Gips
■ Damit Gips beim Anrühren nicht klumpt, rühren Sie den Gips in das Wasser, nicht umgekehrt das Wasser in den Gips.
■ Will man ein schnelles Abbinden des Gipses verhindern, gibt man etwas Essig oder Zitronensaft in die Gipsmasse; so wird das Aushärten merklich verlangsamt. Das ist besonders bei großflächigen Reparaturen von Vorteil. Soll die Stelle später noch überstrichen werden, mischen Sie etwas feinen Sand unter den Gips. Dadurch wird die Oberfläche rauher, und die Farbe haftet besser.
■ Möchten Sie, daß der Gips schneller abbindet, dann geben Sie etwas Salz in das Wasser, oder rühren Sie den Gips mit warmem Wasser an. Für Bastelarbeiten ist das rasche Abbinden manchmal sehr nützlich.

Glasätzen
Verzichten Sie auf dieses Hobby, denn dazu benötigen Sie Fluorwasserstoff bzw. Flußsäure. Diese Chemikalien sind so gefährlich, daß sie nicht ohne spezielle Ausbildung im Umgang mit Gefahrstoffen angewendet werden sollten.

Glatteis
Im Winter kommt es schon mal vor, daß man bei Schnee oder Glatteis mit dem Auto stehenbleibt. Deswegen sollten Sie einen kleinen Sack mit Sand, Streusplitt oder Katzenstreu im Kofferraum Ihres Wagens haben. Wenn Sie ein paar Schaufeln Streugut vor die Antriebsräder des Autos streuen, werden die Reifen wieder greifen.

Golfbälle
Die Bälle werden wieder sauber, wenn man sie in einer Lösung aus einem Teil Salmiakgeist und vier Teilen Wasser eine Zeitlang einweicht.

Grillbesteck, verschmutztes
Verschmutztes Grillbesteck und verschmutzte Grillgeräte legen Sie am besten in eine Plastikwanne und geben heißes Wasser und einen Spritzer Geschirrspülmittel dazu. Gut einwirken lassen und danach normal spülen.

Gummistiefel
Die Stiefel mit klarem Wasser reinigen, trocknen und mit Öl einreiben. Nachpolieren.

AUTO, HANDWERK, FREIZEIT

H

pulver, reiben Sie die Schmiere mit einem feuchten Tuch ab.

Hartmetall bohren
Damit der Bohrer auf der glatten Fläche nicht abrutscht, die Bohrstelle mit Kreppapier bekleben.

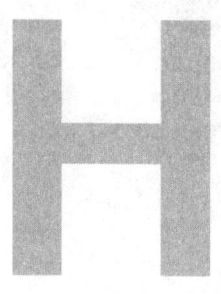

Hände schützen
Bei vielen Hobby- und Heimwerkerarbeiten werden die Hände schmutzig und sind dann nur schwer wieder zu säubern. Man kann aber ein wenig vorbeugen:
■ Farbspritzer beispielsweise bekommt man leichter wieder ab, wenn man die Hände vor Arbeitsbeginn großzügig mit Vaseline einreibt. Nachher entfernt man die Farbspritzer auf der Haut erst mit Baby- oder Speiseöl, dann erst greift man zu Wasser und Seife.
■ Bevor Autobastler ans Werk gehen, sollten sie sich ein paar Tropfen Geschirrspülmittel auf den Händen verreiben und trocknen lassen; nicht abwaschen. Der Seifenfilm schützt die Haut bei der Arbeit, ohne die Finger glitschig zu machen. Nach der Arbeit die Hände wie gewöhnlich mit Wasser und Seife waschen.
■ Autoschmiere an den Händen läßt sich mit Backpulver und Wasser leicht entfernen. Machen Sie dazu die Hände naß, bestreuen Sie die betroffenen Stellen mit Back-

Holz
■ Holz ist ein bei Heimwerkern und Bastlern beliebter Werk- und Baustoff. Bevor man mit Holz zu bauen oder zu werken anfängt, sollte man sich fragen: Wo kommt das Holz her, wurde es nach dem Einschlag mit Fungiziden und Insektiziden behandelt?
■ Auf Hölzer aus den tropischen Regenwäldern sollten Sie verzichten und lieber zu einheimischen Hölzern greifen, denn die Abholzung der Regenwälder hat nicht wiedergutzumachende Folgeschäden für die Umwelt.
■ Die Frage nach der chemikalischen Vorbehandlung der Hölzer ist für den Laien nur schwer zu beantworten. Es gibt allerdings Holzhandlungen, die ihre Hölzer untersuchen lassen und den Kunden entsprechend beraten.

Holz bohren
Wenn Sie ein Stück Holz durchzubohren haben, kann es passieren, daß beim Austreten des Bohrers

das Holz splittert. Um das zu vermeiden, sollten Sie nur so weit bohren, bis der Bohrer kurz vor dem Austritt steht. Dann das Werkstück umdrehen. Läßt sich das Werkstück nicht umdrehen, dann müssen Sie das letzte Stück besonders vorsichtig bohren oder ein anderes Holzstück unterlegen.

Holzschädlinge
■ Holzzerstörende Pilze können sich nur bei einer Holzfeuchte von mehr als 20 Prozent bilden und gedeihen. Bauliche Holzschutzmaßnahmen und richtiges Lüften verhindern von vornherein, daß solche Bedingungen entstehen.
■ Hausbockkäfer: Die 1,5 bis 3 Zentimeter großen Larven halten sich bis zu 15 Jahre lang im Holz, ohne daß man sie von außen bemerken müßte, da sie das Fraßmehl nicht nach außen befördern. Vor allem Dachstuhl, Treppen, Fenster und Türen sind gefährdet, denn für sie verwendet man gern Nadelholz – die bevorzugte Holzart der Käferlarve. Man kann ihnen aber leicht auf die Schliche kommen: Die Larven fressen so laut, daß man sie deutlich hören kann, wenn man das Ohr nahe an das Holz hält. Wegen der Fraßgänge bekommt das Holz einen hohlen Klang, wenn man dagegen klopft. Bei Verdacht auf Befall sollte man auf jeden Fall den Fachmann rufen.

■ Holzwurm: Den Holzwurmbefall erkennt man von außen anhand der kleinen Fraßmehlhäufchen. Der nur fünf Millimeter große Käfer liebt Laub- und Nadelhölzer. Man kann ihm gut mit Heißluft beikommen. Wenn Sie eine Sauna haben, stellen Sie das befallene Möbelstück hinein, und sorgen Sie für ordentlich viel Wasserdampf. Vier bis fünf Stunden dieser Behandlung machen dem Holzwurm den Garaus. Farb- und Lackveränderungen sind dabei allerdings möglich. Kleinere Holzgegenstände können Sie auch bei 60 Grad im Backofen entwurmen. Grundsätzlich sollten Sie mit der Bekämpfung von Holzschädlingen einen Fachbetrieb beauftragen, der mit Heißluftverfahren arbeitet.
■ Sie können den Holzwürmern auch mit klarer, 80 prozentiger Essigessenz oder mit Holzessig auf den Leib rücken. Holzessig bekommen Sie in Farbenfachgeschäften.

Holzschädlinge, Vorbeugung
■ Sorgen Sie stets für ausreichende Lüftung, denn Pilze brauchen mindestens 20 Prozent Feuchtigkeit, um zu gedeihen. Lediglich der echte Hausschwamm kann sich das Wasser, das er benötigt, von weiter herholen.

AUTO, HANDWERK, FREIZEIT

■ Schützen Sie Ihr Holz durch bauliche Maßnahmen. Hierzu gehören: einwandfreie Dachentwässerung, große Dachüberstände, hinter die Fassadenvorderkante zurückspringende Türen und Fenster, Abdecken von Hirnholzflächen (im Faseransatz wird verstärkt Wasser aufgenommen, ein mindestens 30 Zentimeter hoher Spritzwasserbereich (Sockel) zwischen Erdboden und Holzteilen, ausreichende Belüftung von Außenwandverkleidungen aus Holz, Wasserschenkel und Tropfkanten zur Abweisung von Niederschlagswasser (Regen usw.), Vermeiden von wasserspeichernden Ecken, Winkeln, Nuten und Stößen, Abschrägen vorspringender Holzbauteile (Oberseite) und Ausbilden einer Tropfkante, Regenschiene o. ä. (Unterseite).

Der Öko-Tip:
Holzschutz außen

■ Wenn Sie bauen oder den Dachstuhl oder andere tragende Holzteile erneuern, müssen Sie Ihr Holz im allgemeinen vorbeugend chemisch schützen. Hierfür dürfen nur prüfzeichenpflichtige Holzschutzmittel verwendet werden. Ansonsten wird der Bau baurechtlich nicht abgenommen, und Sie verlieren alle Ihre Gewährleistungsansprüche.

■ Wählen Sie für die vorbeugende Behandlung von tragenden Holzteilen reine Borsalze. Sie sind als einzige Holzschutzmittel für Ihre Gesundheit und für die Umwelt einigermaßen verträglich.

■ Verzichten Sie auf chemischen Holzschutz bei nichttragenden Teilen. Dies ist nicht mehr notwendig, und das Bundesgesundheitsamt rät im übrigen von der Anwendung von Holzschutzmitteln in Innenräumen ab.

Holzschutzmittel

■ Chemische Holzschutzmittel sind für Innenräume völlig überflüssig. Wenn das Holz trocken ist, reicht eine Behandlung mit Bienenwachs oder Leinöl.

■ Bis vor einiger Zeit enthielten viele handelsübliche Holzschutzmittel Insektizide und Fungizide, die die menschliche Gesundheit beeinträchtigen konnten.

■ Heute enthalten Holzschutzmittel kein gefährliches PCP (Pentachlorphenol) mehr; das beinahe ebenso gefährliche Insektizid Lindan darf hingegen weiter in Holzschutzmitteln verwendet werden. Diese Gifte – Lindan, PCP, aber auch andere hochwirksame Pilzgifte und Insektenkiller – gasen zum Teil noch Jahre nach der Anwendung aus dem behandelten Holz wieder aus und können dadurch bleibende Gesundheitsschäden verursachen.

■ Falls Sie Holzschutzmittel in einem Innenraum verstrichen haben und sich mit anhaltenden Gesundheitsbeschwerden plagen, wenden Sie sich an folgende Adresse: Interessengemeinschaft der Holzschutzmittelgeschädigten e.V. (IHG), Unterstaat 14, 5250 Engelskirchen.

■ Zur Vorbeugung von Schädlingsbefall, Licht- und Nässeschäden dient eine Borsalzimprägnierung des Holzes. Durch anschließendes Lasieren und Lackieren wird die Imprägnierung regenfest. Ist das Holz schon befallen, sollten Sie auf keinen Fall chemische Bekämpfungsmittel einsetzen.

Holz, stumpfes
Reiben Sie das Holz mit einer Lösung aus gleichen Teilen Rotwein und Salatöl ein. Es erhält dadurch seinen Glanz zurück.

Heizkörper
Die Wirkung von Heizkörpern läßt sich verstärken, wenn man die Wand hinter den Heizkörpern mit Alufolie und einem doppelseitigen Klebeband verkleidet. Auch Styroporplatten helfen Heizkosten sparen.

K

Katalysator
Ein geregelter Drei-Wege-Katalysator verringert den Ausstoß von Schadstoffen um etwa 90 Prozent. Der geregelte Drei-Wege-Kat hat einen Keramikkörper, der innen hauchfein mit Edelmetallen beschichtet ist. Wenn die Autoabgase dort hindurchströmen, werden Kohlenmonoxid, Kohlenwasserstoffe und Stickoxide in Stickstoff, Wasserdampf und Kohlendioxid umgewandelt. Die Regelung erfolgt durch die sogenannte Lambdasonde, die das Kraftstoff-Luft-Verhältnis elektronisch steuert. Voraussetzung für den Kat ist bleifreies Benzin. Ein geregelter Kat ist jedoch keinesfalls ein Freifahrschein für unbeschränkten Automobilgenuß. Auch weiterhin wird unvermindert Kohlendioxid in die Luft geblasen, das Mitverursacher des Treibhauseffekts ist.

Klebeband
Damit es nicht mehr so lange dauert, bis Sie den Anfang eines Kle-

bebandes finden, knicken Sie das Band an der Rolle nach dem Abschnitt einen Zentimeter nach innen um.

Der Öko-Tip:
Klebstoffe

■ Viele Klebstoffe sind umwelt- und gesundheitsgefährdend, vor allem, wenn sie Lösemittel enthalten. Zu diesen gehören Alleskleber, Sekundenkleber, Spezialkleber (etwa für Polystyrol und PVC) und Zweikomponentenkleber.

■ Für den Bastel- und Heimwerkerbereich gibt es inzwischen eine Reihe von Alternativklebern:

■ Zum Kleben von Papier: Klebestifte oder Kleber auf Stärkebasis und Gummierstifte.

Im Heimwerkerbereich sollte man zuerst überlegen, ob überhaupt geklebt werden muß. Teppichböden etwa kann man im Mörtelbett verlegen, Werkstücke kann man nageln oder verschrauben usw. Zum Tapezieren gibt es Kleister aus Methylzellulose oder selbst hergestellten Mehlkleister; für Holzfußböden wird Naturparkettkleber oder Parkettleim angeboten; auch für Linoleum gibt es umweltfreundliche Spezialleime.

■ Für Holz gibt es Kleber auf der Basis von Naturharz, Gummi und Leim.

Kofferpacken

Beim Kofferpacken legen Sie am besten schwere Gegenstände und unempfindliche Kleider zuerst hinein. Empfindliche Kleider bekommen ihren Platz zuletzt ganz oben.

Knetmasse

■ Knete aus dem Kunststoff PVC enthält gesundheits- und umweltschädliche Stoffe. Solche Knetmasse sollte man Kindern nicht zum Spielen geben.

■ Die herkömmlichen, nicht hart werdenden Knetmassen sind weniger schädlich, doch ist auch hier eine gewisse Vorsicht geboten. Deutsche Produkte dürfen nur noch das unbedenkliche, auch für Arzneimittel zugelassene Paraffinöl enthalten.

■ Ganz sicher geht man aber erst, wenn man Knete auf der Basis von Bienenwachs verwendet.

Aus:
250 g Mehl (Type 405)
125 g Salz
1 Tasse Wasser
1 Eßlöffel Öl
2 Teelöffeln Weinsteinsäure und Lebensmittelfarbe nach Belieben kann man selbst Knetmasse herstellen. Mischen Sie die Zutaten in einem Kochtopf, und erhitzen Sie sie, bis ein fester Kloß entstanden ist. Die abgekühlte Masse läßt sich dann zu Figuren formen.

Kreuzstich

So macht man einen Kreuzstich, den man für viele Stickarbeiten verwenden kann: Nadel von rechts nach links führen. Zwei senkrechte und zwei waagrechte Fäden von links unten nach rechts oben übergehen, einstechen, zwei senkrechte Fäden von rechts nach links auffassen, ausstechen, durchziehen.

Kugelschreiber

Ist Ihr Kugelschreiber verschmutzt und kleckst, sollten Sie keine Säuberungsversuche mit Papier oder mit den Fingern versuchen, denn so bekommen Ihre Hände meist auch etwas ab. Am besten säubert man die klecksende Spitze mit einem Zigarettenfilter.

Lacke

- Der Markt bietet konventionelle und alternative Lacke. Konventionelle Lacke enthalten Kunstharze und in der Regel 40 bis 60 Prozent Lösemittel, zum Beispiel Testbenzine und Alkohol.
- Bei Naturlacken werden für die Lösemittel Pflanzenessenzen wie Zitrusschalenöl eingesetzt.
- Wasserlösliche Dispersionslacke werden seit 1980 mit dem Umweltzeichen belohnt, da sie maximal nur 10 Prozent organische Lösemittel und keine umweltbelastenden Schwermetalle für die Farbgebung enthalten.
- Wasserlösliche Lacke müssen jedoch konserviert werden, da sie verderben können. Formaldehyd als Konservierungsmittel darf nur in minimalen Dosen enthalten sein, sofern der Lack mit dem blauen Umweltengel ausgezeichnet ist.
- Nicht ausgezeichnete Lacke können durchaus höhere Mengen Formaldehyd oder andere gefährliche Stoffe enthalten. Die wasser-

AUTO, HANDWERK, FREIZEIT

löslichen Lacke enthalten aber genauso wie die konventionellen und einige Naturlacke Titandioxid als Weißmacher.

■ Bei der Titandioxidherstellung fällt Dünnsäure an, deren Verklappung bekanntlich die Nordsee sehr stark belastet. Hersteller, die der Arbeitsgemeinschaft Naturfarben (AGN) angehören, verwenden nur Titandioxid nach dem Sulfatverfahren Dünnsäure-Recycling. Die große Zahl an Hilfsstoffen, die in wasserlöslichen Lacken enthalten sind, belasten schon in geringer Konzentration Mikroorganismen und Kläranlagen.

■ Naturlacke sind ebenfalls eine Gefahr für die Gewässer, aber leichter abbaubar. Sie enthalten natürliche Harze und Farbstoffe (Pigmente), kommen mit weniger Hilfsmitteln aus, brauchen aber wiederum bedeutend mehr Lösemittel. Die hierfür eingesetzten Pflanzenessenzen können bei empfindlichen Menschen zu Hautreaktionen führen.

■ Wasserlösliche, lösemittelarme Naturlacke gibt es wohl noch nicht, dafür aber lösemittelreduzierte Naturanstriche auf Leinöl- oder Wachsbasis.

■ Laut Stiftung Warentest sind die wasserlöslichen Lacke den konventionellen Lacken gleichzusetzen, und auch die lösemittelhaltigen Naturlacke sind ökologisch gesehen nicht ideal.

■ Kurz: Umweltfreundliche Lacke gibt es nicht, es gibt nur mehr oder weniger schädliche.

■ Überprüfen Sie also vor dem Kauf Alternativen zur Lackverwendung. Könnte man vielleicht mit einer Ausbesserung oder einer dekorativen Veränderung auskommen? Wenn es sich gar nicht vermeiden läßt, dann nehmen Sie nur Lacke, die mit dem blauen Umweltengel ausgezeichnet sind, oder Lacke auf der Basis von Bienenwachs oder Leinölfirnis.

Der Öko-Tip:
Lackieren

■ Lassen Sie sich vor dem Lackieren oder Streichen beraten bzw. rechnen Sie selbst aus, wieviel Lack oder Farbe Sie ungefähr brauchen. Kaufen Sie nur so viel, wie Sie errechnet haben, plus einem Sicherheitszuschlag von vielleicht zehn Prozent. So vermeiden Sie, daß Sie größere Mengen an Lacken und Farben übrig behalten.

■ Tragen Sie beim Lackieren Schutzkleidung, und zwar chemikalienbeständige Arbeitshandschuhe und eine Schutzbrille sowie alte Oberbekleidung und Schuhe.

■ Arbeiten Sie am besten im Freien (Garten, Balkon), oder sorgen Sie für ausreichende Lüftung.

■ Streichen Sie nicht, wenn Sie schwanger sind. Lösemittel gelangen mit dem Blut durch die Plazen-

LÖCHER

taschranke hindurch auch zum Ungeborenen.
- Verzichten Sie aufs Spritzen.
- Rauchen Sie nicht während der Arbeit, und vermeiden Sie offenes Feuer. Lösemittelreiche Lacke sind feuergefährlich. Auch bei reduziertem Lösemittelgehalt sollten Sie kein Risiko eingehen.
- Verzichten Sie auf Alkohol, vermeiden Sie Medikamente und Essen während der Arbeiten.
- Gehen Sie bei Übelkeit während der Arbeiten sofort an die frische Luft, rufen Sie gegebenenfalls einen Arzt. Die Übelkeit kann ein Zeichen einer leichten oder beginnenden Vergiftung z. B. durch Lösemittel sein.
- Halten Sie Kinder und Tiere von allen Lackierarbeiten fern! Kinder sind besonders empfindlich gegenüber Schadstoffen wie Lösemitteln. Außerdem lenken Kinder und Tiere Sie vom Arbeiten ab, so daß es leicht zu einem Unfall kommen kann.
- Decken Sie die Umgebung sorgfältig ab, dann brauchen Sie nach dem Streichen keine Farbspritzer und Flecken zu entfernen.
- Lüften Sie gründlich und überlegt. Nach dem Streichen sollten Sie mehrere Tage lüften, bis kein Geruch mehr wahrnehmbar ist. Daher sollten Sie Ihre Lackierarbeiten auch nach Möglichkeit in die warme Jahreszeit legen.
- Achten Sie bei der Auswahl der Produkte auf die Deklaration der enthaltenen Schadstoffe sowie auf entsprechende Warnhinweise, und kaufen Sie besonders schadstofffreie Produkte erst gar nicht, zum Beispiel Produkte, die Bleichromat oder andere Blei- oder Chromverbindungen enthalten. Diese sind besonders umwelt- und gesundheitsgefährlich.
- Verzichten Sie auf Gelb-, Orange- und Rottöne bei Importprodukten, wenn sie nicht als cadmiumfrei deklariert sind.
- Verzichten Sie auf die Anwendung von Reaktionslacken mit Isocyanaten. Isocyanate sind äußerst reaktive und gesundheitsschädliche Stoffe, deren Verwendung große Sachkenntnis erfordert.
- Verzichten Sie auch auf PVC-Lacke, denn sie enthalten viel Lösemittel, und falls es einmal brennt, bilden sich Dioxine und Furane.
- Verwenden Sie bei den wasserverdünnbaren Lacken möglichst nur solche mit Umweltzeichen.

Leim auf Möbeln
Leimreste auf Möbeln können Sie mit einer fetthaltigen Creme, Margarine oder Speiseöl abreiben.

Löcher bohren
- Wollen Sie mit einer Bohrmaschine Löcher in eine Wand bohren, so bitten Sie jemanden, Ihnen mit dem Staubsauger behilflich zu

AUTO, HANDWERK, FREIZEIT

sein. Während Sie bohren, hält der andere die Düse des angestellten Saugers direkt neben die Bohrstelle und fängt so den anfallenden Bohrstaub auf.

■ Falls Sie mehrere Löcher bohren müssen, die die gleiche Tiefe haben sollen, umwickeln Sie den Bohrer an der Stelle mit farbigem Klebe- oder Isolierband, bis zu der er in die Wand eindringen soll.

Lösemittel

■ Als Lösemittel bezeichnet man flüssige, rasch verdunstende Stoffe, die andere Stoffe lösen können, ohne sie chemisch zu verändern.

■ Lösemittel finden sich in Lakken und Farben, Klebstoffen, Pinselreinigern, Abbeiz-, Rostschutz-, Holzschutz- und Bodenpflegemitteln, in Polituren, Glasreinigern, Fleckentfernern und Antischimmelmitteln. Vor allem aber auch in der chemischen Reinigung werden Lösemittel verwendet. Über die Atemwege und über die Haut gelangen Lösemittel in den Körper und können schwere Krankheiten auslösen, wie man am Beispiel der »Schnüffler« sehen kann, die Lösemittel als Suchtstoff verwenden.

■ Erkundigen Sie sich beim Einkauf nach lösemittelfreien oder zumindest lösemittelarmen Produkten. Reste von Mitteln der oben genannten Art, die Lösemittel enthalten, gehören unbedingt in den Sondermüll.

Luftmatratzen

Luftmatratzen sollten Sie nie völlig prall auffüllen. Die Luft muß noch etwas Platz zum Ausdehnen haben. Stellen Sie nasse Luftmatratzen auch nie in die pralle Sonne oder an Heizungen zum Trocknen. Zur Aufbewahrung die Luftmatratzen nicht knicken, sondern rollen und mit etwas Talkumpuder bestreuen. So werden sie nicht brüchig.

NÄHZEUG

Nägel einschlagen

■ Wenn Sie einen Nagel in die Wand schlagen wollen, aber Angst um Ihre Finger haben, dann halten Sie den Nagel am besten mit einem Haarclip fest. Sie können auch einen festen Pappstreifen nehmen, den Nagel hindurchstecken und dann damit festhalten, während Sie ihn in die Wand schlagen.

■ Wenn Sie sicher sein wollen, daß Sie mit dem Nagel nicht ausgerechnet auf einen in der Wand verborgenen Metallträger stoßen, hilft ein kleiner Taschenkompaß. Halten Sie den Kompaß an der entsprechenden Stelle rechtwinklig zur Wand, und bewegen Sie ihn langsam entlang der Wandoberfläche. Schlägt die Nadel aus, haben Sie einen Metallträger- oder -pfosten in der Wand aufgespürt.

■ In manchen Wänden wollen Nägel einfach nicht halten. Wickeln Sie nasses Zeitungspapier um den Nagel, und schlagen Sie ihn dann ein. Wenn das Zeitungspapier trocknet, wird es fest, und der Nagel hat Halt.

■ Auch in das härteste Holz lassen sich Nägel leicht einschlagen, wenn man sie vorher in Schmierseife taucht oder mit Kernseife einreibt.

Nähzeug für unterwegs

Werfen Sie die Hülle Ihres verbrauchten Lippenstifts nicht weg. Entfernen Sie die letzten Reste und reinigen die Hülle mit reinem Alkohol oder Glyzerin. Die Hülse bietet sich als kleines Nähnecessaire für unterwegs geradezu an, denn sie ist klein und hat in jeder Handtasche Platz.

AUTO, HANDWERK, FREIZEIT

M O

Metallätzen
Verzichten Sie auf das Metallätzen, insbesondere auf das Ätzen von Blei und Zinn. Zum einen sind die eingesetzten Säuren relativ aggressiv und gefährlich, z. T. auch giftig. Zum anderen tragen Sie mit dem Abwasser aus diesem Hobby erhebliche Mengen an Schwermetallen in die Kanalisation und damit in die Umwelt ein. Dies gilt insbesondere für Gegenstände aus Blei und aus Zinn, die ja zumeist aus mehr Blei als Zinn bestehen.

Ölfarbenflecken
■ Die Farbe so schnell wie möglich mit Terpentinersatz beseitigen, bevor sie im Stoff antrocknet. Anschließend in Seifenlauge waschen und mit klarem Wasser nachspülen.
■ An den Händen beseitigt man Ölfarbe mit Terpentinersatz.

Ölfarbengeruch
Ölfarbengeruch kann beseitigt bzw. vermieden werden, indem man Gefäße mit Salzwasser über Nacht aufstellt.

Ölflecken auf dem Garagenboden
Katzenstreu oder Sägemehl auf den Garagenboden streuen und dann wegfegen.

Ölverlust
Sind Sie nicht sicher, ob Ihr Wagen Öl verliert, legen Sie ein großes, mit Gewichten (Steinen) beschwertes Papier (dicke Lage alter

Zeitungen) über Nacht darunter. Bei Ölverlust das Auto in die Werkstatt bringen und nicht an der falschen Stelle sparen.

Ölwechsel

■ Grundsätzlich sollte der Ölwechsel Sache des Fachmannes sein, der auch das Altöl entsorgt.
■ Lassen Sie bei jedem Ölwechsel die Dichtungen an der Ölablaßschraube des Motors überprüfen. Beschädigte Dichtungsringe sind oft die Ursache von Ölverlusten.
■ Lassen Sie nach Absprache mit der Werkstatt einen Nebenstromölfilter einbauen. Dadurch wird der Ölverbrauch erheblich reduziert. Der Ölfilter hat so eine längere Lebensdauer.

Ostereier färben

Damit die Eier die Farbe richtig annehmen, reiben Sie sie vor dem Kochen mit Essigwasser oder Zitronensaft ab.

Paketschnur verstärken

Nur eine Nacht in Alaunlösung eingelegt, und Ihre Paketschnur ist fast unzerreißbar. Sie sparen außerdem Geld, denn nun reicht auch für schwere Sendungen eine relativ dünne Schnur.

Pappkartons zusammenlegen

Pappkartons sind oft sehr störrisch, wenn man sie für den Müll oder die Altpapiersammlung zusammenlegen will. Einfach die Kanten etwas anfeuchten, dann läßt sich das Material leicht biegen und knicken.

Pinsel pflegen

■ Bei neuen Pinseln muß man zunächst die Leimung, mit der die Borsten zusammengehalten werden, mit Wasser auswaschen.
■ Pinsel, die für Öl- und Lackfarben gedacht sind, werden danach für ein bis zwei Tage in Leinöl gehängt, damit die Borsten geschmeidig werden.

AUTO, HANDWERK, FREIZEIT

■ Nach dem Streichen kann ein Ölfarbenpinsel in Wasser gehängt werden, wenn später mit der gleichen Farbe weitergearbeitet werden soll.

■ Bewahren Sie Pinsel immer hängend oder liegend auf, damit sich die Borsten nicht krümmen.

Pinsel reinigen

■ Nach der Arbeit mit einer wasserlöslichen Farbe den Pinsel in einem Eimer voll Wasser auswaschen; nicht unter fließendem Wasser, dabei wird zu viel Wasser verbraucht.

■ Pinsel, mit denen man Lacke verstrichen hat, reinigt man mit reinem Benzin, indem man den Pinsel in ein Glas hängt, dessen Deckel ein genau passendes Loch für den Pinselstiel hat. Solche Pinselreinigungsgeräte gibt es auch zu kaufen. Das benutzte Benzin durch einen Filter (Kaffeefilter) gießen, die Farbpigmente bleiben hängen, das Benzin kann wieder verwendet werden.

■ Haben Sie konventionelle Lakke benutzt, gehören die Filter in den Sondermüll; auch ausgediente Pinsel, mit denen konventionelle Lacke und Farben verstrichen wurden, gehören in den Sondermüll; andere Reste können nach dem Eintrocknen in den Hausmüll geworfen werden.

■ Vorsicht allerdings bei Naturfarbenprodukten – Putzlappen können sich selbst entzünden! Bevor man sie wegwirft, muß man sie also sehr gründlich austrocknen lassen.

Rasierklingen

Zum Auftrennen von alten Nähten sind Rasierklingen ideal. Damit Sie sich dabei nicht schneiden, stecken Sie die eine Seite der Rasierklinge längs in einen Korken. So sind Sie geschützt und können den Korken außerdem gleich als Griff benutzen.

Reifen

■ Winter- bzw. Sommerreifen, die bis zum jeweils nächsten Gebrauch aufbewahrt werden, soll man kühl und trocken lagern.
■ Reifen, die auf Felgen aufgezogen sind, bewahrt man am platzsparendsten an vier Haken hängend in der Garage auf. Geht das nicht, kann man sie liegend aufeinandergestapelt im Keller aufbewahren.
■ Reifen ohne Felgen sollten besser senkrecht stehend gelagert werden.
■ Überprüfen Sie etwa alle zwei Wochen am kalten Reifen den Druck. Bei falschem Reifendruck besteht nicht nur eine erhöhte Unfallgefahr, der Verschleiß der Reifen und der Spritverbrauch sind auch höher.
■ Bei Gepäckzuladung Betriebsanleitung beachten.
■ Überprüfen Sie auch regelmäßig das Reifenprofil. Zu stark abgefahrene Reifen erhöhen nicht nur das Sicherheitsrisiko, sie führen auch zu einem dreiprozentigen Mehrverbrauch an Kraftstoff.
■ Kaufen Sie statt fabrikneuer lieber runderneuerte Reifen. Sie sind zwar »nur« für Geschwindigkeiten bis höchstens 165 km/h zugelassen, sind aber umweltfreundlicher, weil Stahlgürtel, Wulst und Karkasse des Altreifens wiederverwendet werden, was Rohstoff und Energie spart und das Entsorgungsprogramm verringert.
■ Beim Kauf von Runderneuerten auf das RAL-Gütezeichen auf der Seite des Reifens achten.
■ Altreifen gehören nicht auf den Müll; bringen Sie sie zum Reifenhändler.
■ Schonen Sie Ihre Reifen, indem Sie beim Einparken darauf achten, daß Sie nicht mit halbem Reifen auf der Bordsteinkante stehen oder den Reifen an der Rinnsteinkante anquetschen.

Reifenpanne

Damit Sie bei einer Reifenpanne nicht plötzlich mit zwei »Platt-

AUTO, HANDWERK, FREIZEIT

füßen« dastehen, sollten Sie ab und zu auch bei Ihrem Reservereifen den Luftdruck prüfen.

Reifenprofil
Um zu prüfen, ob die Reifen Ihres Autos noch genügend Profil haben, stecken Sie ein Fünfzig-Pfennig-Stück in eine Profilrille; die Füße der auf dem Geldstück abgebildeten Frau müssen dabei nach unten zeigen. Sind die Zehen noch zu sehen, so wird es allerhöchste Zeit, sich um neue Reifen zu kümmern.

Renovieren, Isolieren, Holzschutz
■ Grundsätzlich gilt: problematische Stoffe meiden oder zumindest reduzieren. Achten Sie dabei auf die Deklaration auf den Packungen.
■ Nach Möglichkeit sollten Sie schadstoffarme oder besser nichtchemische Alternativen verwenden. Achten Sie dabei auf den Umweltengel.

Rollschuhe reinigen
Die Räder in Petroleum einweichen, dann läßt sich aller Schmutz gut beseitigen. Nach dem Reinigen einfetten.

S

Sägeblätter
■ Nach jedem Arbeitsgang müssen die Sägeblätter mit Öl eingerieben werden, um sie vor Rost zu schützen. Vor der Arbeit muß das Öl abgewischt werden, damit es keine Flecken gibt.
■ Rost kann mit Stahlwolle und Terpentinersatz oder Spiritus entfernt werden.
■ Sägeblätter gleiten besser, wenn sie mit Kerzenwachs, trockener Kernseife oder einer ungesalzenen Speckschwarte eingerieben werden.
■ Sägeblätter sollten Sie nur hängend aufbewahren.

Sägen
■ Für jede Holzarbeit gibt es die passende Säge. Das wichtigste Unterscheidungsmerkmal ist die Anordnung der Sägezähne: je mehr Zähne, desto feiner die Sägearbeit. Es folgen verschiedene Sägen und Hinweise auf ihre Verwendung:
■ Fuchsschwanz: Er sollte in keinem Haushalt fehlen. Mit ihm las-

sen sich viele Sägearbeiten ausführen. Er eignet sich besonders für das Sägen von Platten und nicht zu dicken Brettern.

■ Zapfensäge: Die Zapfensäge hat eine feine Zahneinteilung und ein verhältnismäßig dünnes Sägeblatt, das am Rücken verstärkt ist. Es eignet sich besonders zum Sägen sehr dünnen Materials.

■ Schwalbenschwanz: Die Zahneinteilung ist noch feiner als bei der Zapfensäge. Der Schwalbenschwanz wird deshalb auch im Modellbau eingesetzt.

■ Formsäge: Mit der Formsäge kann man alle Kurven sägen.

■ Spannsäge: Auch mit der Spannsäge lassen sich Kurven gut aussägen. Sie hat eine gröbere Zahnung und ein längeres Sägeblatt; eignet sich gut für dickeres Holz.

■ Stichsäge: Braucht man überall dort, wo man mit einer anderen Säge nichts ausrichten kann, beispielsweise ein Loch aussägen.

■ Laubsäge: Mit ihr lassen sich selbst schwierigste Formen aussägen. Die Sägeblätter sind allerdings sehr empfindlich. Für besseres Gleiten streicht man das Sägeblatt mit Kerzenwachs oder trockener Seife ein.

Säume und Nähte stecken
Die Stecknadeln steckt man senkrecht zum Saum, dann kann man sie beim Nähen steckenlassen.

Schallplatten reinigen
Hat man seine Schallplatten längere Zeit offen liegengelassen, ziehen sie den Staub förmlich an. Wenn man sie mit dem Fön bei der Einstellung für Kaltluft anbläst, werden sie schnell und schonend wieder sauber.

Schaumstoff schneiden
An der Schnittstelle einen Strich ziehen, eine Latte anlegen und den Schaumstoff zusammenpressen. Jetzt kann man mit einem scharfen Messer ohne Mühe schneiden.

Schleifen mit Sandpapier
■ Um die Schleifkraft des Sandpapiers zu erhöhen, zieht man es vor dem Schleifen mit der Rückseite über eine Kante.

■ Zum Schleifen legt man das Sandpapier um einen Schleifklotz. Man beginnt mit einer groben Körnung und geht zu immer feineren Körnungen über.

■ Schleifen Sie Holz immer in Faserrichtung ohne starken Druck.

■ Das Schleifpapier hält länger, wenn man es von hinten befeuchtet, bevor man es um den Schleifklotz wickelt.

Schlittschuhe pflegen
Verrostete Kufen reibt man zuerst mit Petroleum ein und läßt es ein-

wirken. Mit angefeuchtetem Tuch und etwas Salz reibt man sie anschließend ab. Nach jedem Gebrauch sollte man seine Schlittschuhe säubern und einfetten, um Rostbildung zu verhindern.

Schmutzwasser
Schütten Sie nach der Reinigung das Schmutzwasser nicht in den nächsten Gully oder in den Garten, sondern in den Ausguß. Nur dann können Sie sicher sein, daß das Abwasser auch in der Kläranlage gereinigt wird.

Schnittmuster vergrößern
Wenn Sie Schwierigkeiten haben, ein Schnittmuster auf passende Größe umzurechnen, können Sie sich mit einem Trick helfen. Schneiden Sie das Schnittmuster einmal längs und einmal quer durch; legen Sie es dann Ihrer Größe entsprechend auf den Tisch und schließen die Zwischenräume mit einem Klebestreifen. So haben Sie immer ein zu Ihrer Größe passendes Schnittmuster.

Schnur aufbewahren
Verwenden Sie zum Aufbewahren von Schnur eine leere Plastikdose, in deren Deckel Sie ein Loch bohren. Das Schnurende ziehen Sie dann durch das Loch.

Schonbezüge
Ausgediente Schonbezüge aus Schafwolle können noch eine sehr sinnvolle Verwendung finden: Schneiden Sie daraus warme Einlegesohlen für Ihre Winterstiefel und die Ihrer Familie.

Schränke anstreichen
Streichen Sie zuerst alle Innen- und Außenflächen, bevor Sie die Türen streichen.

Schränke, feuchte
In feuchten Schränken kann sich leicht Schimmel bilden. Stellen Sie eine Schale mit Holzkohle in den Schrank, die die Feuchtigkeit aufnimmt. Von Zeit zu Zeit die Holzkohle erneuern.

Schrauben
■ Schraubenlöcher im Holz sind oft ausgeleiert. Wenn Sie dieselbe Schraube wieder eindrehen wollen, und Sie keine größere haben, hilft folgendes: Füllen Sie in das Loch etwas Holzleim, drehen Sie die Schraube hinein und lassen ihn gut trocknen.
■ Oder Sie wickeln einen Faden oder ganz wenig Stahlwolle um die Schraubenrille und drehen die Schraube ein.
■ Schrauben lassen sich leichter eindrehen, wenn Sie vorher mit

dem Gewinde an einem Stück Seife entlangstreichen.

Schrauben, eingerostete
Zum Lösen eingerosteter Schrauben etwas Petroleum oder Terpentin daraufgeben, einwirken lassen und anschließend mit einem Schraubenzieher kurz nach rechts drehen.

Schraubenzieher
■ Beim Ein- und Ausdrehen von Schrauben geht die Arbeit leichter vonstatten, wenn man den richtigen Schraubenzieher zur Hand hat.
■ Die Klingenschneide des Schraubenziehers sollte immer genau in den Schlitz der Schraube passen. Zu große Schraubenzieher verletzen das Werkstück, zu kleine die Schraube.
■ Beim Herausdrehen von beschädigten Schrauben immer den längsten Schraubenzieher verwenden. Je länger der Schraubenzieher, desto mehr Drehkraft kann auf der Schraube zur Wirkung kommen.

Schrift auf Glas
Einmachgläser können mit zugespitztem Aluminiumblech beschriftet werden. Diese Schrift ist haltbarer als Etiketten.

Sicherungen ausschalten
Wenn Sie für einen Raum die Sicherung ausschalten müssen, aber nicht wissen welche, so stellen Sie in diesem Raum ein Radio in der Lautstärke ein, daß Sie es am Sicherungskasten noch hören können. Verstummt das Radio, haben Sie die richtige Sicherung ausgeschaltet, und Sie können mit der Reparatur beginnen.

Der Öko-Tip:
Spanplatten
■ Kaufen Sie keine Spanplatten mit dem Aufdruck E2 oder E3. Diese Platten dürfen nicht mehr verkauft und verwendet werden.
■ Kaufen Sie auch keine Spanplatten ohne jede E-Kennzeichnung. Es dürfen zwar derartige Platten noch verkauft und verwendet werden, aber bei nicht deklarierten Produkten sollten Sie grundsätzlich vorsichtig sein.
■ Bei verbauten Spanplatten sollten Sie die Schnittkanten und Bohrlöcher versiegeln. Aus den Schnittkanten und Bohrlöchern tritt mitunter mehr Formaldehyd aus als aus der Flachseite.
■ Verwenden Sie für den Möbelbau und anderen Innenausbau Vollholz. Das ist zwar teurer, aber auch haltbarer und weniger gefährlich für Ihre Gesundheit.

AUTO, HANDWERK, FREIZEIT

Spielkarten, schmutzige
Schmutzige Spielkarten werden wieder sauber, wenn man sie mit etwas Kölnisch Wasser einreibt und mit einem weichen Lappen abwischt.

Start-Stop-Anlage
Eine solche Anlage ermöglicht das Ein- und Ausschalten des Motors per Knopfdruck und spart pro 100 Kilometer etwa zwei Liter Kraftstoff. Sie ist deshalb empfehlenswert, weil der Motor bei jedem Halt, der eine halbe Minute oder länger dauert (längere Ampelstopps, geschlossener Bahnübergang, Stau usw.), mehr verbraucht als bei einem erneuten Anlassen.

Steingut mit Leck
Handgetöpfertes ist auf der unglasierten Unterseite durch viele Risse oft wasserdurchlässig. Mit einem Trick kann man die Unterseite abdichten: Die Fläche einfach mehrmals mit farblosem Nagellack bestreichen. Nach dieser Behandlung kann man das Tongeschirr sogar heiß abspülen.

Stoff, dicker
Die Nahtstelle in dickem Stoff vor dem Nähen mit trockener Seife einreiben. Es näht sich so leichter.

Stoffe, selbst gefärbte
Selbstgefärbte Stoffe färben bekanntlich leicht ab. Sie können sie waschecht machen, indem Sie sie über Nacht in Milch einweichen. Danach gut kalt nachspülen.

Streichfarbe flüssig halten
Farben trocknen leicht in gebrauchten Dosen an. So kann das nicht passieren: Die gebrauchten Farbdosen sehr gut verschließen und auf dem Deckel stehend lagern. So kann an die Farbe kein Sauerstoff dringen, und sie bleibt flüssig.

Tanken

■ Im Sommer, bei großer Hitze, nie ganz volltanken; es bilden sich dann durch Verdunstung in der Luft leicht Benzoldämpfe. Außerdem dehnen sich Benzin und Dieselöl bei Erwärmung aus und könnten aus dem Tank laufen.
■ Beim Tanken die giftigen Benzindämpfe nicht einatmen, sondern den Zapfhahn auf Automatik stellen.
■ Benzolausdünstungen kommen auch leicht aus Kunststofftanks und Reservekanistern und gefährden die Luft im Innenraum des Autos.

Tapeten

■ Auch bei den Tapeten haben sich heute künstlich hergestellte Materialien und chemische Zusätze einen weiten Raum erobert. Solche Materialien und Stoffe sind freilich nicht unbedenklich.
■ Eine Fungizid-(Antipilz-)Behandlung ist überflüssig; wenn man die tapezierten Räume richtig lüftet, kann sich kaum Schimmel bilden. Enthält die Tapete Kunstharze, ist ihre Luftdurchlässigkeit deutlich herabgesetzt, was einer Schimmelbildung Vorschub leistet, gegen die dann wiederum die Fungizide helfen sollen – ein Kreislauf, dem man mit einer Textiltapete aus Naturfaser von vornherein vorbeugen kann. Solche Tapeten können auf der Basis von Baumwolle, Flachs, Jute, Schafwolle, Seide oder Sisal gefertigt sein.
■ Rauhfasertapeten sollten aus Naturharzen und unbehandelten Holzfasern hergestellt sein. Sofern man sie streicht, sollte man dafür nur auf empfehlenswerte Naturfarben zurückgreifen.
■ Statt zu tapezieren, kann man auch Alternativen in Erwägung ziehen, etwa eine Bespannung mit Naturtextilien, eine Wandverkleidung mit Holz oder das einfache Streichen mit Wandlasurfarben.

Tapetenscheren

Stumpf gewordene Tapetenscheren kann man wieder schärfen, indem man mit der Schere sehr feines Schleifpapier mehrfach durchschneidet.

Tapezieren

■ Zunächst muß man die alte Tapete – sofern vorhanden – ablösen.

AUTO, HANDWERK, FREIZEIT

Verzichten Sie auf chemische Tapetenablöser. Versuchen Sie erst einmal, ob sich die Tapete nicht mit einem Spachtel lösen läßt. Falls nicht, muß man zunächst den alten Kleister aufweichen.

■ Hierzu ritzt man die alte Tapete am besten gitterförmig ein und befeuchtet sie mit warmem Wasser. Den Vorgang eventuell wiederholen und dem Wasser etwas Schmierseife beigeben. Löst sich die Tapete immer noch nicht, geben Sie dem Wasser ein wenig Spülmittel bei.

■ Es nützt nichts, wenn Sie eine umwelt- und gesundheitsfreundliche Tapete verwenden, sie dann aber mit dem falschen Kleister befestigen.

■ Empfehlenswert ist Tapetenkleister aus Methylzellulose, der keine Kunstharze oder Fungizide enthält.

■ Selbst herstellen kann man sich Mehlkleister. Sie brauchen dafür 1 kg Weizenmehl (Type 405) 1 l kaltes und bis zu 15 l kochendes Wasser.

Rühren Sie zunächst das Mehl in das kalte Wasser. Es darf keine Klumpen oder Klümpchen mehr enthalten. Dann langsam 10 bis 15 l kochendes Wasser einrühren, bis ein gallertartiger Kleister entsteht, der vom Löffel tropft, nicht abläuft. Vorsicht also, das Wasser langsam zugeben! Der Mehlkleister muß innerhalb von zwei bis drei Tagen verbraucht werden. Fängt er an, sauer zu riechen, sollten Sie ihn nicht mehr verwenden, weil sich sonst Flecken auf der Tapete bilden.

■ Nicht jedes Wetter ist zum Tapezieren geeignet. Trockene, warme Luft ist ungünstig, da der Kleister zu schnell trocknet und keine feste Verbindung mit der Wand bekommt. Hohe Luftfeuchtigkeit wirkt sich dagegen vorteilhaft aus. Am besten ist eine Temperatur von etwa 18 Grad.

■ Die Fenster sollten beim Tapezieren möglichst geschlossen bleiben, da auch die Zugluft den Kleister und damit die Tapeten zu rasch antrocknen läßt.

Taschenlampe bereithalten

Halten Sie immer eine Taschenlampe an einem festen Platz bereit, den jeder in der Familie kennt und der leicht zu erreichen ist, damit Sie bei Stromausfall oder anderen Notfällen immer schnell Licht haben.

Teerflecken am Auto

Teerflecken auf dem Auto können Sie mit Leinöl oder Butter entfernen. Tränken Sie die Flecken mit Leinöl und Butter, bis sie aufgeweicht sind. Danach wischen Sie sie mit einem ebenfalls mit Leinöl angefeuchteten Tuch ab.

TÜRSCHARNIERE

Tischtennisbälle
Tischtennisbälle und Zelluloidpuppen, die eingebeult sind, können Sie leicht wieder in Form bringen, wenn Sie sie kurz in sehr heißes Wasser legen.

Treppen streichen
Treppen bleiben begehbar, wenn man in einem ersten Streichgang nur jede zweite Stufe streicht. Nach dem Trocknen werden dann die anderen Stufen gestrichen.

Treppenläufer
Treppenläufer kann man länger erhalten und schonen, wenn man ihn etwa einen halben Meter länger kauft, als man ihn für die Treppe braucht. Bei jedem Reinigen wird der Läufer ein kleines Stück nach oben oder nach unten gezogen, so daß die am stärksten beanspruchten Stellen am Treppenabsatz an einer anderen Stelle zu liegen kommen.

Tropfenfänger
Schneiden Sie sich ein Stück Pappe zurecht, in das Sie in der Mitte ein Loch bohren. Den Stiel des Pinsels oder Farbrollers durch das Loch stecken. So haben Sie einen brauchbaren Tropfenfänger, wenn Sie mit erhobener Hand arbeiten müssen.

Tubenkopf, verklebter
Läßt sich eine Tube nicht mehr öffnen, weil das Gewinde verklebt ist, hält man den Tubenkopf für einige Zeit in heißes Wasser.

Türklingeln, schrille
Manche Türklingeln haben einen schrillen, unangenehm lauten Ton. Abhilfe schafft ein schmaler Streifen Heftpflaster, der innen um den Rand der Glocke geklebt wird. Das dämpft den Ton.

Türscharniere
Ein gutes Mittel, mit dem Sie quietschende und schwergängige Türscharniere behandeln können, ist ein einfacher Bleistift. Reiben Sie mit seiner Spitze die Scharniere gut ein.

AUTO, HANDWERK, FREIZEIT

U V

Umrüsten des Pkw
■ Wenn Sie Ihr Auto nicht auf Katalysatorbetrieb umrüsten können, bietet sich eine Abgasentgiftung durch Abgasrückführung an. Bei diesem System wird ein Teil der Abgase zweimal verbrannt, wodurch die Stickoxide deutlich reduziert werden. Wo irgend möglich, sollte nachträglich ein Katalysator eingebaut werden. Bei den meisten Wagentypen ist nur die Umrüstung auf einen ungeregelten Katalysator möglich, der die Abgasmenge immerhin um rund 50 % verringert.

■ Fahren Sie Ihren Wagen vor dieser Umrüstung einige Male mit bleifreiem Benzin; die Umrüstung klappt dann problemlos. Lassen Sie die Umrüstung in einer Werkstatt vornehmen, die eine Berechtigung zur Abgassonderuntersuchung (ASU) hat, und verlangen Sie eine Bescheinigung, die Sie für die Zulassungsstelle und das Finanzamt benötigen.

■ Je nach Grad der Abgasentgiftung und Wagenklasse kommen Ihnen Steuervorteile zugute.

Verlängerungskabel
Verlängerungskabel dürfen nicht geknickt oder verknotet werden, weil die Leitungen brechen können. Kabel immer nur aufgerollt aufbewahren.

WÄRMEDÄMMUNG

W

Wände streichen

■ Damit Tür- und Fensterrahmen beim Streichen nicht mit Farbe beschmutzt werden, klebt man die Kanten, die an die Wand stoßen, mit Klebeband ab.

■ Decken sollten immer zuerst gestrichen werden, dann die Wände von oben nach unten.

Der Öko-Tip:
Wärmedämmung

■ Informieren Sie sich über Möglichkeiten zur Wärmedämmung, z. B. mit kostenlosen Broschüren des Bundesministeriums für Umwelt oder für Wirtschaft. Viele staatliche Stellen bieten kostenlose Informationen, die Sie nutzen sollten.

■ Kaufen Sie nur gesundheitlich unbedenkliche Wärmedämmaterialien. Einige Materialien haben sich nämlich als gesundheitlich äußerst problematisch erwiesen, beispielsweise Formaldehyd aus Ortschäumen oder Asbestfasern.

■ Wenn Sie neue Fenster einbauen, kaufen Sie hochwärmedämmendes Mehrscheibenisolierglas. Durch einfach verglaste Fenster dringt nahezu doppelt soviel Wärme nach außen wie durch zweifach verglaste und fast viermal soviel wie durch Dreifachverglasungen. Wenn Sie allerdings in einem Altbau wohnen, in dem sich Doppelfenster mit mehr als 7 cm Abstand zwischen den Scheiben befinden, sollten Sie diese nicht auswechseln, wenn sie nicht grundsätzlich erneuert werden müssen. Diese alten Fenster weisen einen geringeren Wärmedurchgangswert auf als eine Zweifachverglasung!

■ Prüfen Sie bei alten Fenstern, ob die Fensterfugen noch dicht sind. Bei Undichtigkeiten sollten Sie eine zusätzliche Dichtung anbringen, etwa Dichtungsklebeband.

■ Lassen Sie Rolläden einbauen, und schließen Sie diese bei Einbruch der Dunkelheit. Die größten Wärmeverluste erfolgen über die Fensterflächen (bis zu 30 %)!

■ Isolieren Sie das Dach durch Dämmaterial zwischen den Sparren. Diese Maßnahme ist besonders empfehlenswert, wenn der Dachboden für eine regelmäßige Nutzung ausgebaut werden soll.

■ Bringen Sie eine zusätzliche Dämmung der Decken gegen den Dachboden an. Diese (billigere) Maßnahme empfiehlt sich, wenn der Dachboden nur als Stau- oder Trockenraum genutzt werden soll. Als technische Lösung kommen

AUTO, HANDWERK, FREIZEIT

Dämmatten, aber auch die Verlegung eines schwimmenden Estrichs in Frage.

■ Begrünen Sie Ihr Dach. Flachdächer sind hierfür besonders gut geeignet. Kies bietet zwar schon eine relativ gute Dämmung, doch durch eine Begrünung ist dieser Effekt noch zu steigern. Er macht sich zudem positiv für das Stadtklima bemerkbar.

■ Dämmen Sie die Kellerdecke von unten. Wenn Sie im Parterre wohnen, kennen Sie vielleicht das Gefühl, daß die Wohnung »fußkalt« ist. Da der Keller meist unbeheizt ist, strömt Wärme durch den Fußboden des Erdgeschosses in den Keller. Dieser Wärmefluß kann durch die Anbringung einer zusätzlichen Dämmung unter der Kellerdecke reduziert werden.

Wartung des Autos

■ Lassen Sie mindestens einmal im Jahr den Vergaser, die Zündung, die Abgaswerte und den Luftfilter überprüfen.

■ Überprüfen Sie auch regelmäßig den Ölstand.

■ Ölstand erst messen, nachdem der Motor mindestens fünf Minuten lang ausgeschaltet war. Ist der Motor noch zu warm, wird zuwenig Öl angezeigt.

■ Wechseln Sie rechtzeitig Bremsbeläge und Reifen. Der Reifendruck sollte regelmäßig an kalten Reifen geprüft werden. Bei Zuladung die Betriebsanleitung beachten.

■ Kontrollieren Sie öfters einmal den Spritverbrauch und lassen Sie die Benzinzufuhr gegebenenfalls neu einstellen.

Z

Zelte reinigen
Zelte sollten Sie nach dem Zelten immer erst gut reinigen und nach vollständigem Trocknen zusammenlegen. Je nach Material etwas einfetten oder mit Talkumpuder streuen. Die Zeltstangen durch Einfetten vor Rost schützen.

Zementboden ausbessern
Neuer Zement zum Ausfüllen der Risse wird vom Boden nur dann gut angenommen, wenn die Risse vorher ausgemeißelt werden.

Ziernägel schützen
Damit Ziernägel beim Einschlagen nicht verkratzt oder beschädigt werden, kleben Sie Leukoplast oder Kreppband auf den Hammerkopf.

Zinn- und Bleigießen
■ Verzichten Sie auf das Hobby Zinngießen und das Bleigießen an Silvester, denn damit können Sie sich, Ihre Familie und die Umwelt unnötig mit dem gefährlichen Schwermetall Blei belasten.
■ An Silvester gibt es andere, für Gesundheit und Umwelt unschädliche Orakelspiele. Statt geschmolzenem Blei können Sie beispielsweise auch Kerzenwachs verwenden.
■ Als Alternative für das Gießen von Zinnfiguren bieten sich ebenfalls Wachs sowie Gips und Salzteig an.

Pflanzen in Haus und Garten

Machen Sie mit bei der natürlichen Gartenpflege, bei Pflanzenschutz in Haus und Garten: Zwischen A wie Ameisen und Z wie Zwiebelschalen haben wir für Sie in unserem letzten Kapitel über 200 nützliche Garten- und Pflanzentips gesammelt und aufgeschrieben. Haben Sie gewußt, daß Ameisen Zimt nicht mögen und »auswandern«? Wissen Sie, warum sich manche Blätter nach oben und manche nach unten krümmen? Lesen Sie, wie Sie am besten die Gartenmöbel reinigen und den Wasserschlauch sicher überwintern.

Natürlich fehlt auch bei uns nicht der Hinweis auf Eierschalen, Kaffeesatz und Teeblätter, die sich hervorragend zum Düngen eignen. Wir sagen Ihnen, wie Sie richtig kompostieren, warum manchmal die Blütenknospen abfallen und wie Sie sich im Winter einen prachtvollen blauen Kornblumenstrauß auf den Tisch zaubern können.

Neben der umweltfreundlichen Schädlingsbekämpfung erfahren Sie, wie Schnittblumen eine längere Reise überstehen, wie Seerosen am besten überwintern, was einen Apfel und eine blühende Topfpflanze miteinander verbindet und vieles andere mehr.

Lesen Sie, was wir für Sie zusammengetragen haben, so daß Sie sich rund ums Jahr an einem gesunden Garten und prächtigen Zimmerpflanzen erfreuen können.

A

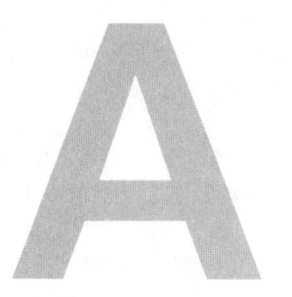

Ameisen

■ Wenn Sie Zitronenscheiben oder ausgepreßte Zitronenschalen auf die befallenen Stellen im Blumenkasten oder Beet legen, hält das Ameisen ab.

■ Ameisen mögen auch keinen Zimt. Möchten Sie Ameisenstraßen eindämmen, streuen Sie etwas Zimt auf den Weg.

■ Giftig auf Ameisen wirkt auch trockenes Backpulver. Streuen Sie es dort aus, wo die Ameisen in das Haus kommen.

■ Grundsätzlich gilt jedoch: immer erst versuchen, die Ameisen zu vertreiben, statt sie zu vernichten.

Ananas pflanzen

Man schneidet den oberen Teil mit dem Blattansatz einer Ananasfrucht ab, entfernt das Fruchtfleisch und läßt den Ananasteil ein paar Tage trocknen. Dann pflanzt man ihn in eine humusreiche, sandige Erde und stellt ihn an einen hellen und warmen Platz. Regelmäßig gießen.

Apfelmehltau

Der Apfelmehltau ist eine Pilzerkrankung von Bäumen, die vorwiegend auf Triebspitzen auftritt, später aber auch auf Stengeln, Laub und Blüten. Man bekämpft diese Erkrankung, indem man alles bis zum gesunden Holz zurückschneidet. Die abgeschnittenen Teile dürfen nicht auf den Kompost, sondern müssen vernichtet werden.

Asche

■ Die Asche von Holz und Papier enthält alle Mineralien, die in der Pflanze vorkommen. Deshalb ist sie hervorragend als Düngemittel geeignet.

■ Bei Papierasche sollte allerdings der starke Kalkgehalt beachtet werden.

■ Die Asche von Braunkohlebriketts besteht zumeist aus lehmartigen Mineralien und läßt sich in geringen Mengen gut unter leichte Sandböden mischen.

■ Koks- und Steinkohle-Asche ist in der Zusammensetzung ungleichmäßig und enthält oft störende gröbere Schlacke. Sie sollte am besten über den Komposthaufen gestreut werden.

Aussaat

■ Bei der Aussaat sollten Sie unbedingt die folgenden Regeln be-

BALKONBLUMEN

achten: Jedes Samenkorn soll doppelt so dick mit Erde bedeckt sein, wie es selber dick ist.
■ Flachere Bedeckung ist aber immer noch besser als zu dicke.
■ Wichtig ist auch genügender Abstand des Saatguts voneinander, damit sich die Sämlinge gut entfalten können.

Auswahl von Zimmerpflanzen
Bevor Sie eine Pflanze kaufen, erkundigen Sie sich genau nach den Umweltbedingungen, die sie benötigt. Wenn Sie nicht in der Lage sind, diese Bedingungen zu Hause herzustellen (z. B. hohe Luftfeuchtigkeit oder kühler, heller Standort), sollten Sie vom Kauf absehen, denn dann werden Sie an der Pflanze keine Freude haben. Bedenken Sie dies auch, wenn Sie Pflanzen verschenken.

Balkonbepflanzung
■ Der Balkon kann das ganze Jahr hindurch bepflanzt sein:
■ Im Frühjahr Krokus, Stiefmütterchen, Vergißmeinnicht.
■ Im Sommer Pelargonien (Geranien), Fuchsien, Salvien; beliebt und preisgünstig sind Einjahresblumen wie Petunien, Lobelien, Studentenblumen.
■ Im Winter Fichten, Mahonien, Erika.
■ Pflege: genügend wässern, Vorratsdünger und Torf unter die Pflanzenerde mischen, von Juli an mit Kunstdüngerwasser einmal in der Woche gießen und abgeblühte Blüten regelmäßig entfernen.

Balkonblumen
Bei blühenden Balkonpflanzen sollten Sie die verblühten Blüten regelmäßig vorsichtig abknipsen oder abschneiden, weil sie sonst Samen bilden und dabei wichtige Nährstoffe verbrauchen, die für die Entwicklung der Pflanzen und neuer Blüten wichtig sind. Die Blü-

ten aber so vorsichtig entfernen, daß keine Triebe verletzt werden.

Ballenpflanzen
Ballenpflanzen finden vornehmlich im Zierpflanzenanbau Verwendung, da sie durch den Schutz des Wurzelballens jederzeit versetzt werden können. Der Erdballen wird durch Ballierdraht oder Jutegewebe zusammengehalten, die im Boden verwittern und dem Wurzelwachstum nicht hinderlich werden können.

Baumpflege
Mindestens zweimal jährlich sollten Sie eine Kontrolle Ihrer Obstbäume und wertvollen Zierhölzer vornehmen. Dabei sollten Sie, wenn nötig, folgende Arbeiten ausführen: totes Holz entfernen, regelmäßigen Obstbaumschnitt vornehmen, entstandene Wunden mit Baumwachs bestreichen; in den Monaten zwischen Oktober und März die Stämme mit einer Baumbürste säubern.

Blätter
■ Wenn Blätter sich nach oben krümmen und die Blattränder braun werden, kann das daran liegen, daß der Wurzelballen zu trocken ist oder die Pflanze zu konzentrierten Dünger bekommt.
■ Wenn Blätter sich nach unten krümmen, die Blätter, Knospen und Blüten abfallen, ist das ein Zeichen, daß der Wurzelballen zu trocken ist.
■ Wenn die Blätter durchlöchert sind, ist das ein Zeichen, daß die Pflanze im Frühjahr an den Blattknospen Frost abbekommen hat.
■ Wenn die Blätter von der Spitze her vertrocknen, ist das ein Zeichen, daß die Pflanze zu warm steht oder die Luftfeuchtigkeit zu gering ist.

Blattläuse bei Zimmerpflanzen
100 Gramm getrocknetes Brennesselkraut mit drei Litern kochendem Wasser überbrühen und 15 Minuten ziehen lassen, dann durchseihen und auf wieder drei Liter Flüssigkeit mit Wasser auffüllen. Die Pflanzen mit dieser Lösung besprühen; bei Bedarf kann man die Behandlung mehrmals wiederholen.

Blattläuse im Garten
■ Pflanzen Sie zwischen Ihre Blumen Anis und Koriander. Lavendel, Tagetes, Bohnenkraut und Knoblauch zwischen die Rosen gepflanzt, vertreiben ebenfalls durch ihren Geruch Blattläuse.
■ Sind Pflanzen von Blattläusen befallen, hilft ein gründliches Besprühen oder Übergießen mit einer

Lösung aus 40 Gramm Alaun (in einem Liter Wasser aufgelöst) und neun Liter Leitungswasser.
■ Sie können aber auch in einem Liter Wasser etwas Schmierseife auflösen und einen Spritzer Spiritus dazugeben.

Blumenbeete anlegen
■ Beet in Kreisform: Sie benötigen zwei kleinere Holzpflöcke und ein Stück Schnur. Befestigen Sie den einen Pflock an der Schnur, und stecken Sie diesen dort in die Erde, wo sich der Mittelpunkt Ihres Beetes befinden soll. Der zweite Pflock wird in der Länge des halben Durchmessers der gewünschten Beetgröße ebenfalls an der Schnur befestigt. Nun fahren Sie mit dem zweiten Pflock an der Schnur um den eingepflockten Mittelpunkt herum.
■ Ovales Beet: Legen Sie die Gerade fest, um die Sie das Beet herumführen wollen. Stecken Sie nun – etwa 30 bis 50 Zentimeter von der größten Breite des gewünschten Beetes nach innen versetzt – zwei Pflöcke auf der Geraden in den Boden und befestigen an diesen eine Schnur so locker, daß diese, über einen Pflock nach außen gezogen, genau der maximalen Beetabmessung entspricht. Ziehen Sie dann mit einem dritten Pflock entlang der gestrafften Schnur das Oval.
■ Quadratisches oder rechteckiges Beet: Knüpfen Sie drei Schnüre von 30, 40 und 50 Zentimetern Länge zu einem Dreieck zusammen und spannen es über drei Holzpflöckchen. Jetzt brauchen Sie mit Hilfe einer Latte nur noch die Seiten, die den rechten Winkel bilden, auf die gewünschten Abmessungen des Beetes zu verlängern.
■ Sechseckiges Beet: Sie konstruieren ein Kreisbeet wie oben und stecken mit dem einen Pflock irgendwo auf der Kreislinie die erste Ecke ab. Ziehen Sie nun den Pflock aus dem Mittelpunkt heraus. Mit straffer Schnur markieren Sie mit ihm um den auf der Kreislinie stehenden Pflock herum den zweiten Eckpunkt auf dem Kreis. Dort lassen Sie den Pflock stecken. Nun ziehen Sie den Pflock aus Ecke eins heraus und wandern so mit der Markierung auf der Kreislinie immer weiter. Die Eckpunkte werden schließlich untereinander mit geraden Linien verbunden.

Blumen auf Reisen
Mit einem kleinen Trick kann man auch Schnittblumen auf Reisen mitnehmen. Man wickelt um die Stiele nasse Watte und gibt sie in eine Plastiktüte, die man oben zusammenbindet. Auf diese Weise halten sich die Blüten bedeutend länger frisch.

PFLANZEN IN HAUS UND GARTEN

Blumen düngen
Wenn Sie das nächste Mal Eier kochen, gießen Sie das Wasser nicht weg, sondern in die Gießkanne. Dieses Wasser enthält viele Nährstoffe, die Ihre Pflanzen brauchen.

Blumen frisch halten
Vor allem in den Wintermonaten verblühen frische Schnittblumen in warmen Räumen besonders schnell. Man kann dies verhindern, indem man rohe Kartoffeln, in die zuvor kleine Löcher gebohrt wurden, in die Vase legt und die Blumenstengel hineindrückt. So halten die Blumen länger.

Blumen, geknickte
Wickeln Sie um die geknickte Stelle einfach einen durchsichtigen Klebestreifen.

Blumenkästen
Hölzerne Blumenkästen halten länger, wenn man sie innen und außen mit Leinöl bestreicht. Dadurch saugt sich das Holz nicht so schnell mit Wasser voll, und der Befall mit Pilzen und die Verrottung werden verzögert.

Blumen schneiden
Weiche Stiele werden gerade, harte schräg abgeschnitten. Bei verholzten Stielen empfiehlt es sich, zusätzlich die Rinde einige Zentimeter hoch zu entfernen und die Stiele etwas breitzuklopfen.

Blumen stecken
Um den Blumen in der Vase einen besseren Halt zu geben, binden Sie Blumendraht zu einem lockeren Knäuel und legen ihn auf den Boden der Vase.

Blumentöpfe
■ Blumentöpfe müssen luftdurchlässig sein, nie verstopft durch Moos oder Algen.
■ Neue Blumentöpfe aus Ton haben Luft in den Poren, die Wasser ansaugen. Damit verhindert wird, daß sie das Gießwasser ansaugen und damit den Pflanzen Wasser entziehen, empfiehlt es sich, die Töpfe vor dem Gebrauch für einige Stunden in Wasser zu legen.
■ Blumentöpfe mit Kalkrändern: Man reibt sie mit Metallwolle ab.
■ Der weiße Belag, der sich durch kalkhaltiges Wasser bildet, kann vermieden werden, wenn man die Blumentöpfe ab und zu mit einer Speckschwarte oder einem ölgetränkten Lappen abreibt.

Blumenwasser
■ Eine im Blumenwasser aufgelöste Kopfwehtablette aus Azetylsa-

lizylsäure (ASS) läßt die Blumen länger halten.
▪ Die Schnittblumen bleiben mit einer Kupfermünze in der Vase länger frisch.

Blumenwasser, Geruch von
▪ Blumenwasser riecht oft sehr unangenehm, wenn die Blumenstiele zu faulen beginnen. Durch ein Stückchen Holzkohle, das man ins Wasser gibt, behält das Wasser einen frischen Geruch.
▪ Grundsätzlich sollte man aber das Blumenwasser öfter wechseln. Dabei kann man die Stengel der Blumen abwaschen und verfaulende Blätter entfernen. Dadurch wird nicht nur der üble Geruch eingedämmt, sondern die Blumen bleiben auch länger frisch.

Blumenzwiebeln aufbewahren
Blumenzwiebeln oder -knollen, die man im Winter aufbewahren muß (Gladiolen, Dahlien usw.), lassen sich gut in Früchte- oder Gemüsenetzen aus Plastik, die man im Keller aufhängt, aufbewahren.

Blütenstauden für den Vasenschnitt
Für die Vase geeignet sind die folgenden Blumen, die man selbst im Garten ziehen kann: Aster, Chrysantheme, Edeldistel, Eisenhut, Fackellilie, Feinstrahl, Flockenblume, Glockenblume, Goldrute, Indianernessel, Jochlilie, Kokardenblume, Kugeldistel, Lilie, Mädchenauge, Nelke, Pfingstrose, Phlox, Prachtscharte, Prachtspiere, Rittersporn, Schafgarbe, Sonnenauge, Sonnenblume, Sonnenbraut, Sonnenhut, Steppenkerze, Trollblume, Vergißmeinnicht.

Blütenzweige im Winter
▪ Ende November bis Anfang Dezember (traditionsgemäß am Barbaratag, dem 4. Dezember) schneidet man nicht zu kleine Zweige von Frühlingsblühern (Flieder, Forsythie, Jasmin, Kastanie, Kirsche) ab und stellt sie in eine mit Wasser gefüllte Vase ins Zimmer. Je wärmer das Zimmer ist, desto früher blühen die Zweige auf – manche schon zu Weihnachten.
▪ Das stark verdunstende Wasser muß öfters aufgefüllt werden.
▪ Ist es im November schon sehr kalt, dann sollten die Zweige nicht sofort ins warme Zimmer gestellt werden, sondern zum »Eingewöhnen« erst in ein kühleres Zimmer oder in den Keller.

Brennesseljauche
Sie gehört zu den unentbehrlichen Hilfsmitteln in einem biologisch gepflegten Garten.
▪ In einer Holztonne oder einem anderen großen Gefäß gibt man auf

50 Liter Regenwasser etwa einen Arm voll frischer Brennesseln. Die Tonne darf nicht luftdicht abgeschlossen werden, und ihr Inhalt muß täglich umgerührt werden. Nach zwei bis drei Wochen können die unverrotteten Stengel herausgenommen werden. 1:10 verdünnt, wird die Brennesseljauche als Flüssigdünger oder Spritzmittel verwendet. Unverdünnt sollten Sie davon auch etwas auf den Kompost schütten.

■ Wie der Name schon andeutet, bildet sich bei der beschriebenen Prozedur eine Jauche, also eine Flüssigkeit, die ziemlich unangenehm riecht. Setzen Sie Ihre Brennesseljauche daher nicht in der Nähe der Terrasse oder des Sandkastens Ihrer Kinder an, sondern am besten in der Nähe des Komposts.

Düngen

■ Eierschalen nicht wegwerfen, sondern in ein altes Gefäß mit Wasser legen. Nach ein paar Tagen kann mit dieser Mischung gegossen werden.

■ Verbrauchte Teeblätter oder Teebeutel nicht wegwerfen, sondern zur Düngung von Farn verwenden.

■ Abgestandenes Mineralwasser nicht wegschütten, sondern Topfpflanzen damit gießen. Tut man dies regelmäßig, blühen die Blumen schöner.

■ Beim Wechseln des Aquarienwassers an die Topfpflanzen denken! Das Wasser enthält wichtige Nährstoffe für Zimmerpflanzen und eignet sich daher als Gießwasser.

■ Besonders Sommerblumen wie Geranien, Begonien, Tausendschön, Tagetes mögen Kaffeesatz in der Erde. Man rechnet pro Meter Balkonkasten etwa zwei bis drei Hände voll Kaffeesatz. Auch Gartenblumen mögen diesen Dünger sehr gern.

■ Wenn in Ihrem Haushalt mehr Eierschalen, Teeblätter, Teebeutel und Filtertüten mit Kaffeesatz anfallen, als Sie zum Gießen und Düngen benötigen, werfen Sie sie nicht in den Hausmüll, sondern auf den Kompost.

Düngen im Garten
■ Mineraldünger können Sie durch Kompost ersetzen. Es gibt aber auch inzwischen bei vielen Mülldeponien in Säcken abgefüllten Kompost zu kaufen.
■ Sobald Ihre Gemüsebeete abgeerntet sind, können Sie Gründüngerpflanzen (im Samenfachhandel erhältlich) säen. Nicht winterharte Gründüngerpflanzen gehen mit den ersten Frösten ein und können dann leicht unter den Boden gehackt werden.
■ Winterharte Gründüngerpflanzen werden im Herbst gesät und im Frühjahr abgeschnitten. Sie kommen auf den Kompost oder werden als Mulchmaterial verwendet.

Durchlöcherte Blätter
Durchlöcherte Blätter bei Radieschen, Rettich, jungem Kohl lassen auf Erdflöhe schließen. Man bekämpft sie, indem man die Pflanzen mit Rainfarnbrühe spritzt. Die Brühe stellt man her, indem man 150 Gramm frische oder 15 Gramm getrocknete Rainfarnblätter mit fünf Liter kaltem Wasser übergießt, 24 Stunden stehenläßt, dann das Ganze zum Kochen bringt und etwa 30 Minuten köcheln läßt. Anschließend siebt man die Brühe durch und läßt sie vor der Anwendung abkühlen.

E   F

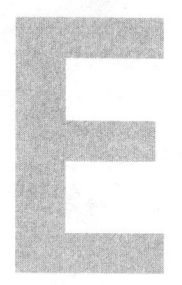

Efeu
Klebrige Efeublätter deuten auf einen Nährstoffmangel der Pflanze hin. Zur Abhilfe düngt man regelmäßig und/oder topft die Pflanze in neue Erde um.

Einjährige
Einjährige Sommerblumen lassen sich manchmal weiter kultivieren. In den meisten Fällen lohnt sich diese Mühe aber nicht, deshalb gräbt man die Einjährigen nach der Blüte aus und kann das Beet für Herbstpflanzen nutzen oder bereits fürs nächste Frühjahr vorbereiten.

Erikatopfpflanzen
Die Blüten der Erika werden nicht braun, wenn die Pflanze im Schatten steht.

Farn im Zimmer
Farnpflanzen sind häufig heikel. Wollen Sie die Gesundheit der Pflanzen erhalten, sollten Sie ab und zu mit verdünntem schwarzem Tee, mit Milch oder mit leichter Kochsalzlösung (vier Eßlöffel auf einen Dreiviertelliter Wasser) gießen. Damit der Wuchs gleichmäßig wird, sollten Farne häufiger im Uhrzeigersinn gedreht werden.

Farnpflege
Am besten gedeiht der Farn, wenn man seinen Topf in einen großen Übertopf mit feuchtem Torf stellt. Wegen der Geruchsbildung ist das nicht immer möglich, daher stellt man den Farn am besten einmal pro Woche für zwölf Stunden in ein nicht zu kaltes Wasserbad. Das Wasser zum Gießen des Farns sollte entkalkt oder zumindest kalkarm sein. Über regelmäßiges Besprühen mit einem Wasserzerstäuber freut er sich.

Flieder

Flieder hält sich länger in der Vase, wenn man die Stengel mit einem scharfen Messer längs einschneidet und etwas Zucker ins Wasser gibt. Außerdem reichlich Blattgrün entfernen.

Gartengeräte

Gartengeräte rosten nicht, wenn man sie mit folgendem Fett einreibt: Man schmilzt ein Teil Harz in drei Teilen ausgelassenem frischem Speck.

Gartenmöbel

Gartenmöbel müssen häufiger gereinigt werden. Verwenden Sie dazu eine Lösung aus Salzwasser und Terpentin. Die Möbel nicht in der prallen Sonne trocknen lassen, sondern im luftigen Schatten.

Gartenschlauch

Der Gartenschlauch bleibt auch über den Winter hinweg geschmeidig, wenn man nach dem letzten Gebrauch etwas Glyzerin durchlaufen läßt. Er muß zwar kühl, darf aber nicht kalt aufbewahrt werden.

Gartenteich im Winter

Auch im Winterschlaf atmen die Tiere im Wasser, nur langsamer.

PFLANZEN IN HAUS UND GARTEN

Deshalb muß immer ein Loch in der Eisdecke sein, damit Sauerstoff ins Wasser gelangen kann. Dazu läßt man ein Büschel Stroh oder Schilf mit einfrieren, oder man läßt ein paar Korken oder Styroporstücke auf der Wasseroberfläche schwimmen.

Gießen im Garten

Gießen Sie Ihre Pflanzen im Garten in den kühleren Abendstunden oder am frühen Morgen. Es ist wirksamer und ausreichend, alle paar Tage einmal gründlich zu gießen, statt jeden Tag nur oberflächlich.

Gießen von Zimmerpflanzen

■ Um chlorfreies und kalkarmes Wasser zu bekommen, können Sie ein mit Wasser gefülltes Gefäß mit weiter Öffnung ins Freie stellen. Dabei verflüchtigt sich das von den Pflanzen nicht sonderlich geschätzte Chlor (gibt braune Flekken), und der Kalk setzt sich am Boden ab.
■ Eine weitere Möglichkeit der Entkalkung ist, das Wasser abzukochen (vor dem Gießen aber abkühlen lassen!).
■ Zimmerpflanzen mögen kein kaltes Wasser; es sollte Zimmertemperatur haben.
■ Schütten Sie Reste von Mineralwasser oder das Kochwasser von Eiern nicht weg, sondern gießen Sie damit Ihre Pflanzen. Sie werden es Ihnen durch schnellen, kräftigen Wuchs danken.
■ Wie bei den Pflanzen im Garten ist es besser, einmal gründlich, statt häufig oberflächlich zu gießen. Ist der Erdballen völlig ausgetrocknet, hilft nur ein Tauchbad. Dazu stellen Sie den Blumentopf in einen Eimer Wasser, so daß der Topf völlig mit Wasser bedeckt ist. Lassen Sie ihn so lange darin, bis keine Luftblasen mehr aufsteigen. Knollen- und Zwiebelgewächse müssen von unten gegossen werden, sonst können sie leicht faulen, ebenso Pflanzen mit behaarten Blättern wie Usambaraveilchen.

Glanz für Blattpflanzen

■ Statt Blattglanzspray, das für Pflanzen und Umwelt nicht gerade förderlich ist, zu verwenden, können Sie Ihre Pflanzen mit abgekochter Milch pflegen. Geben Sie etwas Milch auf einen weichen Lappen oder Schwamm, und wischen Sie die Blätter damit ab. So werden sie entstaubt und bekommen einen natürlichen Glanz.
■ Auch Glyzerin oder Bier eignet sich. Ein paar Tropfen auf ein Tuch geben und die Blätter damit vorsichtig abwischen.

Gras zwischen den Platten

Gras und Unkraut zwischen Gartenplatten können Sie mit einer Salzlösung beseitigen. Lösen Sie in einem Liter Wasser einen gehäuften Eßlöffel Natriumhydrogencarbonat (»Bullrich-Salz«) auf, und begießen Sie damit das Gras. Der pH-Wert des Bodens wird erhöht und verhindert so das Nachwachsen des Unkrauts.

Gummibaum

■ Die Pflanze liebt einen hellen Standort; im Sommer sollte man sie möglichst ins Freie stellen. Stehen große Pflanzen zu tief im Licht, sterben die unteren Blätter wegen Lichtmangel ab. Bilden sich sehr kleine Blätter aus, ist das ein Zeichen für Nahrungsmangel. Lederartige Blätter öfter abwaschen, um Staub und Ungeziefer zu entfernen.

■ Alte Gummibäume verjüngt man ganz einfach dadurch, daß der obere Teil des Stammes abgeschnitten wird. Nach einiger Zeit entwickeln sich Seitentriebe. Die abgeschnittenen Teile kann man als Setzlinge behandeln, sie also einpflanzen.

H

Heckenschnitt

■ Für den Zeitpunkt des Schnittes gibt es keine starre Regel. Er richtet sich nach Art und Wuchsfreudigkeit der Pflanzen sowie nach dem örtlichen Klima.

■ Dichte Formhecken, beispielsweise aus Thuja, Rainweide, Weißdorn, Kornelkirsche, werden mindestens zweimal im Jahr geschnitten: nach Triebwuchs zum Frühlingsende und im späten Sommer.

■ Koniferenschutzhecken werden nach Reife des Austriebs, meist im August, geschnitten. Weitere Schnittmöglichkeit im Mai.

■ Um einen gleichmäßigen Heckenschnitt zu erreichen, spannt man eine Richtschnur und schneidet etwas schräg aufwärts, so daß die Hecke unten breiter ist als oben und die unteren Partien wegen mangelnden Lichteinfalls nicht kahl werden.

■ Vogelschutzhecken sollten nach Ausfliegen der ersten Brut geschnitten werden.

■ Sind Kahlstellen in einer Hecke entstanden, muß bis ins alte Holz ausgeschnitten werden. Nachkommende Jungtriebe mit Fingerspitzengefühl stutzen. Bei starkem Verkahlen bis fast in Bodennähe zurückschneiden, zusätzlich düngen und Jungtriebe gleichmäßig einkürzen.

Herbstlaub präparieren
■ Stellen Sie vom Spaziergang mitgebrachte Zweige mit Herbstlaub zunächst für zwei Tage in den kalten Keller. Am dritten Tag wird jedes einzelne Blatt mit einem lauwarmen Bügeleisen gebügelt. So haben Sie die Garantie, daß sich ihr neuer Zimmerschmuck lange Zeit in der Vase farbenfrisch hält.
■ Oder stellen Sie das Laub in eine Lösung aus Wasser und Glyzerin. Dazu verrühren Sie Glyzerin und heißes Wasser im Verhältnis 1:3. Verholzte Laubzweige müssen mit einem scharfen Messer neu angeschnitten werden, damit die Lösung besser eindringen kann.
■ Aus getrockneten Herbstblättern, die man an einem trockenen, sonnigen Tag gesammelt hat, lassen sich farbenfrohe Collagenbilder zusammenstellen. Kleben Sie Blätter (sie müssen völlig trocken sein!) auf ein Stück dünnen Karton, und hängen Sie das Kunstwerk in einem einfachen Bildhalter an die Wand. Sie werden staunen, wie gut das aussieht.

Kaffeesatz
Mischen Sie unter die Blumenerde für die Balkonkästen Kaffeesatz. Jeden Monat etwas Kaffeesatz auf die Erde streuen. Sie finden kaum einen besseren Dünger, der Ihre Blumen so prächtig blühen läßt.

Kakteen
■ Kakteen sollen in einem Raum bei acht bis zehn Grad überwintern. Die Pflanzen auch nach der Winterruhe trocken halten, aber in einen helleren Raum stellen. Im Frühjahr wird langsam wieder mehr gegossen, und ab Juni sollte wieder regelmäßig gedüngt werden.
■ Kakteen nicht zu oft umtopfen, da sonst die ganze Kraft für die Wurzelbildung im neuen Topf verbraucht wird. Richtwert: Junge Kakteen etwa alle zwei, ältere alle drei bis vier Jahre umtopfen. Der Topf sollte immer nur eine Nummer größer sein.
■ Kakteen nehmen Wasser nicht nur über die Wurzeln auf, sondern auch aus der Luft. Mit einer Blu-

menspritze die Kakteen regelmäßig besprühen.

Klematis, winterfeste
Die Pflanze vor dem Winter mit humusreicher Erde hoch anhäufeln und auf etwa zwei Drittel zurückschneiden.

Kompostieren
■ Wer einen eigenen Garten hat, sollte seine Küchenabfälle kompostieren. Sie machen immerhin 30 % des gesamten Hausmülls aus, die Reduzierung der Müllmenge ist also schon ganz erheblich. Zusätzlich erhält der Hobby- oder Kleingärtner eine nährstoffreiche Blumen- und Gartenerde.
■ Kompostierfähig sind grundsätzlich alle organischen Bestandteile des Hausmülls, also Schalen von Obst und Kartoffeln, Gemüseabfälle, trockene Eierschalen (zerkleinert), Tee- und Kaffeesatz, sogar Essensreste in kleinen Mengen. Außerdem können Gartenabfälle wie Baum-, Hecken- und Grasschnitt sowie Laub kompostiert werden.
■ Nicht auf den Kompost gehören Schalen von gespritztem Obst (meist Südfrüchte), Fleischknochen, kranke Pflanzen, gebrauchte Staubsaugerbeutel mit Inhalt, kurz alles, was den Kompost verunreinigen würde.

■ Kompostieren kommt nicht nur für den Gartenbesitzer in Frage, es gibt auch Komposttonnen für den Balkon, den Hof oder Keller. Eine vierköpfige Familie produziert schon genügend kompostierbare Abfälle, um eine solche Tonne sinnvoll zu machen. Haben Sie selbst keinen Garten, dann hören Sie sich doch mal im Bekanntenkreis um. Es gibt viele Kleingärtner, die für kompostierbare Abfälle dankbar sind.
■ Falls Sie in einer großen Wohnanlage wohnen, regen Sie doch an, daß für die gesamte Anlage eine Kompostmiete angelegt wird.

Knospenabfall
Wenn bei Pflanzen plötzlicher Knospenabfall auftritt, ist das ein Zeichen, daß zu geringe Luftfeuchtigkeit herrscht.

Kornblumen im Winter
Kornblumen kann man für den Winter im Zimmer ziehen. Im Juni bis Ende Juli Samen in einen Topf mit Gartenerde pflanzen. Sobald die ersten grünen Pflänzchen erscheinen, auf vier bis fünf pro Topf auslichten. Die Töpfe warm und in reichlich Licht stellen. In den Wintermonaten entfalten sie dann ihre Blütenpracht.

L M

Leimringe
Leimringe werden um die Stämme von Obstbäumen gelegt, um vom Boden aufsteigende Schädlinge am Vordringen in die Krone zu hindern. Sicherer Schutz vor allem gegen den Frostspanner, dessen flügellose Weibchen im Spätherbst schlüpfen und die Bäume emporkriechen. Die etwa zehn Zentimeter breiten Papierstreifen werden im Frühherbst oder im Februar um eine geglättete und mit Leim unterfütterte Stelle gelegt und zusätzlich mit Draht befestigt. Im Frühjahr sind die unterhalb des Ringes abgelegten Eier des Frostspanners zu vernichten.

Luftwurzeln
Einige Pflanzen, zum Beispiel das Fensterblatt, bilden am Stengel sogenannte Luftwurzeln aus, die Feuchtigkeit und Gase aus der Luft aufnehmen. Sie dürfen nicht entfernt werden. Lange Luftwurzeln, die den Boden berühren, können dort wurzeln.

Maiglöckchen
Maiglöckchen tief in kühles Wasser stellen. Nicht mit anderen Blumen zusammen in eine Vase stellen; sie lassen die anderen Blumen früher welken.

Mandelbäumchen
Mandelbäumchen sollten Sie nach dem Verblühen fast vollständig zurückschneiden. Um so kräftiger werden sie wieder austreiben und im folgenden Jahr entsprechend üppig blühen.

Maulwürfe
■ Maulwürfe im Garten können zu einer wahren Plage werden. Sie können sie vertreiben, wenn Sie Holunderzweige in ihre Löcher und Gänge stecken.
■ Maulwürfe stehen übrigens unter Naturschutz, daher nie Giftstoffe einsetzen! Sie dürfen diese Tiere lediglich vertreiben, aber nicht töten. Das hat auch seinen Grund: Maulwürfe vertilgen näm-

lich eine große Anzahl von Tieren, die Ihren Pflanzen schaden können. Daher sollten Sie sich auch überlegen, ob Sie den Maulwurf nicht lieber willkommen heißen und seine Hügel in Kauf nehmen wollen, statt ihn zu vertreiben.

Mineralwasser
Abgestandenes Mineralwasser sollten Sie nicht wegschütten. Verwenden Sie es als Gießwasser für Ihre Pflanzen. Mineralwasser enthält wichtige Nährstoffe, die Ihren Pflanzen guttun.

Mulchen
■ Durch Mulchen schützen Sie Ihren Gartenboden vor allen Witterungseinflüssen, erhalten dem Boden die Feuchtigkeit und lassen ihn locker und krümelig werden.
■ Zum Mulchen eignen sich Heu, Stroh, Grasschnitt, Laub oder gehäckselte Rinden und Zweige (Mulchmaterial gibt es auch fertig zu kaufen).
■ Anfang Mai können Sie mit dem Mulchen beginnen, dann hat sich der Boden genügend erwärmt.
■ Das Mulchmaterial darf die Pflanzen nicht berühren, da sie sonst faulen können.
■ Wer viele Schnecken im Garten hat, sollte nur dünn mulchen, um ihnen keinen zusätzlichen Unterschlupf zu bieten.

Narzissen
■ Narzissen halten sich in der Vase viel länger, wenn Sie die Stiele zuvor für fünf Minuten in heißes Wasser stellen.
■ Da frischgeschnittene Narzissen Schleim absondern, den andere Blumen nicht vertragen, sollten Sie Narzissen erst einen Tag alleine in eine Vase stellen und sie dann erst mit anderen Blumen mischen.

Nelken
Nelken halten etwa zehn Tage länger, wenn man sie statt in Wasser in Zitronenlimonade stellt.

PFLANZEN IN HAUS UND GARTEN

O   P

Obstbäume, kranke
Krebs an Obstbäumen kann unter Umständen geheilt werden, wenn man die befallenen Stellen mit Holzessig bestreicht. Diese Behandlung hilft auch gegen Harzfluß an Pfirsichbäumen.

Orchideen
Orchideen sollten Sie immer in lauwarmes Wasser stellen; krasse Temperaturunterschiede z. B. zwischen Tag und Nacht sowie Zugluft muß man unbedingt vermeiden. Sorgen Sie für möglichst hohe Luftfeuchtigkeit, sprühen Sie aber kein Wasser. Orchideenblüten, die feucht werden, reagieren darauf mit braunen Flecken.

Porreezucht
Die abgeschnittenen Wurzeln von Porree nicht wegwerfen, sondern in einen Topf mit Erde setzen. Der Porree wächst nach und kann nach Bedarf abgeschnitten werden.

Rasen mähen
Mähen Sie nur dann, wenn der Rasen trocken ist. Läßt sich das nicht einrichten, und der Rasen muß in feuchtem Zustand gemäht werden, reiben Sie die Messer des Rasenmähers mit Salatöl ein. Das feuchte Gras bleibt dann nicht daran hängen, und die Messer reißen das Gras nicht aus.

Rosen
■ Wenn Rosenknospen in der Vase den Kopf hängen lassen, erholen sie sich oft wieder, wenn man mit einem scharfen Messer direkt unter der Knospe den Stiel einritzt, die Stengel frisch schräg anschneidet und die Blumen bis zum Kopf in eine Vase mit lauwarmem Wasser stellt.
■ Eventuell erholen sie sich auch in einem Gefäß mit kochendem Wasser, in das man die frisch angeschnittenen Rosen für kurze Zeit stellt.

Salat
Ein Schießen des Salats kann gebremst werden, wenn man den Strunk kurz über der Erde bis zur Hälfte mit einem Messer einschneidet.

Sandboden
Sandboden ist ein leichter, gering wasserhaltender Boden, der schnell austrocknet. Regen spült die Nährstoffe leicht aus. Er erwärmt sich dagegen sehr rasch und ist gut durchlüftet. Für Gartenzwecke muß er durch Humus oder Kompost wasserhaltend hergerichtet werden.

Sanddorn
Ein orangefarbener Sanddornzweig wirkt in der Blumenvase ausgesprochen attraktiv. Er verträgt sich aber nicht mit Schnittblumen im selben Zimmer. Sanddorn verströmt ein Gas, das Schnittblumen unweigerlich eingehen läßt.

PFLANZEN IN HAUS UND GARTEN

Eine ähnliche Wirkung hat übrigens auch reifendes Obst.

Schädlingsbekämpfung bei Topfpflanzen

Würmer, Läuse und andere Schädlinge in der Erde einer Topfpflanze werden mit sechs bis acht Streichhölzern, die man mit dem Kopf nach unten in den Topf steckt, bekämpft. Der Schwefel vernichtet die Tiere, ohne der Pflanze zu schaden. Sobald sich der Schwefel an den Köpfen aufgelöst hat, Streichhölzer erneuern.

Schädlingsbekämpfung im Garten
- Sie können auf chemische Schädlingsbekämpfungsmittel verzichten, wenn die Schädlinge (Blattläuse, Schnecken usw.) gar nicht erst auftauchen. Das ist bei Mischkultur von Pflanzen der Fall, die sich gegenseitig schützen. Gut zusammen passen:
- Blumenkohl und Lauch, Sellerie oder Zwiebeln;
- Bohnen und Knoblauch;
- Karotten und Lauch oder Zwiebeln;
- Kartoffeln und Dill oder Meerrettich;
- Kohl und Tomaten oder Dill, Minze, Thymian;
- Petersilie und Tomaten;
- Salat, Radieschen oder Rettich;
- Tomaten und Basilikum.

Schildläuse bei Zimmerpflanzen
- Schildläuse können Sie mit folgender Brühe bekämpfen: Einen halben Teelöffel Haushaltsspülmittel und einen Eßlöffel Brennspiritus in einen Liter warmes Wasser geben. Die Pflanzen damit besprühen.
- Schildläuse vertreibt man von den meisten Pflanzen, wenn man aus Seife und Tabakresten einen Sud bereitet und ihn nach dem Erkalten auf die Pflanzen sprüht.
- Schildläuse auf Palmen bekommt man wieder weg, wenn man die Unter- und Oberseite der Blätter mit einer Seifenlauge abwischt.

Schnecken
- Schnecken können zur Plage im Garten werden. Dagegen können Sie sich aber auch ohne Schneckenkorn wehren:
- Stellen Sie »Bierfallen« auf. Dazu füllen Sie Bier in leere Joghurtbecher und graben diese zwischen den Pflanzen so ein, daß der Becherrand mit der Erde abschließt.
- Streuen Sie Sand oder Lavagranulat um die Pflanzen, da die Weichtiere lieber auf feuchtem und glattem Untergrund kriechen.
- Sie können auch Schneckenzäune aufstellen. Diese bestehen aus Kunststoff oder nichtrostendem Metall und sind oben nach

außen umgebogen – eine unüberwindbare Hürde.
■ Schnecken sind Nachttiere und kommen erst in der Dämmerung heraus. Sie können die Schnecken bei einsetzender Dunkelheit oder ganz früh am Morgen von Pflanzen und vom Boden absammeln.

Schnittblumen
■ Auch wenn sie besonders frisch wirken, dürfen Blumen für die Vase niemals bei Regen geschnitten werden. Sie fallen unweigerlich zusammen. Beste Schnittzeit: so früh wie möglich an einem sonnigen Morgen.
■ Schnittblumen welken nicht so schnell, wenn man frische Tannenzweige mit in die Vase steckt.
■ Schnittblumen können Sie für einige Stunden mit auf Reisen nehmen. Wickeln Sie um die Stiele nasse Watte oder nassen Küchenkrepp und darum eine Plastiktüte, die Sie oben so zusammenbinden, daß keine Feuchtigkeit nach außen dringen kann.
■ Alle Blätter, die in der Vase im Wasser stehen würden, muß man entfernen, weil sie sonst zu faulen beginnen.
■ Schnittblumen halten sich länger frisch, wenn sie vor dem Einstellen in die Vase um etwa zwei Zentimeter gekürzt und die Schnittflächen kurz in heißes Wasser getaucht werden.

■ Wenn Sie Schnittblumen über Nacht kühl stellen, verlängern Sie damit die Lebensdauer der Blüten beträchtlich.

Seerosen überwintern
Im Spätherbst die Seerosen aus dem Gartenteich nehmen und in Containern im kühlen Keller überwintern lassen.

Spätblühende Stauden
Stauden wie Astern und Chrysanthemen bei Bedarf auch im September noch wässern. Ende September allerdings zurückschneiden, damit sie sich nicht totblühen.

Spinnmilben
Die Schalen von zwei Zwiebeln mit einem Liter heißem Wasser überbrühen. Nach dem Erkalten diese Brühe auf die Pflanzen sprühen; die Spinnmilben verschwinden.

Stachelbeeren
Stachelbeeren sind gegen Ende Mai so weit, daß ein Teil grün geerntet werden kann. Je Strauch aber immer nur höchstens ein Drittel ernten.

PFLANZEN IN HAUS UND GARTEN

Stammfäule bei Zimmerpflanzen
Die Stammfäule kann auftreten, wenn die Pflanzen zu tief gepflanzt sind oder mit zu kaltem Wasser gegossen werden. Daher sollten Sie beim Umtopfen immer darauf achten, die Pflanzen nur so hoch einzupflanzen, wie sie im alten Topf gestanden haben. Das Gießwasser sollte immer für alle Pflanzen Zimmertemperatur haben.

Stickstoffmangel bei Pflanzen
Bei Stickstoffmangel werden die Blätter der Pflanzen hell- bis gelbgrün, der Wuchs kümmernd. Sie sollten Ihre Düngung dann auf stickstoffbetonten Dünger umstellen.

Stickstoffüberschuß bei Pflanzen
Bekommt eine Pflanze zu viel Stickstoff, dann sehen alle Pflanzenteile dick und weich aus. Die Blätter entfalten sich üppig, es gibt aber keine oder nur wenige Blüten. Düngung umstellen.

Tannenbäume
■ Geschlagene Tannenbäume bleiben länger frisch, wenn man sie in ein Gefäß mit feuchtem Sand steckt.
■ Man kann sie auch in einen Kübel mit Wasser, dem etwas Glyzerin beigegeben wurde, stellen.

Tannenzweige
Tannenzweige bleiben länger grün, wenn man sie einige Zeit in lauwarmes Wasser stellt und dann die Schnittenden mit Siegellack bestreicht.

Teeblätter als Rosendünger
Blätter von überbrühtem Tee ergeben einen guten Dünger für Rosen.

Tee gegen Blattläuse
Die Reste von kräftig aufgebrühtem Schwarztee nicht wegschütten, sondern auf von Blattläusen befallene Pflanzen sprühen. Blattläuse mögen keinen Tee.

Topfpflanzen
Topfpflanzen blühen früher, wenn man neben sie einen reifen Apfel legt und eine Plastikfolie über Pflanzen und Apfel zieht.

Tulpen
Tulpen lassen den Kopf nicht so schnell hängen, wenn man nur wenig Wasser in die Vase gibt und mit einem scharfen Messer den Stiel direkt unter der Blüte einritzt. Den Wasserstand täglich kontrollieren.

Tulpen umpflanzen
Ein Umpflanzen von Tulpen sollte man nach Möglichkeit vermeiden, weil sich das nachteilig auf die nächste Blüte auswirkt. Müssen Tulpen dennoch umgesetzt werden, dann diese Arbeit erst nach der Blüte vornehmen und stets mit großen Erdballen. Am besten ist es, man wartet, bis sie die Blätter eingezogen haben. Zu dieser Zeit hat sich auch die Zwiebel regeneriert. Die Blüte immer abschneiden, wenn sie verblüht ist.

Umtopfen
- Den neuen Tontopf über Nacht in Wasser stellen, damit er sich vollsaugen kann und nicht den neu umgetopften Pflanzen das Wasser entzieht.
- In den ersten vier bis sechs Wochen soll die in neue Blumenerde gesetzte Pflanze nicht gedüngt werden, da die frische Erde für diese Zeit genügend Nährstoffe enthält.
- Der Topf sollte auch immer nur eine (höchstens zwei) Nummern größer sein, da die Pflanze sonst zu lange braucht, um die neue Erde zu durchwurzeln.

Unkrautbekämpfung
Gegen Gras und Unkraut zwischen den Platten hilft Gießen mit kochendem Wasser, in das man pro Liter zwei Teelöffel Natriumhydrogencarbonat (»Bullrich-Salz«) gegeben hat. Natriumhydrogencarbonat erhöht den pH-Wert des Bodens und verhindert so das Nachwachsen des Unkrauts.

PFLANZEN IN HAUS UND GARTEN

Usambaraveilchen

■ Liebhaber der Usambaraveilchen können noch jahrelang Freude an ihrer Pflanze haben, wenn sie das Veilchen nach der Blütezeit in eine Blumenschale aus Ton umpflanzen.

■ Das Usambaraveilchen darf nur über den Untersetzer gegossen werden, weil sonst die Stengel leicht zu faulen beginnen. Wenn Wasser auf die Blüten kommt, gibt das häßliche Flecken.

V

Vasen

Hohe Vasen haben meist keine große Standfestigkeit. Geben Sie auf den Vasenboden kleine Kieselsteine oder Sand, so fällt Ihre Vase nicht mehr so schnell um.

Veilchen für die Vase

Sträuße tief ins Wasser stellen und zusammengebunden lassen.

W

Wasserpflanzen

Wasserpflanzen im Gartenteich neigen dazu, wild zu wuchern. Die Pflanzen deshalb in einem Gefäß (Container) ins Wasser setzen. Dies hat den zusätzlichen Vorteil, daß man nicht winterharte Pflanzen auf einfache Weise im Herbst aus dem Teich nehmen und zum Überwintern ins Haus bringen kann.

Wildverbiß

In frei gelegenen Gärten am Stadtrand und auf dem Land (Wochenendgrundstücke) können – nicht nur im Winter – Hasen, Wildkaninchen oder Rehe beträchtlichen Schaden anrichten.
- Helfen kann eine Umfriedung der Gärten mit hohen, enggeknüpften Maschendrahtzäunen, die etwa 40 Zentimeter tief in den Boden eingegraben werden sollten.
- Wertvolle Bäume kann man mit einer Drahthose umgeben.
- Die Stämme von Junggehölzen sollte man mit eigens für diesen Zweck hergestelltem Plastikband gegen Wildverbiß umwickeln.
- Aufstreichbare Schutzmittel gegen Wildverbiß haben oft nur eine begrenzte Wirkung.

Wühlmäuse

- Wühlmäuse lassen sich aus dem Garten vertreiben, wenn man leere kleine Bierflaschen so in ihre Gänge steckt, daß der Flaschenhals noch herausragt. Durch den Wind wird ein Pfeifton erzeugt, den die Wühlmäuse nicht vertragen können.
- Wühlmäuse verschwinden aus Ihrem Garten, wenn Sie Knoblauch anpflanzen, da sie diesen Geruch nicht mögen.

PFLANZEN IN HAUS UND GARTEN

Z

passieren, daß Ihre Pflanzen innerhalb kurzer Zeit erfrieren.

■ Die meisten Pflanzen stehen auch nicht gern in der prallen Sonne. Sorgen Sie im Sommer für Schatten, damit Ihre Pfleglinge nicht verbrennen.

Zimmerpflanzen

■ Unsere Zimmerpflanzen sind meistens Exoten, die aus wärmeren Gegenden stammen und bei uns außerhalb unserer Wohnungen nicht existieren können. Über die Pflege und artgerechte Haltung von Zimmerpflanzen gibt es entsprechende Fachliteratur.

■ Müssen Sie ihre Zimmerpflanzen im Urlaub alleine lassen, können Sie sie auf folgende Art mit Wasser versorgen: Stellen Sie einen Eimer Wasser etwas erhöht über oder neben ihre Topfpflanzen. Hängen Sie einen recht dicken Wollfaden mit dem einen Ende bis auf den Boden des Eimers, das andere Ende graben Sie etwas in die Topferde ein. Der Faden wird zum »Wasserträger« und versorgt Ihre Pflanze mit der nötigen Feuchtigkeit.

■ Die meisten Zimmerpflanzen vertragen keine Zugluft, vor allem wenn sie blühen.

■ Lüften Sie im Winter, besonders an Tagen mit strengem Frost, nur sehr vorsichtig, sonst kann es

Zimmerpflanzen, verlauste

Stark verlauste Zimmerpflanzen stellt man im Freien unter eine größere Kiste, und in dieser Kiste verbrennt man auf einer alten Untertasse oder Blechdose zwei Handvoll Zigarren- oder Zigarettenstummel. Der Qualm muß einige Stunden auf die befallenen Pflanzen einwirken. Anschließend braust man die Pflanzen mit lauwarmem Wasser gründlich ab. Sorgen Sie bei dieser Prozedur aber unbedingt dafür, daß keine kleinen Kinder oder Haustiere in der Nähe sind. Die konzentrierten Nikotindämpfe könnten ihrer Gesundheit schaden!

Zimmerpflanzen vor Frost schützen

Während der Wintermonate sollten Sie Ihre Zimmerpflanzen so stellen, daß sie nicht mit der Fensterscheibe in Berührung kommen. Bei starkem Frost frieren die Blätter an, und die ganze Pflanze kann geschädigt werden. Für kühle Zimmer empfiehlt es sich, zwischen Fenster und Blumen ein Stück

WÜHLMÄUSE

Wasserpflanzen

Wasserpflanzen im Gartenteich neigen dazu, wild zu wuchern. Die Pflanzen deshalb in einem Gefäß (Container) ins Wasser setzen. Dies hat den zusätzlichen Vorteil, daß man nicht winterharte Pflanzen auf einfache Weise im Herbst aus dem Teich nehmen und zum Überwintern ins Haus bringen kann.

Wildverbiß

In frei gelegenen Gärten am Stadtrand und auf dem Land (Wochenendgrundstücke) können – nicht nur im Winter – Hasen, Wildkaninchen oder Rehe beträchtlichen Schaden anrichten.

■ Helfen kann eine Umfriedung der Gärten mit hohen, enggeknüpften Maschendrahtzäunen, die etwa 40 Zentimeter tief in den Boden eingegraben werden sollten.

■ Wertvolle Bäume kann man mit einer Drahthose umgeben.

■ Die Stämme von Junggehölzen sollte man mit eigens für diesen Zweck hergestelltem Plastikband gegen Wildverbiß umwickeln.

■ Aufstreichbare Schutzmittel gegen Wildverbiß haben oft nur eine begrenzte Wirkung.

Wühlmäuse

■ Wühlmäuse lassen sich aus dem Garten vertreiben, wenn man leere kleine Bierflaschen so in ihre Gänge steckt, daß der Flaschenhals noch herausragt. Durch den Wind wird ein Pfeifton erzeugt, den die Wühlmäuse nicht vertragen können.

■ Wühlmäuse verschwinden aus Ihrem Garten, wenn Sie Knoblauch anpflanzen, da sie diesen Geruch nicht mögen.

Zimmerpflanzen

■ Unsere Zimmerpflanzen sind meistens Exoten, die aus wärmeren Gegenden stammen und bei uns außerhalb unserer Wohnungen nicht existieren können. Über die Pflege und artgerechte Haltung von Zimmerpflanzen gibt es entsprechende Fachliteratur.

■ Müssen Sie ihre Zimmerpflanzen im Urlaub alleine lassen, können Sie sie auf folgende Art mit Wasser versorgen: Stellen Sie einen Eimer Wasser etwas erhöht über oder neben ihre Topfpflanzen. Hängen Sie einen recht dicken Wollfaden mit dem einen Ende bis auf den Boden des Eimers, das andere Ende graben Sie etwas in die Topferde ein. Der Faden wird zum »Wasserträger« und versorgt Ihre Pflanze mit der nötigen Feuchtigkeit.

■ Die meisten Zimmerpflanzen vertragen keine Zugluft, vor allem wenn sie blühen.

■ Lüften Sie im Winter, besonders an Tagen mit strengem Frost, nur sehr vorsichtig, sonst kann es passieren, daß Ihre Pflanzen innerhalb kurzer Zeit erfrieren.

■ Die meisten Pflanzen stehen auch nicht gern in der prallen Sonne. Sorgen Sie im Sommer für Schatten, damit Ihre Pfleglinge nicht verbrennen.

Zimmerpflanzen, verlauste

Stark verlauste Zimmerpflanzen stellt man im Freien unter eine größere Kiste, und in dieser Kiste verbrennt man auf einer alten Untertasse oder Blechdose zwei Handvoll Zigarren- oder Zigarettenstummel. Der Qualm muß einige Stunden auf die befallenen Pflanzen einwirken. Anschließend braust man die Pflanzen mit lauwarmem Wasser gründlich ab. Sorgen Sie bei dieser Prozedur aber unbedingt dafür, daß keine kleinen Kinder oder Haustiere in der Nähe sind. Die konzentrierten Nikotindämpfe könnten ihrer Gesundheit schaden!

Zimmerpflanzen vor Frost schützen

Während der Wintermonate sollten Sie Ihre Zimmerpflanzen so stellen, daß sie nicht mit der Fensterscheibe in Berührung kommen. Bei starkem Frost frieren die Blätter an, und die ganze Pflanze kann geschädigt werden. Für kühle Zimmer empfiehlt es sich, zwischen Fenster und Blumen ein Stück

Pappe oder eine Lage Zeitungspapier zu stellen – aber aufpassen, daß die Pflanzen noch genügend Licht bekommen!

Zimmertannen
Die Tannen entwickeln sich im Sommer im Freien am schönsten, wenn sie einen hellschattigen Standort haben, an dem auch gelegentlich der kühle Nachttau auf sie einwirken kann.

Zwiebeln ernten
Zwiebeln nach dem Absterben des Laubs im August bis September ausgraben und trocknen lassen, später putzen und kühl lagern.

Zwiebelschalen
Zwiebelschalen nicht wegwerfen, sondern sammeln. Aus Zwiebelschalen läßt sich durch Aufkochen ein Sud zubereiten, der sich als Spritzmittel gegen Schädlinge an Zimmer- und Gartenpflanzen hervorragend eignet und bewährt hat.